青春期健康教育

Qingchunqi Jiankang Jiaoyu

第三版

李金全　陈　华◎主　编

党　劲　肖玉霞◎副主编

重庆大学出版社

图书在版编目（CIP）数据

青春期健康教育／李金全，陈华主编. -- 3 版. --
重庆：重庆大学出版社，2023.7
ISBN 978-7-5689-0553-4

Ⅰ.①青…　Ⅱ.①李…②陈…　Ⅲ.①青春期—健康
教育　Ⅳ.①G479

中国国家版本馆 CIP 数据核字（2023）第 150440 号

青春期健康教育（第三版）

主　编 李金全　陈　华
策划编辑:唐启秀

责任编辑:李桂英　　版式设计:唐启秀
责任校对:王　倩　　责任印制:张　策

*

重庆大学出版社出版发行
出版人:饶帮华
社址:重庆市沙坪坝区大学城西路 21 号
邮编:401331
电话:(023)88617190　88617185(中小学)
传真:(023)88617186　88617166
网址:http://www.cqup.com.cn
邮箱:fxk@cqup.com.cn(营销中心)
全国新华书店经销
中雅(重庆)彩色印刷有限公司印刷

*

开本:787mm×1092mm　1/16　印张:11.25　字数:284 千
2010 年 8 月第 1 版　2023 年 7 月第 3 版　2023 年 7 月第 11 次印刷
印数:16 301—19 300
ISBN 978-7-5689-0553-4　定价:35.00 元

第3版前言

　　青春期是一个人从儿童过渡到成年人的转折期,是以第二性征出现为明显特点的身心发生重大变化的美妙而躁动的阶段,也是决定人的体格、体质、心理、个性和智力发育的关键时期。中共中央国务院印发的《中长期青年发展规划(2016—2025年)》明确指出:"将婚恋教育纳入高校教育体系""开展青年性健康教育""加大对性知识的普及力度,在有条件的学校推广性健康课程,加强专兼职性健康教育师资队伍建设。预防和减少不当性行为对青年造成的伤害,大幅度降低意外妊娠的发生率"。国家卫生健康委印发的《健康儿童行动提升计划(2021—2025年)》提出:普及儿童心理行为发育健康知识,开展生命教育和性教育,培养儿童珍爱生命意识和情绪管理与心理调适能力。

　　根据2020年我国第七次人口普查统计,0—14岁人口为25338万人,占17.95%;15—59岁人口为89438万人,占63.35%。我国人口的性别结构持续改善,人口素质不断提高,人民生活水平不断提高,医疗卫生条件大幅改善,人民群众健康条件明显改善。特别是随着小康社会的全面建成,社会竞争的加剧,我国青少年性成熟年龄整体提前,结婚年龄普遍推后,单身群体的增加,性等待期时间跨度延长,如何判断和选择良莠不齐的性信息?如何解决性欲望和性冲动?需要多少关怀、帮助、指导,才能平静地达到婚姻生活或有固定的性伴侣?因此,科学、正确地开展性健康教育迫在眉睫。

　　青春期是一个充满变化和机遇的阶段。年轻人必须对将来生活和工作中的角色作出选择,同时获取承担社会角色所必需的知识和技能。一方面,在与家人保持密切的、互相关爱的关系的同时,必须与同性的和异性的同伴建立联系,逐渐走向独立;另一方面,必须处理好自己日益增长的性需求,获取关于认识自身、性、避孕和预防性传播疾病以及为未来婚姻生活做好准备等方面的信息和知识,探寻和澄清关于成长、性角色、冒险性行为、表达感情与友谊的态度和观念。

　　性知识的传授是一门科学。性健康教育是将性知识传授和性态度、性道德、性法律培养有机融合在一起的教育过程。不讲性知识的性健康教育犹如无本之木,不谈性道德和性法律的教育则毫无意义可言。本书将内容分为生理、心理和自我防护3部分共10章,进一步更新、补充和整合了与现实生活相关的知识,同时增加了相应的数字化网络学习资料。

　　性知识的传授是一门艺术,既要体现人性化、摆脱表面化,又要坚持适时、适度原则。根据前两版教学的实际,建议在具体教学过程中注意以下几点:首先,根据不同年龄段学生的特点,教学内容的侧重点应有所不同。其次,注意传授方法,可通过巧妙的教学设计或数字视频资料等,有针对性地进入性心理、性道德、性审美的层面,在关爱中体现性科学点拨、性道德指引、性保护训练;也不要一味地迎合学生的猎奇心理,将科学的文本变成性刺激、性诱惑的导火索,给学生未来成长埋下潜在的危害。再次,性教育要充分考虑中国国情以及东西方文化的差异,不能脱离当前区域的心理文化环境,其尺度、形式和教育内容的设计都必须立足于对传统文化、民族宗教习惯和农村乡风习俗等的尊重之上,循序渐进地进行,既能符合中国国情,又能适应国际青少年生活改变的大趋势。最后,从事本课程教学的教师要具有丰富的生理学和心理学知识,具有高度的责任心和热情、开放、亲和力强等人格特点,通过自身语言、人格魅力和适当的案例分享,营造平等、开放、友好的课堂氛围,达到最佳教育效果。

本书主要读者对象是职业院校学生,同时本书也可作为青春期学生的自学读本或课外读物,还可作为教师和家长的教育参考资料。习近平总书记强调"教育、妇联等部门要统筹协调社会资源支持服务家庭教育",本书可作为社区青少年家庭教育和社区教育指导读本。

本书是在《青春期健康教育(第二版)》基础上进行的修改,由李金全、陈华担任主编,党劲、肖玉霞担任副主编,彭维负责本书第二篇"青春期心理"部分的修改,张洁负责第三、四章的修改,陈华负责第八章的修改。

在本书编写过程中,我们参考、引用了有关文献资料、插图等,在此向原著的专家学者表示谢意。

编　者
2023 年 5 月

目 录

第一篇

青春期生理

第一章　认识我们的身体

你认识自己的身体吗？你知道异性身体的秘密吗？步入青春期、情窦初开的你们，一定会在内心深处作出肯定的回答。男孩与女孩身体之间最大的不同是性器官。人们渴望认识生物界，更渴望了解自身。人的生殖系统，既普通，又神秘。

我们常常惊叹于小蝌蚪变成大青蛙的奇妙，其实，人类孕育一个新的生命也充满了奥妙。"十月怀胎，一朝分娩"，这是一个连续而复杂的过程。从精卵结合的一刹那开始，就标志着一个新生命的开始。生命的孕育与诞生是不容易的。

第一节　男女生殖系统

一、男性生殖系统

当人类的生殖系统进化到高级阶段时，结构与功能已趋于完善。就男女两性的生殖器官而言，其结构尽管不同，但主要组成部分和主要的性功能却有共同之处：男女生殖器官都可分成两类，即性腺与附属性器官。性腺分泌性激素，性激素有助于附属性器官的发育与生成。附属性器官的功能是参与完成性行为和孕育新生命。

（一）男性生殖系统的组成

男性生殖系统包括外生殖器官与内生殖器官。外生殖器官主要由阴茎和阴囊两部分组成，内生殖器官由睾丸、附睾、输精管、射精管、尿道和附属性腺等组成。

（二）男性生殖器官的结构和功能

1.外生殖器官

（1）阴茎。阴茎由阴茎头、阴茎体、阴茎根三部分组成。阴茎头也称龟头，皮肤表面有丰富的神经末梢，是男性的性敏感区。阴茎头中央的尿道口是排出尿液和精液的地方。阴茎的主要功能是排尿、排精液和进行性交，是性行为的主要器官。阴茎皮肤极薄，皮肤下无脂肪，具有活动性和伸展性。阴茎海绵体内的空隙里可充入血液，在无性冲动时，呈绵软状态；在性刺激时阴茎海绵体内充满血液，阴茎则膨大、增粗变硬而勃起。阴茎头部神经末梢丰富，性感极强，在性交达到高潮时，由于射精中枢的高度兴奋而射精。

（2）阴囊。阴囊是一个薄薄的皮肤囊，内有一对睾丸，左右各一个。阴囊包围着睾丸并保护它。阴囊具有调节睾丸温度的作用。天气炎热、体力活动出汗或身体有病发烧时，

3

阴囊皮肤伸展,位置下降,使睾丸远离身体;寒冷时,阴囊皮肤紧缩,位置上升,使睾丸接近或贴近身体。这种变化的原因是睾丸必须保持在比 37 ℃稍低的温度,才能维持正常的生理功能,保证精子发育成熟。所以不要穿过紧的内裤和外裤,否则对睾丸内精子的发育十分不利。

2.内生殖器官

(1)睾丸。睾丸位于阴囊内,呈卵圆形。通常左侧的睾丸较右侧稍小一些,位置也稍低一些。睾丸的主要功能有两个,一是产生精子,二是分泌雄性激素。精子与卵子结合而受精,是繁殖后代的重要物质基础;雄性激素则促进男性性器官和男性第二性征的发育,维持男性正常的性欲。

【青春小贴士】

成人睾丸的生精能力很强,每天可产生几亿个精子。一般到 40 岁以后,生殖能力逐渐减弱。在成长发育过程中,若睾丸不能从腹腔下至阴囊,则形成隐睾症。这种患者的生殖能力消失,雄性激素分泌也减少。

精子在成熟过程中,需要在 35 ℃左右的温度环境中进行,人体体温为 37.2 ℃左右,阴囊收缩时保温,松弛时降温,因此可以说,阴囊是睾丸的"恒温箱"。当阴囊出现问题时,恒温环境受到破坏,则不利于精子的生成和发育,影响精子的质量。

(2)附睾。其主要功能是促进精子发育和成熟,以及贮藏和运输精子。精子从睾丸曲细精管产生,但缺乏活动能力,不具备生育能力,还需要继续发育直至成熟,此阶段主要在附睾内进行。附睾分泌一种直接哺育精子成熟的液体,称为附睾液。

在性交时,附睾中的精子通过附睾管、输精管、射精管及尿道排出体外。精子在附睾管若长期不排出,则部分被分解吸收,部分逐渐进入尿道随尿液排出,所以在成年男子的尿液检查时,偶尔可以发现精子。当附睾发生炎症或其他疾病时,将影响精子成熟的程度而不利于生育。

(3)输精管。输精管是从附睾输送精子的索状管道,主要功能是运输和排泄精子。一侧的输精管从同侧睾丸出发,上行到前列腺后方进入尿道形成射精管。在射精时,交感神经末梢释放大量去甲肾上腺素物质,使输精管发生互相协调而有力的收缩,将精子迅速输往精囊腺排泄管、射精管和尿道。当输精管发生炎症或堵塞时,精子就不能排出而造成男性不育症。同理,常用的男性绝育方法,即在此段做输精管结扎术以达到控制生育的目的。输精管被阻断后,仅是精液内无精子,性生活中仍可有性高潮和射精活动。

(4)射精管。射精管的主要功能是射精。射精管壁肌肉较丰富,具有强有力的收缩力,帮助精液射出。同时射精管开口于尿道的前列腺部,既小又狭窄,以保证射精时的应有压力。另一方面精液通过狭小开口,似乎有一种"挤出"感,通过神经反射,引发出射精的快感,从而达到性高潮。射精过频可减少精液和精子数量。精子形似蝌蚪,有头尾,精子靠尾部摆动而向前运动。一个男子一次射出精液 2~5 毫升,每毫升精液含 1 亿~2 亿个精子。若每毫升精液的精子数量少于 400 万个,常导致男性不育症。

(5)尿道。尿道的主要功能是排泄尿液和精液,是尿液和精液的共同通道。在尿道球部旁有一对尿道球腺,分泌少量液体,也是精液的组成部分,在阴茎勃起进行性交时该液体先流出尿道口润滑阴茎头部,有利于阴茎插入阴道。

(6)附属性腺。附属性腺包括前列腺、精囊和尿道球腺。它们分泌的微碱性液体与精子混合而形成乳白色的精液,并有特殊气味,适于精子生存和活动。当前列腺发生炎症或其他疾病时,则影响前列腺液的分泌与排泄,不利于受精。精囊分泌物的主要作用是当精液射入女性阴道之后,可促使精液在阴道内保持短暂凝固,防止从阴道中流出,增加受孕机会。当精囊发生炎症或身体不佳时,则影响精囊分泌功能,减弱精子活动力,甚至导致精子死亡,从而造成男性不育症。尿道球腺广泛分布在整个尿道,当阴茎勃起时,尿道球腺受挤压,分泌少量透明黏液,布满尿道黏膜表面,起润滑作用,有利于精液的排出。

查一查:
精液由什么成分组成?是什么颜色?有气味吗?

3.男性生殖器官发育不良

(1)小阴茎。小阴茎指阴茎正常但是短小,常并发双侧隐睾、睾丸发育不良、垂体功能减退及肥胖等。真正的小阴茎是一种少见病,病因是染色体异常、性腺发育异常和男性激素低下。阴茎小,不等于小阴茎。阴茎的长短有个体差异,只要不小于5厘米,均属正常范围。阴茎的长度低于底限时,性功能也可以正常。

(2)小睾丸。该病症是由于染色体先天发育异常所致。表现为睾丸小,体积小于3毫升,同时缺乏男性第二性征即无胡须,喉结小或无喉结,阴毛少或缺,有的为女性形乳房,临床表现为无精子症。这种病人还表现为阴茎小,性功能低下。此病必须由专科医师经内分泌检查及染色体检查确诊。一旦确诊,并经雄性激素治疗后可以使男性性征得到改善,睾丸增大,阴茎增粗,性功能提高,能达到结婚的目的,但仍无生育能力。

【拓展训练】

请按照精子由睾丸排出体外的路径,将射精管、附睾、尿道、输精管等性器官名称填入相应的空格。

二、女性生殖系统

(一)女性生殖系统的组成

女性由于在生殖过程中有妊娠、分娩过程,因此结构要比男性生殖系统复杂。女性生殖器可分为四个部分:第一部分,女性外生殖器(外阴),是生殖器官的外露部分,包括阴阜、大阴唇、小阴唇、阴蒂、阴道前庭,在阴道前庭区域内有前庭大腺开口、前庭球、尿道口、阴道口和处女膜等;第二部分,女性内生殖器,包括阴道、子宫、输卵管及卵巢;第三部分,骨盆;第四部分,骨盆底。

（二）女性生殖器官的结构及功能

1.女性外生殖器官

（1）阴阜。位于女性前腹壁的最低部分，为一隆起的脂肪垫，有肥厚的皮下脂肪。青春期开始后，阴阜皮肤上长出阴毛，阴毛的分布大多呈尖端向下的倒三角形，是女子的第二性征之一。但阴毛的疏密、粗细和色泽因人或种族而异，甚至有无阴毛者，一般不能视为病态。

（2）大阴唇。靠近两股内侧，为一对纵长而隆起的皮肤皱襞，前端与阴阜相连，后端逐渐变薄与会阴相连。一般在10岁后，在阴阜开始隆起的同时，大阴唇开始丰满且有色素沉着，并向内遮掩小阴唇；11～12岁，在性激素刺激下大阴唇上开始萌生阴毛。皮层内含有大量的脂肪组织和弹性纤维，并含有丰富的静脉血管、淋巴管和神经，损伤后易引起出血和血肿。每侧大阴唇的基底部都有腺体组织，性兴奋时腺体组织能分泌液体滑润外阴，同时腺体组织因充血而变得更为柔软、胀大，且从中线向外张开，暴露阴道口，便于性交。未婚女子的两侧大阴唇自然合拢，遮盖阴道口及尿道口，起保护作用。

（3）小阴唇。位于大阴唇内侧，为一对较薄的皮肤皱襞，两侧小阴唇向前融合包绕阴蒂，内侧面呈淡红色。小阴唇也含有丰富的神经末梢，极其敏感，平时合拢，关闭阴道口及尿道口，性兴奋时充血、分开并增大，增加阴道的有效长度。

（4）阴蒂。位于两侧小阴唇上方联合处，约黄豆般大小，含有丰富的感觉神经末梢，极为敏感。性兴奋时，可稍肿胀、隆起、增大，有勃起性。

（5）前庭大腺。位于阴道口两侧，如黄豆般大小，左右各一个。性兴奋时，它可分泌淡黄色液体润滑阴道。

（6）阴道口及处女膜。阴道口位于尿道口后方，形状和大小常不规则。阴道口覆有一层较薄的黏膜，称处女膜。膜的中央有小孔，月经就是通过这一小孔排出体外。孔的形态、大小和膜的厚薄因人而异。青春期前，女性的生殖器官尚未发育完善，阴道的黏膜较薄弱、酸度也较低，因而不能阻挡细菌的入侵。而这时的处女膜较厚，也就担负起这一重任，起到保护女性生殖系统的作用。

青春期后，女性的生殖器官逐渐发育完善，阴道已经具有抵抗细菌入侵的作用，而处女膜却逐渐变得薄弱，也就失去了这一作用。所以，对于发育成熟的女性来说，处女膜已经不再具有什么生理功能了。

【青春小贴士】

初次性生活时，处女膜往往破裂，可伴有少量出血和疼痛感觉。但也有例外，即不破或早已破裂。如有的女性在参加跳高、骑马、武术等剧烈运动时可使处女膜破裂；而有的女性在清洗外阴部时，以及使用内置式卫生棉条不当时，甚至在手淫时，也会造成处女膜的破裂。俗称"石女"的人处女膜上无孔，称处女膜闭锁。总之，处女膜的破裂与女性是否发生过性行为并无必然联系，也就更不能单凭处女膜的完整性来判断女性是否为处女。"处女"的最终定义应为：从来没有与男性发生过性行为的女性，也就是说不曾有男性性器官进入女性的阴道。虽然使处女膜破裂的原因非常多，但是，其中最主要的原因仍然是性交。所以，女孩子们应对婚前性行为有清醒的认识。

2.女性内生殖器官

（1）阴道。介于膀胱、尿道和直肠之间，为女性性交的器官，也是月经流出和胎儿娩出的通道，是一个富有伸展性的管状器官，上连子宫，下达阴道口。正常情况下，阴道黏膜呈粉红色，能渗出少量液体，与子宫的一些分泌物共同构成"白带"，以保持阴道湿润；同时因为其呈弱酸性，可以防止致病细菌在阴道内繁殖，所以阴道具有自净功能。

【青春小贴士】

女性的生殖道是与外界相通的，一些致病微生物很容易进入生殖道。为了预防生殖器官的炎症和疾病，要注意做好以下几点：

大小便后擦拭时，由肛门的前面向后面擦，不可由后往前擦；

要勤洗外阴；

内裤用纯棉制品，切忌互相借用；

洗外阴的盆和毛巾要个人专用，不能与洗脚的用具混杂；

如果发现白带增多、有臭味、带血及外阴奇痒，应及时就诊。

（2）子宫。子宫位于盆腔中央，呈倒置梨形。上部较宽是子宫体，两角与左右的输卵管相通；下部较窄呈圆柱状突入阴道，叫子宫颈，其中部的子宫颈管沟通子宫体与阴道。子宫腔的腔壁上覆盖着子宫内膜。从青春期开始到更年期，如果没有受孕，子宫内膜会在卵巢分泌的激素作用下发生周期性的脱落与增生，产生月经。性交时，子宫为精子到达输卵管的通道。受孕后，子宫为胚胎发育、成长的场所。分娩时，子宫收缩，将胎儿及其附属物娩出。

（3）输卵管。左右各一，为细长而弯曲的圆柱形管道，每条长14~18厘米。内侧端与子宫相连，另一侧呈漏斗状并游离，开口在卵巢附近，卵巢排出的卵子就是从这个开口进入输卵管的。输卵管的主要功能是吸取卵巢排出的卵子，给卵子和精子提供结合的场所；受精后，受精卵经输卵管进入子宫腔着床。

（4）卵巢。卵巢是女性的生殖腺，左右各一，位于子宫两侧、输卵管的后下方，扁椭圆形。其大小随年龄而不同：性成熟期最大，其后随月经停止而逐渐萎缩，成人卵巢大如拇指末节。卵巢的主要功能是产生卵子和分泌女性激素（雌激素、孕激素）。

卵细胞呈球形，直径约0.1毫米，细胞质里含丰富的卵黄，是胚胎发育初期的营养物质。卵细胞是人体内最大的细胞。卵子的成熟呈周期性，在一个月经周期中，卵巢内常有几个至十几个卵泡同时发育，但一般只有一个发育成熟为卵子。随着卵泡的成熟，卵巢壁有一部分变薄而突出，排卵时卵泡就从这里破裂排出卵子进入输卵管。两侧卵巢都具有同样的功能，但在排卵时一般为一侧排出、交替进行。在一般情况下，女子自青春期起，每隔28天排卵一次，每次通常只排出一个卵子，排卵一般在两次月经中间，即下一次月经前的第14天左右。卵子自卵巢排出后进入输卵管，若遇精子便可受精。

卵巢产生雌激素的主要作用：促进女性生殖器官发育和卵子的生成，并激发和维持女性的第二性征和正常的性周期，突出女性体态，如皮肤细嫩、皮下脂肪丰满、乳房隆起、臀部宽阔等。卵巢分泌的孕激素（又称孕酮、黄体酮）能保证受精卵在子宫着床，并维持妊娠的全过程。

3.骨盆

骨盆为生殖器官的所在部位,具有保护盆腔内的脏器和传递重力的作用。对于女性而言,骨盆又是胎儿娩出时必经的通道。正常女性骨盆较男性骨盆宽而浅,有利于胎儿娩出。

4.骨盆底

骨盆底是承载腹腔和盆腔脏器并使其保持正常位置的依托。骨盆底与分娩及性生活密切相关,当完整的骨盆底结构因分娩等原因受到破坏时,则可能出现女性性功能障碍。锻炼盆底肌群或手术恢复骨盆底解剖结构,是治疗女性性功能障碍的重要方法。

议一议:

请搜集相关资料,谈谈雌激素和孕激素分别有哪些功能。

(三)女性生殖器官发育异常

1.处女膜闭锁

处女膜闭锁又称无孔处女膜。正常未婚的女性处女膜为一片不完全封闭的薄膜,遮蔽了阴道口的大部分,只在中央留有一个很小的洞,使阴道与外界相通。无孔处女膜,月经血不能排出体外,则会出现一些和正常青年女性不同的临床表现:青春期无月经来潮,但有周期性的下腹痛并逐渐加重,严重者伴有便秘、肛门坠胀、尿潴留等。这是因为潴留的月经血,使阴道以至子宫、卵管胀大而压迫了后面的直肠、前面的尿道和膀胱所致。处女膜向下突出更明显,B超检查可以帮助诊断。该病症如在青春期发现,并及时获得手术治疗,对结婚与生育均无影响。

2.先天性无阴道

先天性无阴道是双侧副中肾管尾端发育停滞而未向下伸展所致,故常伴有子宫未发育或发育不全,但卵巢一般正常。其临床表现为:患者青春期后无月经来潮。检查可见外阴及乳房正常,但无阴道口,有的仅在阴道口处见一较浅凹陷或有浅短的阴道盲端。少数患者虽然仍有发育正常的子宫,却常因子宫积血而出现周期性反复发作的下腹疼痛。如在婚前实行人工阴道成形手术,一般半年后即可结婚,且有生育能力。

3.先天性卵巢发育不全

先天性卵巢发育不全系染色体异常所致。诊断主要依据症状和体征,但确诊需要做染色体检查。该病一般不影响结婚,也可应用雌孕激素促月经来潮,但不能生育。

【拓展训练】

请将前排与后排相对应的器官画上连线:

胎儿孕育的场所	子宫
精子与卵子结合的部位	卵巢
产生卵子的器官	输卵管

第二节　生命的孕育与诞生

一、生命诞生的过程

(一)受精

睾丸产生的精子和卵巢产生的卵子,都是生殖细胞。含精子的精液进入阴道后争先恐后地游向子宫,其中一部分"先锋"快速到达输卵管。如果遇到正好从卵巢排出的卵子,像长着尾巴的小蝌蚪一样的精子们,就会立即将卵子包围,每个精子都试图穿透卵细胞壁而进入其中。竞争的结果,一般情况下只有一个"幸运"的精子得以成功地与卵子结合,形成受精卵,这个过程就叫作受精。

(二)怀孕

受精卵不断进行细胞分裂,逐渐发育成胚泡。胚泡因输卵管的收缩被推入子宫,最终植入子宫内膜,就好比一粒种子落到了土壤中!女性就这样怀孕了。

受精卵在母体子宫内发育的过程称为妊娠。这就是平常我们所说的怀孕。

胚泡中的细胞继续分裂和分化,逐渐发育成胚胎,并于怀孕后 8 周左右发育成胎儿,开始呈现出人的形态。

胎儿生活在子宫内半透明的液体——羊水中,通过胎盘、脐带从母体中获得所需要的营养物质和氧气;胎儿每时每刻产生的二氧化碳等废物,也是通过胎盘经母体排出。

胎盘呈扁圆形,是胎儿和母体交换物质的器官。胎盘靠近胎儿的一面附有脐带,脐带与胎儿相连。胎盘靠近母体的一面与母体的子宫内膜相连。胎盘内有许多绒毛,绒毛内有毛细血管,这些毛细血管与脐带内的血管相通,绒毛与绒毛之间则充满了母体的血液。胎儿和母体通过胎盘上的绒毛进行物质交换。

想一想:

有些药品的说明书上往往写着"孕妇慎用""孕妇禁用",这是为什么?

1.胎儿的成长过程

怀孕最初期,胚胎只有针尖般大小;出生时,胎儿一般重 2.5~3.5 千克。

第一个月:胎儿的脑部、眼部、嘴巴、内耳、消化系统、手、脚已具雏形。胎儿长约半厘米。

第二个月:胎儿的面部、肘、膝部、手指及脚趾开始成形,骨骼开始发育。胎儿开始有轻微动作,长约 3 厘米,重约 1 克。到两个月时,胎儿的脊椎开始形成。怀孕第 8 周,胎儿的皮肤有了感觉,通过母体对皮肤进行刺激,能使胎儿大脑逐步发育。从怀孕第二个月开始,胎儿在羊水中进行类似游泳般的运动。

第三个月:胎儿已会踢脚、握拳、转头、眯眼和蹙额。牙齿、嘴唇和生殖器开始发育。这时,胎儿长约 9 厘米,重约 28 克。从怀孕第三个月起,胎儿会吸吮自己的手指,虽不老练,但只要是能碰到嘴的,不管是手臂还是脐带,胎儿都会吸吮。

第四个月:胎儿的头发、眼睛、睫毛、指甲开始生长,声带及味蕾亦已长成。胎儿这时长约 18 厘米,重约 113 克。胎儿的小耳朵从怀孕四个月起就可听到子宫外的声音,当听到巨大的声音时,他(她)会感到吃惊。

第五个月:胎动愈来愈强烈,胎儿已长出头发,会吮吸拇指,身体各部分的器官逐渐成长。这时胎儿长约 25 厘米,重 224~500 克。胎儿能熟练地吸吮手指,只要吸到手指,可以很认真地持续下去,其神态似乎在品尝手指的味道。肾脏开始工作,胎儿吸羊水后,可以通过小肠过滤,并在羊水中小便。脑的记忆能力开始形成,胎儿反复听到母亲的声音时,就能辨别这种声音,由此产生一种安全感。

第六个月:胎儿已可以开闭眼睛和听到母体内的声音。这时胎儿长 29~35 厘米,重 560~680 克。怀孕六个月后,胎儿开始有了嗅觉,在羊水中的胎儿能嗅到母亲的气味,从而记忆在脑中。母亲常感到强烈的胎动,这是胎儿正在用自己的脚踢子宫壁。脚的剧烈运动使羊水晃动,从而刺激胎儿的皮肤向大脑传递冲动,促进发育。

第七个月:胎儿的皮肤呈红色,略带皱。体重较上月增加一倍,重约 1.1 千克,长 35~42 厘米。胎儿具有视物的能力。胎儿对外面的声音会表现出喜欢或讨厌。

第八个月:胎儿逐渐长大,骨骼更为强健,已可以听到母体外的声音。这时胎儿长 42~46 厘米,重 2~2.7 千克。胎儿能听出音调的高低及强弱,胎儿的味觉系统已很发达。子宫收缩或受到外界压迫,胎儿会猛踢子宫壁进行抵抗。胎儿开始感受到母亲的情绪。

第九个月:胎儿发育已进入完成阶段,皮肤变为粉红色,皮下脂肪丰满。胎头下降进入骨盆,准备诞生。这时胎儿长 50~55 厘米,重 2.7~3.2 千克。

2.怀孕年龄的选择

为了母亲安全、子女健康,科学家对大量资料进行了分析研究,认为怀孕的最佳年龄为 25~29 岁,不宜超过 30 岁。因为这个年龄段的女性身体已发育成熟,正处在生育旺盛期,对妊娠、分娩期间的心理变化和精神刺激均能很好地调节与适应,各方面已具备了做母亲的条件,能胜任哺育与教育下一代的任务。

(1)骨盆发育成熟。从女性的生理发育特点来看,身高长到 19 岁左右基本停止,至 25 岁以前还可能略有增长。在身高增长的过程中及身高比较固定以后,在雌激素的影响下,骨盆开始发育,骨质变薄,骨盆腔逐渐宽阔,外观上显得臀部宽大,完成了少女向少妇的过渡。

(2)体能处于一生中最佳时期。全身各器官、系统发育成熟,功能完善,肌力、体能都处在一生的顶峰时期,应激反应良好。

(3)心理比较成熟。这一年龄段的女性多已完成学业,并且有的已参加工作数年;在人际交往和社会实践中,社会适应能力逐渐增强,思想逐渐成熟,心理承受能力比较好。

(4)婚姻牢固并有一定的经济基础。经过几年的婚姻生活,家庭关系比较牢固,经济上有了一定的积蓄,这些都是顺利度过妊娠分娩期必不可少的有利条件。

过早怀孕、生育对母婴均不利,因为女性的骨骼完全钙化一般要到 23~24 岁。如果自身骨骼尚未完全钙化就怀孕,不仅母亲自己需要大量的钙,还要分出一部分钙来供给胎儿生长发育,势必造成缺钙。缺钙既影响母亲的身体健康,也有碍胎儿的正常发育。此外,生育过早还易患妇科病。据报道,早育的妇女患子宫颈癌的比晚育的妇女多 3 倍。

当然,女性过晚怀孕、生育对母婴健康也不利。所谓推迟生育年龄也是应该有限度的,最好不超过 30 岁,尤其不要超过 35 岁。临床上,将 35 岁以上生第一胎的产妇称为"高龄初产妇"。35 岁以上的妇女,卵巢功能开始衰退,卵子易发生畸变,胎儿先天性畸形或痴呆的发病率明显增加。此外,妇女在 35 岁以后,骨盆和韧带的松弛性、盆底和会阴的弹性都会有所减弱,妊娠期并发症和难产率亦相应增高。

不过,结婚、怀孕年龄超过了这个界限也不必过分紧张。因为现在妇产科学已发展到了相当高的水平,只要做好"产前检查"和"产前诊断",请医生悉心处置,多数高龄的初产妇仍可平安无事。

3.怀孕时间的选择

一年春夏秋冬四季,气候各有不同。那么,选择什么时间受孕比较好呢?6 月左右可以说是最佳时期。整个妊娠期是 40 周,合 9 个多月,如果 6 月受孕,预产期则是第二年的 3 月。

(1)怀孕 6 周以后,多发生恶心、呕吐、厌食等早孕反应,摄入营养不足,会影响胚胎发育。此时正值八九月份,蔬菜水果丰富,可以不断调换饮食品种,改善食欲;可以得到多种营养和维生素,保证胎儿正常发育。早孕反应过后,时值金秋收获季节,新鲜的粮食瓜果更多,孕妇可以任意选择。

(2)入冬时节,气温变化较大,人们容易感冒、发热。如果此时正处于孕早期,母体感染有可能导致胎儿畸形。近年调查表明,冬季空气中烟雾污染严重,此季怀孕的胎儿较其他季节怀孕的胎儿畸形率高。而 6 月左右怀孕者,到了冬季,胎儿的内脏都已发育完全,则不必再担心上述问题了。

(3)3 月孩子降生,产假在春季度过,气温不冷不热,孩子可以经常抱到室外晒太阳。等严冬来临,孩子已经八九个月了,不容易得软骨病;同时也便于抱到户外活动,不易生病。

当然,怀孕时间的选择除考虑季节因素外,还要考虑夫妇双方的身体条件,有病或疾病初愈者都不宜怀孕。新婚之后也不宜很快怀孕。

【青春小贴士】

(1)早期妊娠的表现。

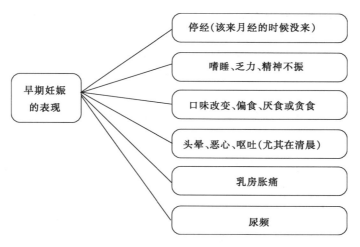

（2）怀孕初期注意事项。许多妇女在不知自己已怀孕的情况下,从事了一些造成日后后悔的行为。因此,怀孕初期的注意事项极为重要,是计划怀孕的妇女必须掌握的知识。怀孕时应谨守"医、多、战"原则,亦即定期看医生,多卧床休息,战胜自己的不良习惯。在日常生活上还应注意:

及时及早发现自己怀孕,学会用早孕试纸,在家即可进行怀孕测试;

同一姿势勿维持过久,以免血流不顺畅,刺激子宫收缩造成流产;

避免不当腹压增加、滑倒、舟车劳顿;

避免药物或烟酒;

一旦发现腹痛或阴道流血,需及时就医;

保持心情愉快,休闲生活;

勿暴露在辐射线或高压电波下。

（三）分娩

1.分娩

一般来说,怀孕到第40周时,胎儿就发育成熟了。成熟的胎儿和胎盘一般由母亲子宫收缩经过阴道推出体外,这个过程叫作分娩(图1-1)。分娩过程中,母亲要经受1至数小时的阵痛。有的母亲因身体的种种原因,难以进行自然分娩,就需要与医生商量后实施"剖宫产"手术,即胎儿不经阴道而直接由腹部开口取出。

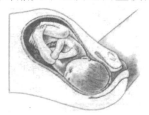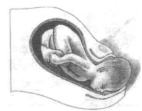

图1-1 分娩的大致过程

从图上看,分娩似乎并不复杂;但是对于母亲来说,分娩却常常伴随着剧烈的阵痛(分娩的疼痛级别仅次于烧伤)。母亲生育不容易,父母把子女养育成人更不容易,因此要衷心感谢父母,崇敬母亲! 所以,我们应该珍爱自己,珍惜生命。我们每一个人的生命都是这个世界上独一无二的,是最了不起、最伟大的! 无论长相如何、个性怎样,都是父母的唯一。

【青春小贴士】

（1）分娩前的预兆。征兆一是见红,就是阴道流出少量血性黏液。一般见红2~3天就要分娩。

征兆二是阵发性宫缩(腹痛),这是分娩的先兆。随着子宫收缩的逐渐规则,两次宫缩间隔越来越短,这时候就应送产妇到医院急诊,准备生孩子了。

（2）婴儿刚出生时要大哭。在胎儿期,因为肺是不参与通气的,所以肺的体积被压缩了。出生后,医生剪断脐带的瞬间(图1-2),其实就切断了婴儿氧气的来源。一般都是打一下婴儿的屁股,婴儿受到刺激而啼哭;而本来肺就需要一个膨大的过程,哭的时候,呼吸是比较急促的,有利于肺部的扩张和膨大,啼哭使肺部接受了大量的空气,从而启动呼吸运动。否则,婴儿就会窒息死亡。

(3)生产时婴儿的头要先出来。头朝外顺产是最好的胎儿生产方式,朝里是最容易导致难产的。一般胎儿快出生时都要头先入盆,这样头先出来婴儿的肩和躯干就没问题。头是婴儿全身最大的部位,像冲锋在前的勇士。如果头向内,容易使婴儿的双腿双手骨折——在阴道里朝一个方向用力,手不会像贴在身上一样不动,手随着受力是会移动的,如果移动到头上方或平行,宫口受到的扩张力会随之加大,就可能造成难产或使婴儿的四肢受压折伤等。

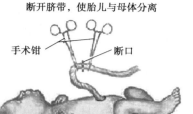

断开脐带,使胎儿与母体分离

手术钳   断口

图 1-2   胎儿脱离母体

【拓展训练】

阅读案例后回答。

近日,江苏无锡出现了一起典型的少女妈妈事件。一名年仅 14 岁的女生英英(化名)在一次轻率的性行为后怀孕了,最终在医院里生下一个男婴。

请问:假如你是英英,那么你现在就是一位新生儿的母亲了。你觉得与以往相比,你的生活可能发生哪些变化?

2.性别是怎样决定的

胎儿的性别由 46 条染色体中的两个决定。男性的精子和女性的卵子各携有一个性染色体。一个卵子有一个 X 染色体,而一个精子却可能携带一个 X 染色体或一个 Y 染色体。

Y精子+卵子

X精子+卵子

图 1-3   性染色体的结合过程

如果是携带 X 染色体的精子与卵子结合,则形成 XX 合子,以后发育成为女胎;如果精子携带 Y 染色体与卵子结合,则形成 XY 合子,以后发育成为男胎。因此,胎儿的性别是取决于男性精子染色体中的何种性染色体与卵子结合(图 1-3)。

当前有少数父母重男轻女,只想要男孩,这是违反自然规律的。如果可以按照这些人的意愿去选择胎儿性别的话,就会造成社会上男女性别比明显不平衡。

【青春小贴士】

(1)双胞胎的形成。人类双胞胎的形成有以下两种类型:①异卵双胞胎。母体子宫受孕时存在两个卵子分别和两个精子结合,发育成两个胚胎,然后分别发育成两个独立的个体,长大后差异比较大(性别可能相同也可能不同,相貌、性格差异大)。②同卵双胞胎。一个受精卵在分裂发育过程中,由于某种原因而发育成两个胚胎,从而形成两个新个体(性别相同,相貌、性格几乎相同)。

(2)试管婴儿——现代辅助生殖技术。有的育龄夫妇虽然很想要孩子,但是由于身体的原因,一直不能如愿。随着生物科学和医学研究的发展,对于这样的夫妇来说,现在终于有补救措施了——他们可以通过试管婴儿技术，生育可爱的娃娃！

概括地说，试管婴儿就是用人工方法让卵细胞和精子在体外受精，并进行早期胚胎发育，然后移植到母体子宫内发育而诞生的婴儿。对于患有输卵管堵塞等疾病的妻子，可以通过手术直接从卵巢内取出成熟的卵细胞，然后在试管里将卵细胞与取自丈夫的精子混合，让它们在体外结合形成受精卵。对于精子少或精子活动能力弱的丈夫，则可以用一枚极其微细的玻璃吸管，从他的精液中选一个健壮的精子，把它直接注入卵细胞，形成受精卵。受精卵在体外形成早期胚胎后，就可以移入妻子的子宫。

二、避孕与终止妊娠

(一)避孕

避孕是指通过工具、药物等方法，阻止和破坏正常受孕过程中的某些环节，从而避免怀孕。

1.女性常用的避孕方法

女用避孕方法比较多，常用的有避孕药物、节育环、输卵管结扎或阻塞、阴道隔膜、阴道避孕药环，还有安全期和哺乳期避孕等。

(1)避孕药物。避孕药物的种类非常多，有短效避孕药、长效避孕药、探亲避孕药、皮下埋植避孕药、外用避孕药等。其中，使用最多的是短效避孕药，如能正确服用，避孕效果几乎达百分之百。

长效避孕药每月只使用1次，有些可2~3个月使用1次，能够减少天天服药的麻烦，避孕效果略逊于短效避孕药。探亲避孕药为速效避孕药，主要适合探亲夫妇，也适合新婚夫妇。外用避孕药主要作用是杀死精子，其中以避孕药膜效果最好，避孕药膏效果较差。

(2)节育环。节育环是目前使用最广泛的一种长效避孕工具。常用的为不锈钢圆形环，这种节育环一次放入可以避孕20年左右，缺点是脱落率和带环怀孕率较高。带铜节育环的避孕效果较好，脱落率和带环怀孕率均较低，现已在各地推广使用。

(3)输卵管结扎或阻塞。输卵管结扎或阻塞为一种绝育手术，是把输卵管结扎，阻断卵子通往子宫的通道，以达到妇女永久性绝育目的的手术。其适用于不再生育或因病无法生育且无手术禁忌症的女性，只希望暂时性或可逆性避孕的妇女则不适用于此手术。

(4)阴道隔膜。阴道隔膜使用时较为麻烦，如无法正确掌握放置技术，容易失败，因此不能广泛使用。

(5)阴道避孕药环。阴道避孕药环用法简便，避孕效果也不错，一些地区已在推广使用。

(6)安全期和哺乳期避孕。安全期和哺乳期避孕办法不容易正确掌握，容易导致失败，不宜推广使用。

2.男性常用的避孕方法

与女性相比，男用避孕方法较少，常用的有避孕套、输精管结扎或阻塞，还有口服避孕药、体外排精和会阴部尿道压迫法避孕等。

(1)避孕套。也称安全套，是目前使用较多的一种男用避孕工具，它以非药物的形式阻止受孕,主要用于在性交中阻止人类的精子和卵子结合,防止怀孕。现在的避孕套设计新颖,很薄、很结实,对性快感的影响越来越小,其原料通常来自天然橡胶或聚亚安酯。

(2)输精管结扎或阻塞。输精管结扎或阻塞为一种绝育手术,适用于不再生育的夫妇。这种手术十分简单,效果可靠,对男性的性功能没有明显的影响,但有些男性对此有所顾虑而不愿接受。

(3)口服避孕药。男用口服避孕药虽然已研究成功,但具有一定的缺点,目前还不能推广使用。

(4)体外排精和会阴部尿道压迫避孕法。体外排精和会阴部尿道压迫避孕法因不易正确掌握,故避孕效果不可靠,不推荐使用。体外排精避孕法可在紧急情况下偶尔使用;会阴部尿道压迫避孕法有时还会带来短暂的局部不适,最好不要使用。

【青春小贴士】
男性安全套的使用方法
(1)从安全套内包装边缘小心撕开以免扯裂安全套;避免用剪刀一类的利器,确保安全套不破裂。

(2)在阴茎勃起时带上安全套,谨记在阴茎插入对方身体前戴上安全套。在阴茎勃起前期所产生的分泌物可能含有精液与导致性病的病菌,能引起怀孕和性病的传播。

(3)安全套内残留的空气会导致安全套破裂,为避免破裂的可能性,用拇指及食指轻轻挤出安全套前端小袋内的空气,然后将安全套戴在勃起的阴茎上。确定安全套末端卷曲部分露在外侧。

(4)在挤压安全套前端的同时,以另一只手将安全套轻轻伸展包覆整个阴茎。确定安全套于性交过程中紧套于阴茎上;如果安全套部分滑脱,立即将其套回原位。若是安全套滑落掉出,立即将阴茎抽出,并在继续性交前戴上新的安全套。

(5)射精后,在阴茎仍勃起时应立即以手按住安全套底部,在阴茎完全抽离后再将安全套脱下,不要让精液漏出。避免阴茎与安全套接触到对方的身体。每片安全套只能使用一次。用过的安全套用纸巾包好并放入垃圾箱。

3.男女避孕中常见的误区
由于对两性知识的不了解,很多青年在避孕问题上闹了不少的笑话,最终避孕失败,对女性的身体造成了极大的伤害。男女避孕中常见的误区有哪些呢?

(1)第一次进行性交的女性不可能怀孕。

√ 矫正:这是青少年中常见的传言。她是可能怀孕的。性交中没有"免费试用"的机会。

(2)女性月经期间不可能怀孕。

√ 矫正:虽然在月经周期的这段时间中怀孕的机会很小,但仍有女性在此期间怀孕。

(3)如果男性在性交前不久自慰直至射精,性交时他的精子数就可以减少到不会造成对方怀孕的程度。

√ 矫正:不对。精子数仍然足够造成怀孕。

(4)如果女性在性交后上下跳跃,她就不会怀孕。

√矫正:在无保护的情况下进行性交之后,上下跳跃或其他任何形式的身体运动都无法减少怀孕的危险。无论对方射精时女性是站着还是躺着,精子都会在射精90秒内到达子宫的入口——子宫颈。

(5)女性在性交前洗一个热水澡可以减少怀孕的危险。

√矫正:热水澡根本没有避孕的作用。

(6)女性必须在性交中达到高潮才会怀孕。

√矫正:不对。在无保护的性交中,无论女性是否达到高潮都有可能怀孕。

(7)在口交中吞下精液的女性会怀孕。

√矫正:不是这样。吞下的精子是无法到达子宫的。

(8)如果阴茎不完全插入,就是说男方在女方的外阴部而不是在阴道内射精(如早泄),女性就不会怀孕。

√矫正:不是这样。精子有可能进入阴道并继续向子宫运动。

(9)性交之后灌洗,即用水、皂液或温可乐之类的液体冲洗阴道可以冲走精子,防止怀孕。

√矫正:灌洗并非有效的避孕措施,而且会引起阴道感染。

(10)还没有开始月经来潮的女孩是不可能怀孕的。

√矫正:不对,在青春发育期,女孩可能在初潮前就开始排卵。

(11)对方在女性体内射精后,如果她马上排尿就不会怀孕。

√矫正:这样做没用。尿液是从阴道上方的尿道排出体外的,因此不会冲走精子,不能达到避孕的效果。

测一测:

1.月经周期正常的妇女在月经周期内的哪个阶段最容易怀孕?

    A.来月经前   B.来月经时   C.下次月经来潮前14天左右   D.来月经以后

2.偶然的性生活是否可能导致怀孕?

    A.是   B.否   C.不知道

3.妇女怀孕后会有哪些身体反应(表现)?

    A.恶心、呕吐   B.停经   C.乳房胀痛   D.尿频

4.下面选项中最有效最安全的避孕方法是哪一个?

    A.安全套   B.口服避孕药   C.安全期避孕   D.体外排精

5.宫内节育器为什么能避孕?

    A.形成屏障阻止精子进入子宫   B.阻止卵巢排卵

    C.抑制精子的活动   D.阻止受精卵在子宫着床

(说明:除第3题外,其他题都是单项选择)

(二)终止妊娠

终止妊娠,就是流产打掉腹中的胎儿,停止怀孕,一般是由于意外怀孕、胎儿有严重生理缺陷等因素影响而采取的医学方法。

1.流产

凡妊娠 27 周前终止妊娠者称为流产。发生于受孕 12 周以前者称为早期流产,发生于怀孕 12～27 周者称为晚期流产。流产分为自然流产和人工流产。自然流产的发病率占全部妊娠的 10%～15%,多数为早期流产。

(1)自然流产。

①病因。自然流产的原因较多,也比较复杂,主要有以下几个方面的原因:

a.胚胎发育不全:受精卵异常是早期流产的主要原因。在妊娠前两个月的流产中,约有 80% 是由于精子和卵子有某种缺陷,致使胚胎发育到一定程度而终止。因此,这种流产的排出物中,见不到原始的胚胎组织。b.内分泌功能失调:受精卵在孕激素作用下,才能在子宫壁上着床,生长发育成胎儿。当体内孕激素分泌不足、前列腺素增多或甲状腺功能降低,都可影响胚胎的生长发育,进而导致流产。c.生殖器官疾病:子宫畸形,如双角子宫、纵隔子宫、子宫发育不良、盆腔肿瘤,尤其是黏膜下肌瘤等均可影响胎儿的生长发育而导致流产。子宫内口松弛或宫颈深度裂伤都会引起胎膜早破而发生晚期流产。d.孕妇全身性疾病:孕妇患有流感、伤寒、肺炎等急性传染病,细菌毒素或病毒通过胎盘进入胎儿体内,使胎儿中毒死亡。高热可促进子宫收缩而引起流产;孕妇患有重度贫血、心力衰竭、慢性肾炎和高血压等慢性病,可因胎盘梗死及子宫内缺氧而使胎儿残废并致流产;孕妇营养不良,特别是维生素缺乏,以及汞、铅、酒精中毒均可引起流产。e.外伤:孕妇的腹部受到外力的撞击、挤压,以及孕妇跌倒或参加重体力劳动、剧烈体育运动,腹部手术如阑尾炎或卵巢囊肿手术均可引起子宫收缩而发生流产。f.情绪急剧变化:孕妇的情绪受到重大刺激,过度悲伤,惊吓,恐惧及情绪过分激动,可引起孕妇体内环境失调,促使子宫收缩引起流产。g.胎盘发育不良:胎儿在母体内生长发育,主要通过胎盘吸收母体的营养物质和氧气,如果胎盘发育不良或出现疾病,胎儿就得不到营养物质和氧气,从而停止生长并引起流产。h.母儿血型不合:孕妇过去曾接受过输血,或在妊娠过程中产生和血型不合的致凝因子,会使胎儿的体内细胞发生凝集和溶血,从而引起流产,如 ABO 和 Rh 两种血型。

②分类。根据自然流产发生的不同阶段及特点,临床分为先兆流产、难免流产、不全流产及完全流产。此外,还有两种特殊类型:a.过期流产(指胚胎在子宫内死亡已超过 2 个月,仍未自然排出者);b.习惯性流产(指自然流产连续发生 3 次或以上者)。上述各类型流产发生感染,引起子宫腔感染时,称为感染性流产。

③症状。自然流产的主要症状是阴道流血和腹痛。阴道流血一般发生在妊娠 12 周以内,且多伴有腹痛。腹痛多是子宫收缩或者血块刺激引起的。

(2)人工流产。人工流产对女性来说是一个尴尬的话题,既不像通常的怀孕那般欣喜,又不会像其他疾病一样受到关怀。很多女性一听人工流产,犹如大敌临头,对手术带来的痛苦以及对身体的影响都充满恐惧。近年来随着人们性意识的改变,做人工流产手术的女性日趋增多,且年龄有逐年减小的趋势。

人工流产是指在妊娠 14 周以前,采用人工方法把已经发育但还没有成熟的胚胎和胎盘从子宫里取出来,以达到结束妊娠的目的。人工流产作为避孕失败的补救措施,同时也适用于因疾病不宜继续妊娠、为预防先天性畸形或遗传性疾病而需终止妊娠者。常用的方法有负压吸引人工流产术、钳刮人工流产术和药物流产术。

在妊娠10周以内做人工流产最为适宜。因为人工流产手术越早,就越简单、越安全;反之,越晚手术就越复杂,手术后康复时间也就越长。

【青春小贴士】

(1)常做人流危害大。作为避孕失败的一种补救措施,人工流产是目前较为流行的一种控制生育的方法。但是,从优生优育的角度来看,女性是不宜多次施行人工流产的。这是因为,女性如果反复施行人工流产,会导致许多影响以后生育的并发症。例如子宫出血,多次"人流"会使子宫内膜反复受创伤,造成流血较多,影响女性的健康。再如宫颈损伤,"人流"时需要用钳子将子宫颈提位,这样就很有可能造成宫颈撕裂受伤,直接影响以后的生育。

(2)人工流产综合征。在施行人工流产手术中,有少数女性出现恶心、呕吐、头晕、胸闷、气喘、面色苍白、大汗淋漓、四肢厥冷、血压下降和心律不齐等,严重者还可能出现昏厥、抽搐、休克等一系列症状,医学上将其称为"人流综合征",又称"心脑综合征"。

(3)人工流产并发症。应当明确的是,人工流产只是一种补救手段,而绝非上策。这是因为,人工流产并非没有任何副作用,它有可能引起感染、漏吸(胚胎组织未能吸出,以致妊娠继续发展)、术后闭经或经量显著减少,有时伴有周期性下腹疼痛,或有子宫增大积血、慢性盆腔炎、月经异常、继发不孕、子宫内膜异位、自然流产、早产等一系列并发症,严重者还有可能因出血过多导致死亡。这种说法并非危言耸听。

(3)流产后的身体调养。曾经有人这样比喻,十月怀胎而后自然生产有如瓜熟蒂落,是一种自然现象;而流产犹如生摘青果,强制性地拖拉很容易折断根蒂,损伤皮肉。因此,流产对妇女身体的伤害必须引起重视。那么,流产后如何进行身体调养呢?

①注意休息,不可过早参加体力劳动。否则,易落下"子宫脱垂"的病根。

②保持外阴清洁,一个月内严禁性行为。

③在生活方面,应少洗头,勿喝冷饮,衣物要保暖。一个月内禁止盆浴、游泳。术后身体抵抗力下降,应注意局部的卫生,防止感染。预防着凉和感冒,使身体尽快恢复正常。

④在饮食方面,多吃些营养丰富的食品,以及新鲜蔬菜和水果。人工流产后半个月之内,应多吃些鸡肉、猪瘦肉、蛋类、奶类和豆类、豆类制品等。忌食刺激性食品,如辣椒、酒等,这类食品均能刺激性器官充血,增加阴道血流量。此外,要补充足够的铁质,以预防流产后贫血的发生。补养的时间以半月为宜,平时身体虚弱、体质差、失血多者,可酌情适当延长补养时间。

查一查:

上网查阅有关未成年少女人工流产的图片、资料、数据、典型案例等,说说人工流产会给未成年少女带来哪些危害。

【拓展训练】

请将下图中前排的内容与后排相对应的内容连线。

妊娠 12 周内用人工方法终止妊娠		受精
成熟胎儿脱离母体的过程		怀孕
受精卵在母体子宫内的发育过程		分娩
精子与卵子的结合过程		决定性别
男性的性染色体		人工流产

2.意外怀孕

意外怀孕,是指在没有思想或物质准备的情况下,通过男女双方的性行为而造成的怀孕。对于有生育打算,并做了充分准备想要为人父母的夫妇来说,正式怀孕是一件非常值得高兴的事。然而,对那些因为健康原因暂时不想怀孕的、经济收入不怎么稳定的、打算继续学业和发展事业或是未婚青年等人群而言,意外怀孕无疑会给他们带来很大的烦恼和忧虑。那么,发现自己意外怀孕后该怎么办呢?

(1)调节心理,接受妇科专业医生指导。意外怀孕后,首先不必惊慌。没有继续怀孕意愿的孕妇,应采取终止妊娠的办法,以尽快摆脱困境;而一些意外怀孕的少女,则不要自己偷偷哭泣,或者私下去不正规的诊所堕胎,一定要跟家人商量,并在家人的陪同下去正规医院检查,确定真的怀孕之后再决定是否保留或者人流。很多意外怀孕的女孩子认为告诉医生不是一个办法,其实这个时候她们最需要医生的照顾和心理辅导,需要医生帮助其减少焦虑并作出有利于一生健康的决定。

(2)尽早实施人工流产。人工流产又叫堕胎,目的是终止妊娠,越早堕胎越安全。怀孕期如果是在 3 个月以下,手术比较简单、安全,手术后略微休息几天就可恢复健康。如果怀孕期在 3 个月以上,情况就复杂得多,手术也相应复杂,对身体的伤害也会随之加重。

许多女性在发现意外怀孕后,就自行到药店去买药解决问题。其实这是很危险的,千万不要自行药流,须听从专业医生指导用药。只有身体健康、无慢性病、无药物过敏史、孕期在49 天之内、经 B 超检查为子宫内早孕的女性,才能施行药流。

(3)人流后精心调养身体。

①人工流产后尽量不做体力活,最少三日内停止任何剧烈运动。

②如果出现阴道出血量多、腹痛、呕吐或发高烧等情形,应立即找专业医生诊治。

③两三个星期内禁止用卫生棉条。

一对具有生殖能力的男女发生性行为后,女性就可能怀孕。性行为不只是两个人的事,还涉及下一代和整个社会。对于处在青春期的青少年而言,在身体发育还不完全、经济尚未独立、不具备法定结婚年龄的情况下,随意发生性行为是不道德、不合法的,因此青少年们要学会把握自己、保护自己,理智调节自己的心理,从而规范自己的行为。

【拓展训练】

　　某校大二女生,四个月前做了一次人工流产。事后,她又禁不住男友的花言巧语,控制不了青春的激情,多次发生性行为。现在,她怀疑自己又怀孕了,但不敢告诉父母,成天提心吊胆,非常恐慌,甚至产生了轻生的念头。

　　阅读上述案例,请回答:如果这个女生是你的同学或朋友,你如何运用所学到的知识帮助她走出困境?

第二章　青春期保健

可爱的男孩，你留心了吗？近几年你的身体在不知不觉地变化着：身材变得高大，肩部较宽，肌肉发达，开始呈现"倒三角形"；嗓音由尖细的童声变为浑厚低沉的男声；面部棱角分明，有喉结，长胡须……阳刚之气显现了。可爱的女孩，恍惚间，你不再无忧无虑了？乳房开始隆起，面色更加红润漂亮，人也显得更温柔……女性特征逐渐突出，生长发育迅速，你也开始有了自己的小秘密。

面对这陌生的变化，你既兴奋、好奇，又迷惘、困惑。在成长的关键时期，你需要了解青春期性发育的相关知识，认识性发育过程中出现的种种问题，掌握生殖器官的卫生保健方法，养成良好的生活卫生习惯，防止意外伤害的发生，为将来的幸福生活奠定基础。

第一节　男孩青春期保健

一、男孩性器官的成熟

（一）正确认识男性第二性征

在青春期之前，影响我们生长发育最重要的激素是生长激素（由垂体分泌）和甲状腺激素（由甲状腺分泌）；进入青春期，则主要是在性激素（由性腺分泌）、生长激素以及肾上腺所分泌的少量雄性激素的相互作用下，使身体发生剧烈变化。当然，青春期的发育不是哪一个器官的功劳，而主要是下丘脑、垂体、性腺集体合作的结果。这在医学上被称为"下丘脑—垂体—性腺轴"，是青春期的核心轴（图 2-1）。

图 2-1　青春期核心轴

青春期前，男孩女孩的体型差别不大，即使肩、胸、臀等部位也无明显差异；但进入青春期后的不同阶段，男孩和女孩身体的各部位发生一系列变化，使第二性征凸现出来。性征就是区别男女或雄雌的特征。第一性征是生殖器官，这是两性之间最重要、最根本的区别。第二性征是发育的外部表现，即男女在体型体貌等方面的区别，如身材、体态、相貌、声音等。

男女第二性征存在明显差异。

1.体型的改变

男孩青春期有一个明显的变化,就是个子长高了。研究表明,人一生中,身体生长迅速、身体各部分的比例发生显著变化的阶段有两个:一个是产前期和出生后的最初半年,另一个就是青春期。青春期的快速生长发育,被称为青春期急速成长现象。事实上,这种现象开始于性成熟之前或与性成熟同时开始,终止于性成熟后的半年到一年。男孩的急速成长从11~12岁开始,14~15岁达到高峰期,以后逐步减慢,到19岁左右时身高便达到充分发育水平,21岁后逐渐停止长高(图2-2)。与此同时,体重、肌肉力量、肩宽、骨盆宽等也都逐渐增加。最终,男孩四肢、肩部骨骼和肌肉特别发达,皮下脂肪相对分布较少,身材较高,出现肩宽、体高、胸肌发达的体型,给人以强健阳刚之感。

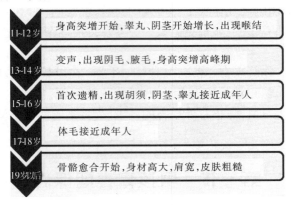

图 2-2 男性第二性征出现顺序

【青春小贴士】

影响身高的因素主要有:①遗传,身高70%由遗传因素决定;②营养,如钙质、维生素 D 及蛋白质等;③内分泌,比如生长激素分泌不足、性激素过早分泌等;④运动,人运动后,生长激素分泌量会达到高峰,促进骨骼发展,使人长高;⑤睡眠,在深度的睡眠时间(23:00到凌晨1:00),脑垂体分泌的生长激素量最高;⑥精神,受到长期精神压力或父母离异、家庭暴力等影响的孩子生长发育迟缓。

2.出现阴毛、腋毛、胡须、体毛

人身上的毛发分为三类:第一类是汗毛,它遍布全身;第二类是短毛,如眼睫毛、眉毛;第三类是长毛,如头发、胡须、腋毛、阴毛等。头发、汗毛、眉毛、睫毛等,在胎儿时期就已形成,所以人一生下来就有了,人们见了没有头发、眉毛的婴儿反而觉得奇怪。然而,像阴毛、腋毛和胡须属于第二性征,到了青春期才生长出来。

男孩阴毛开始发育的年龄,最早为11岁,迟者20岁,都属正常现象。男孩阴毛最初出现在阴茎根部,以后向会阴部蔓延。青春期阴毛一般呈倒三角形分布,最终呈菱形分布。早期的阴毛呈绒毛状,以后逐渐变粗变黑,密集而卷曲。阴毛的出现时间、形状和分布有很大的个体差异。

一般来讲,男性都有阴毛,阴毛对生殖器是有保护作用的。对于阴毛的多与少也不必介意,这对于身体绝无影响。阴毛生长处是人最隐秘的地方,有的人尤其是刚步入青春期的男孩,对此怀有一种神秘感,同时又有莫名其妙的羞怯感,还会产生一些心理障碍,甚至不敢去游泳和洗澡。其实这大可不必,长了阴毛,说明性发育日趋成熟,并开始步入成人行列。随着时间的推移,每个人对自己的阴毛从心理上逐渐淡化,但一般人都要经历这个最初的羞怯和无名的惆怅的心理过程。

腋毛出现的时间比阴毛晚 1 年左右,常由腋窝中心向四周生长。大约 15 岁长胡须,通常都是先由上唇的两侧开始,逐渐向上方的人中一带长起,而下巴一带的胡须要到男孩性器官发育完成才会长出。某些男孩除了有阴毛、腋毛、胡须生长外,在上下肢和胸部,甚至肛门周围还出现了典型的体毛,这与种族、遗传和个体差异有关,如亚洲男性与欧美等西方男性相比,体毛软而细,量少而稀疏。

在现实生活中,某些男孩因较早地出现阴毛、腋毛或胡须,就认为自己"性早熟",并常常为此苦恼。这是大可不必的,反而恰恰是男性的魅力所在。

3.变声和喉结突出

青春期前男孩和女孩的声音听起来差别不大,仅仅根据清脆的童音是不容易区分性别的。进入青春期后,声音出现显著变化,男孩发音频率变低,嗓音变得粗而低沉;女孩发音频率变高,声调变得高而尖细。相比而言,男孩嗓音的变化要比女孩明显一些。这种青春期的嗓音变化,就是人们通常所说的"变声"。变声是暂时的生理现象,一般需要半年至一年,最多两年时间,过后嗓音就会逐渐趋向稳定与正常。伴随变声的出现,男孩喉部逐渐变大、突出,出现明显区别于女孩的喉结。

变声期是喉部、声带生长发育的时期。而声带在发育过程中仍须不断"工作",如说话、唱歌等,这样声带就容易充血、水肿,声音会变得沙哑,有时咽部还会感到不适。因此,此时要格外注意保护嗓子,尽量减轻声带的负担,让它顺利地度过变声期。

男孩在 11~16 岁出现乳房硬结,持续数月至 1 年即自行消退。

4.生殖器官发育

大约 11 岁前,男孩的睾丸和阴茎都很小,但青春期来临(大约 11 岁)后,睾丸开始发育、增大,在逐渐产生精子的同时,分泌大量的雄性激素,随着雄性激素在血液中的浓度不断增加,睾丸、阴茎、阴囊等生殖器官迅速发育至成熟。

(二)坦然面对性器官的成熟

【小案例】

某天中午,某职校一年级电子专业的小广在学校心理咨询室门口犹豫了很久,终于鼓起勇气推开了咨询室的门,将自己最近的心事和盘托出。原来,小广是住校生,还是他所在寝室的室长,但最近寝室里的同学常常讨论一些关于生理变化的问题,有时还相互开玩笑,弄得有些同学很尴尬,同学之间甚至还会因此引发一些冲突。有的同学早上起来第一件事就是去掀别人的被子,看床单上有没有湿的;有时,当大家在一起洗澡的时候,有的同学就会取笑别人的"那个"小;当发现某个同学单独在寝室时,会被怀疑是在偷偷摸摸干坏事——手淫……这些事情令他不知道该如何处理了,自己也不知道该站哪一边好。

男孩进入青春期后,随着体内雄性激素水平的提高,生殖器官的发育,性意识开始觉醒,逐渐会出现阴茎勃起、遗精,这属于正常生理现象,不仅无须治疗,反而是青春期性发育成熟的标志,也是性激素分泌正常的表现。

1.阴茎的勃起

一般情况下,流入阴茎血管、血窦的血液很少,海绵体柔软,阴茎处于绵软状态。当接收到视、听、想象等性刺激和阴茎受到摩擦或触摸等局部刺激时,大脑皮层和脊椎勃起中枢便将性兴奋的信息传送到阴茎海绵体,阴茎的动脉血管发生扩张;与此同时,血窦也扩张放松,从而大量的血液进入血窦,血窦充血而胀大,阴茎发生膨胀。这一变化又使阴茎皮肤下的静脉血管受压,血液回流量减少,这样血液便潴留在海绵体内丰富的血管和血窦中,使海绵体充分充血而勃起。当流入的血液和回流的血液相等时,则阴茎持续勃起。性刺激解除或射精后,阴茎海绵体的动脉收缩,血管回流减少,静脉开放,血液回流增加,勃起时潴留在海绵体内多余的血液就会流出,阴茎疲软,恢复到常态。

【青春小贴士】
什么是性冲动

青春期性意识萌发后,会产生性冲动。这是由于体内雄(雌)性激素分泌的增多而产生的一种心理变化。具体地说,处于青春期的青少年,如果受到内外环境的刺激,如窃窃私语、异性体味体貌、抚摸、想象等,就会产生神经冲动,这种冲动传导到大脑的有关中枢会形成性兴奋,并通过神经系统作用于生殖器官,导致其生理和心理的变化。男性表现为阴囊收缩,阴茎勃起,性欲望增强,性高潮时还会有射精现象;女性表现为阴蒂和阴道壁的充血膨胀,黏液分泌增多。在发生这些变化的同时,心理也会产生激动和快感。

性冲动是随生理的发育、性功能的日趋成熟、性意识的产生而产生的。男女从青春期开始,都会产生性冲动,只是引起的原因有所不同。男性的性冲动容易被视觉刺激所引起,如女性形象,或裸体的艺术品、图片等;女性的性冲动容易被各种带有"性"色彩的视觉形象所激起。

频繁的性冲动会使人对学习和工作的兴趣下降,如不加控制,会使神经系统在短时间内失控,做出不理智的事情。为避免这样的局面出现,除了要树立科学的理想和奋斗目标外,还应当让生活更充实,兴趣更广泛。同时,应多与异性进行正常的交往,以消除对异性的神秘感。

2.遗精——男孩性成熟的标志

遗精是指男孩进入青春期后,在没有性交的情况下精液不自主地流出体外的现象。多数男孩在睡梦中发生过遗精。男孩首次遗精一般发生在阴毛、腋毛、胡须出现,身体增高最快的一年后。据调查,现在男孩首次遗精的年龄大多在14~15岁,最小11岁,17~18岁的少男已有90%以上发生过遗精。

遗精有两种情况:在入睡之后,做与性内容有关的梦时出现的遗精称之为"梦遗";另一种是在清醒的状态下,精液自动外流的叫"滑精"。两者本质上没有多大区别。

遗精的原因:一是由于青春期的男孩睾丸、精囊、前列腺、尿道旁腺等组织器官在雄性激素的作用下,不断产生精液。当精液量超过储存限度时,就会出现"精满自溢"的现象,反射性地引起"射精",使精液从尿道溢出体外。二是因局部刺激,如内裤过紧,被子太重、太热,或趴着睡觉,使生殖器受到刺激,也会发生遗精。三是性信息的刺激,如与异性亲密接触,看了描写性的小说、电影、图片等,使思想过分集中在性问题上,导致睡眠时遗精。四是因手淫导致遗精。五是由于生殖器官疾病,如尿道炎、阴茎包皮炎、前列腺炎、膀胱炎等充血性的炎症刺激,或包茎、包皮过长而导致遗精。

遗精是调节性功能的自然生理现象。性压力、性紧张淤积,得不到排遣,会使人紧张、烦恼、躁动。遗精则可使性压力、性紧张得到松弛和缓解,从而达到生理上的平衡。

一个发育健康的男孩都可能发生遗精,遗精是一种正常的生理活动,无须为此烦恼。相反,另一些男孩常常为自己不遗精而不安,害怕自己发育不好。其实,精液可多次少量排入尿道,随尿液排出体外,不易被人察觉。只有生殖器官明显异常,如睾丸很小、阴茎发育很差并伴有第二性征不发育等,从来没有出现遗精,这才是异常现象。

【青春小贴士】

正常男孩每月遗精1~2次,甚至多次都不是异常现象,不必为此烦恼。当然,遗精太频繁,1~2天1次或1天数次,甚至午睡时也发生遗精,引起头晕、耳鸣、腰酸、乏力、心慌、气短、面色苍白、精神不振等症状时,就应该重视了。所以,正确认识遗精现象,消除心理障碍,十分重要。

要解决频繁遗精,首先要增强信心,注意培养自己高尚的道德情操,强化学习目标,并树立正确的性观念,脱离低级趣味的吸引,将精力转移到学习上来;其次,养成良好的生活卫生习惯,按时睡眠,讲究卫生保健,内衣裤不要过紧,被褥不要盖得太厚太重,加强体育锻炼,积极参加各种有益的社会活动等。

议一议:
"一滴血十滴精"的说法科学吗?为什么?

二、男孩青春期保健

青春期是人生的花季,青春期的花朵需要细心呵护。只有养成良好的生活习惯,才能增强抗病能力,促进身心健康,让青春花朵常开不败。

1.养成良好的生活习惯

(1)生活方式健康。进入花季的男孩,已具备自理、自控的能力,应当确立并保持健康的生活方式,以满足青春期身心发展的需要,使自己受益终身。第一,要保持生活规律,做到按时作息,劳逸结合;第二,要保证充足的睡眠,不熬夜,不睡懒觉,中午适当地午睡;第三,积极参加体育锻炼、文娱活动和公益活动;第四,培养良好的业余爱好,增加生活情趣,养成高尚情操。

(2)膳食合理。青春期是身体发育,特别是性器官、性功能发育极为迅速的时期,新陈代谢十分旺盛,加之男孩活动量大,能耗较多,应特别注意营养的补充和膳食的合理。有些男孩饮食单调,偏食、挑食,不喜欢吃动物性食物(如肉、蛋、鱼和奶制品等),天长日久,导致营养不良,甚至身材矮小、智力低下。因此,首先要注意膳食搭配的多样化原则:粗细、荤素、稀干、干鲜俱全,品种要多,数量要足,营养要充分;其次,养成良好的饮食习惯:定时定量,不暴饮暴食、不偏食、不挑食,这样才能给旺盛的机体提供足够的物质营养。

(3)不抽烟、不酗酒。有些同学出于好奇,开始吸烟、饮酒,但这些不良行为一经沾染并成为嗜好后,常常难以自拔,危害身心健康。据报道,吸烟者正常精子数量要减少10%左右,若每天抽烟20~30支以上,精子的存活率仅为40%,同时精子的畸变率显著增高。吸烟时间越长,畸形精子越多,精子活动力越低。可见长期大量吸烟是导致不育的重要因素之一。研究结果还表明:吸烟还可以引起动脉硬化、消化不良,90%以上的吸烟者阴茎血液循环不良,阴茎勃起速度减慢。据统计,阳痿病人中有2/3是吸烟者。酗酒对生殖系统有很大影响,可加速体内睾丸酮的分解,造成雌激素水平相对较高,睾丸萎缩,甚至出现阳痿。酒精可能使精子染色体异常,引起胚胎发育不良、胎儿畸形、流产、低能儿,不利于优生。因此,青少年应养成不嗜好烟酒的习惯。

(4)少穿紧身裤。精子成长的过程需要低温环境,不然精子就会夭亡。如果男孩常年穿不透气的紧身裤,如牛仔裤,会使阴部透气不良,压迫睾丸,阴囊内温度较高,导致精子数量减少,甚至将来不育。所以,牛仔裤类的紧身裤应与其他衣裤交替穿戴。

想一想:
穿紧身裤对青春期男生有哪些不利影响?

(5)防范有毒有害物质和药物。如经常受大量放射线照射,可引起精子染色体畸变;长期使用镇静药、抗肿瘤药、激素类药可引起精子生长障碍,精子染色体损害和断裂。因此,青春期男孩应尽量避免接触有害物质,也不要无故滥用药物。

(6)多饮水。谁都知道人离不开水,但人需要经常喝水却不是谁都知道。现在,男性泌尿生殖系统结石和感染的病人越来越多,正是由于人们在品茶喝酒的同时,往往忘记了喝水。常言道:"流水不腐,户枢不蠹",对于人体的组织器官来说,也是如此。水被吸收以后,多数以形成尿液的形式排出体外。尿液的作用不仅能排泄体内大量废物,而且还能用物理冲力的作用冲走那些微结石,使它们不能成形,冲走那些想萌生的细菌,预防感染。

(7)心态乐观稳定。如果心情郁闷,情绪长期不稳定,会直接影响神经系统和内分泌系统的功能,使睾丸生成精子和产生雄激素功能紊乱,导致生长发育障碍,严重者可致婚后不育。

2.培养正确的卫生习惯

男孩阴囊、阴茎皮肤皱褶多,汗腺多,尤其是穿化纤内裤通风不良,汗液、残留尿液、粪渣均可污染局部,引起感染。故保持外生殖器的清洁卫生,对预防生殖器感染和性病的发生都十分重要。

(1)每天清洗外生殖器。由于包皮里面和阴茎头部的小腺体不断产生分泌物,它与少量尿液、脱落的上皮组织细胞及污垢混合在一起形成乳白色豆腐渣状、气味奇臭的包皮垢。包皮垢长期附着在阴茎头表面或冠状沟内,容易引起炎症。因此,阴茎和包皮应当勤洗,以免积垢。

部分男生嫌麻烦,对自己的性器官疏于清洗,这是很不应该的。尤其是包皮过长者,更应注意清洗,养成每天清洗一次的良好习惯。清洗的方法:先上后下,由前往后,即先洗阴茎、阴囊部位,再洗肛门区域,以免肛门周围的粪渣污染生殖器官而引起发炎。清洗时应注意:水的温度要适当(水温在40~50 ℃);清洗阴茎时,要将包皮翻起来,以充分暴露出阴茎头并清洗干净;避免使用刺激性香皂,最好用专门的香皂和毛巾,应注意毛巾的清洁并经常在太阳下晾晒。

(2)勤换内裤。男孩运动量大,出汗多,因此要勤换内裤,保持外生殖器清洁。内裤最好选用透气好、略微宽松的棉织品,不要穿过紧的、不吸水的、不透气的内裤。每次遗精后,需要换内裤,及时擦洗阴茎。需要提醒的是,清洗时切勿玩弄阴茎,以免诱发手淫。

(3)做好便后卫生。每次大便后,应用手纸擦净肛门及会阴部,以免污染外生殖器和内裤,造成细菌滋生。需要提醒的是,不要养成大便时看书看报的习惯,否则,极易引发痔疮或脱肛等疾病。

在日常的游戏和运动中,还要随时注意保护好自己的外生殖器。外出旅游住宿时,最好用自备的毛巾洗漱。一旦发现外生殖器出现异常情况,如红斑、结节、增生物、溃疡、渗出等,应立即去医院诊治。

3.定期自我检查

男性生殖器官大部分暴露在身体外面,可以直接看到或触摸到,用双手就能进行检查。从青春期开始,应每月做一次自我检查,以便及早发现生殖器的疾病。生殖器官的自我检查最好在洗澡时进行,要保证光线充足,必要时辅以可手持的镜子。检查主要包括以下方面:

(1)检查阴茎头和尿道口。将包皮翻开,注意阴茎头部是否有硬结、丘疹、水泡、溃疡,尿道外口是否有任何异常分泌物;注意排尿情况,尿液是否混浊、脓尿、血尿、排尿困难、尿流细弱等。

(2)检查阴茎体部的大小、形状有无改变;阴茎表面皮肤的弹性、颜色有无变化及是否有牵扯痛、充血水肿或新生物;检查阴茎根部时,应拨开阴毛,检查阴毛附着处皮肤的情况;用镜子帮助你观察阴茎及阴囊的背光面。

(3)检查睾丸和阴囊。检查睾丸的最好时机是刚洗完热水浴后,因为此时阴囊较松软、睾丸离身体躯干较远。采取站姿,并用双手检查:将中指及食指放在一个睾丸的底部,大拇指放在睾丸上面,轻轻地在指间滚动睾丸,感觉是否有触痛、肿物、结节、弹性改变或大小形状改变。健康的睾丸呈蛋状,感觉平滑而结实。然后,重复相同的程序检查另一个睾丸,要注意双侧对比。仔细触摸睾丸时,可能在每个睾丸上面及后面(仍在阴囊中)发现一个鸡冠状的器官覆盖着它,那就是附睾;也可能在睾丸的上方摸到索样的结构,这就是精索,里面有输精管和一些血管及神经。检查阴囊时要注意其表面皮肤是否充血水肿、颜色改变、溃疡、丘疹、硬结等。

在自我检查时,一旦发现异常变化,感到任何疼痛或不舒适,应马上咨询医生。

4.防止生殖器损伤

大多数男孩都有过这样的体会:如果阴部受到重击,会痛得眼冒金星。所幸的是这种疼痛是暂时的,一般不会引起永久性伤害。但以下原因导致的生殖器损伤应予以高度重视和预防:体育运动事故、车祸、打斗等的碰击,可导致阴囊外伤性血肿、阴茎系带撕裂,甚至阴茎断裂;出于好奇或寻求快感,从尿道口向尿道内插入异物,如小珠子、笔杆等,引起尿道损伤、排尿困难和继发感染,或用线、橡皮筋、螺丝帽等环套在阴茎上,引起阴茎"嵌顿",甚至坏死。

【青春小贴士】

包茎或包皮外口狭小的包皮过长者,如将包皮强行上翻而又不及时复位时,狭小的包皮口会勒紧在阴茎冠状沟上,阻碍包皮远端和阴茎头的血液回流,致使这些部位发生肿胀,这种情况称为包皮嵌顿。包皮嵌顿多因性交或手淫引起。包皮嵌顿后局部有剧烈疼痛,阴茎头部红肿,包皮出现水肿。嵌顿时间越长,肿胀越严重,如不及时处理,包皮和阴茎头就会发生缺血、坏死。包皮嵌顿后要及时将其复位,一般先采用手法复位。这种复位方法可自我进行:用两手食指和中指握住包皮,两大拇指放在阴茎头部并轻轻用力将其推向包皮内,即可使嵌顿的包皮复位。如包皮嵌顿时间较长,手法复位不能恢复者,应尽快到医院就诊,进行手术复位。预防包皮嵌顿的最好办法是做包皮环切手术,将包茎或过长的包皮切除,就不会再发生包皮嵌顿。

5.了解和预防性器官疾病

男孩在青春期性机能发育中可能出现异常现象,如乳房发育和少女一样,男性的第二性征和睾丸发育不正常,均应及时就医。下面主要介绍几种常见的疾病。

(1)隐睾。出生后阴囊内无睾丸存在就称为"隐睾"或"睾丸下降不全"。一般为单侧,少数为双侧。睾丸多数停留在腹股沟处和阴囊上方,少数停留在腹腔内。

隐睾的危害:一是影响生育,若睾丸未能降入阴囊,睾酮分泌不足可引起性功能障碍;二是影响性功能,双侧严重隐睾,睾酮分泌不足可引起性功能障碍;三是可能出现恶性病变,因体内温度相对较高,可使睾丸组织发生病变,隐睾患者发生睾丸癌的危险率较正常人高 20~40 倍;四是易发生睾丸创伤,睾丸位于阴囊内,活动度较大,外伤的机会较小,而位于腹股沟处的睾丸,易受肌肉的收缩挤压发生损伤;五是可能出现睾丸扭转,隐睾扭转的病人中约 50% 是隐睾患者;六是易合并发生"疝"(俗称疝气),其发病率国内报道在 50% 左右,国外报道高达 66%~97%;七是引起精神创伤,空虚的阴囊可引起自卑感、精神苦闷、性情孤僻。

若出生后两年内睾丸仍未降入阴囊,以后机会就更小。因此,男孩两岁时仍是隐睾,就应手术治疗。

(2)包茎与包皮过长。男孩 7 岁以前,包皮较长,遮盖了整个阴茎头及尿道外口。随着青春期发育,阴茎体积增大,长度增长,包皮会向后退缩,使阴茎头和尿道外口暴露在包皮之外。如果到了成年,包皮口狭小,或包皮与阴茎头仍然粘连,包皮不能上翻露出尿道外口和阴茎头,成为包茎;如果包皮覆盖阴茎头和尿道外口,但能上翻暴露阴茎头和尿道外口,就称为包皮过长。我国成年男子中,包皮过长的占 29%,包茎的占 9%。包茎和包皮过长,对人体都有一定的害处:

①妨碍阴茎发育,影响性生活的和谐。包茎会影响阴茎的生长发育。青春期发育时,由于阴茎头被包皮紧紧包住,得不到外界应有的刺激,阴茎头的发育受到很大束缚,致使性器

官发育成熟后的阴茎头的周茎较小,影响正常性生活;特别是包皮口径过小的人,若包皮上翻不能复原,包皮紧紧卡在冠状沟处,形成嵌顿性包皮,痛苦不堪;严重时,阴茎头会血流不畅而发生水肿,甚至发生阴茎头坏死。

②使阴茎头发炎。包皮内有丰富的皮脂腺,能分泌大量的皮脂。包茎或包皮过长时,使包皮内皮脂腺的分泌物不能排出,皮脂和尿中的沉淀物合成乳酪状奇臭的"包皮垢"。包皮垢适宜细菌生长,故可引起阴茎头及包皮发炎。病菌进入尿道还可能造成尿路感染。发生在尿道口的炎症,愈合后可引起尿道口狭小,造成排尿困难。

③损害肾脏功能。阴茎、包皮发炎,会引起尿道口或尿道狭窄,造成排尿困难。长期排尿困难,肾脏的功能就会受到损害。

④有致癌的危险。现代科学研究表明,包皮垢是一种致癌物质。据调查,85%～95%的阴茎癌患者都是包茎或包皮过长。包茎和包皮过长,不仅影响自己的身体健康,还会因性交把包皮垢带入女性阴道,刺激子宫,诱发子宫颈癌。

因此,包茎及包皮过长的男孩应当及早到医院做包皮环切术。对于不发炎的包皮过长,只要经常将包皮上翻清洗,也可不必手术。

做一做:
洗澡时检查自己的包皮,判断是否为包皮过长或包茎。

---

(3)阴茎头包皮炎。由于尿液、精液或污垢在包皮内堆积,加上衣物、洗涤剂等的刺激或手淫损伤包皮,继发细菌或真菌感染而发病,多见于包茎或包皮过长者,也见于某些药物引起的过敏性阴茎头包皮炎。发病初期,阴茎头和包皮表面充血水肿,有灼热感,继而发生糜烂或溃疡,引起疼痛,包皮内产生有特殊臭味的分泌物。阴茎头包皮炎经常发生,可能导致包皮粘连、尿道口炎、尿道口狭窄,甚至炎症沿着尿道逆行而上,引起尿路感染,因此要及早治疗,平时要注意卫生保健。

(4)尿道炎。尿道炎的致病菌以大肠杆菌、链球菌和葡萄球菌最为常见。引起尿道炎的主要诱因有:尿道的梗阻,如包茎、结石、肿瘤等妨碍尿液排出;生殖系统的感染,如前列腺炎、精囊炎等;机械性刺激,如留置导尿管、尿道内器械的应用、手淫等。急性期的主要症状是有较多尿道分泌物,开始为黏液性,逐渐变成脓性,伴有尿频、尿急、尿痛等尿路刺激症状。进入慢性期,尿道分泌物逐渐减少,或者仅在清晨第一次排尿时,可见尿道口有少许浆液性分泌物,尿路刺激症状已不明显。尿道炎的治疗主要是鼓励病人多饮水,并积极使用抗菌素。

(5)附睾炎。附睾炎是发生于附睾的炎症。其症状是阴囊内剧烈疼痛、发热、肿胀、怕触摸。如果治疗不当或不及时,可形成附睾脓肿,引发睾丸炎,使输精管堵塞。如两侧输精管堵塞,将导致无精症或不育症。

(6)睾丸炎。睾丸炎多因其他器官感染性疾病引起,如流行性腮腺炎、上呼吸道感染、麻疹、水痘等。其中流行性腮腺炎引起病毒性睾丸炎最常见,表现为:睾丸疼痛并向腹股沟放射,伴有高热、恶心、呕吐,睾丸肿大、压痛明显,阴囊皮肤脓肿。病变可使睾丸组织变性,生育能力降低;双侧睾丸受累者约半数有轻度或局限性睾丸萎缩,造成严重的少精症或无精症。

(7)男性乳房发育症。少男随着性发育会出现乳头色素沉着、乳房稍增大并伴有硬结的现象,但不久会消失,不像少女那样随身体发育而逐渐增大,也无任何分泌功能,这是正常现象。但有些男性乳房的形状和大小同女性一样,且有时分泌少许乳样液体,这属于异常情况,被称为"男性乳房发育症"。男性乳房在组织学上,没有分泌乳汁的乳房小结,只有腺管增生和囊性扩大以及纤维脂肪组织增生。

男性乳房发育症的病因还不肯定,一般认为与体内性激素代谢紊乱、雌性激素水平过高有关。造成此病症的因素主要有睾丸疾病、肾上腺疾病、脑垂体疾病、肝脏疾病、某些药物影响等。对病因明确的男性乳房发育症,主要是治疗原发性疾病或停用某些药物;对病因不明者,一般采用雄性激素治疗,但不可长期使用。

【拓展训练】

请写出你每天几个大致固定的作息时间段;如果没有,请重新制订。

内容	时间段
早上起床	
早餐	
中饭	
午睡	
运动时间	
晚饭	
晚自习	
睡觉	

第二节　女孩青春期保健

一、青春期女孩的生理变化

伴随着青春的脚步,青春期的女孩开始变得体态丰满,面色红润,个个亭亭玉立,如花似玉,充满活力,充满朝气,具有了女性的曲线美。

1.乳房

(1)乳房结构。乳房由乳头和乳晕构成。乳头位于乳房的中央部位,是隆起的中心。乳头周围一圈圈的肌肤形成乳晕,颜色略深于皮肤色(深褐色)。在孩提时期,只长出乳头,乳房的其他部位是平的、光滑的;青春期时,乳房开始发育隆起,突出胸部的地方越来越多。

乳房由皮肤、纤维组织、脂肪组织和乳腺构成。乳腺形成 15~20 个乳腺小叶,以乳头为中心,呈放射状排列。每个乳腺小叶都有一条输乳管,开口于乳头,在哺乳期排泄乳汁。妊娠和哺乳期乳腺增生,乳房明显增大;停止哺乳后,乳腺萎缩,乳房变小。老年妇女乳房萎缩更明显。

（2）乳房发育。女孩最先发育、最早出现的第二性征是乳房。女孩 10 岁左右,乳房开始发育,构成乳房的乳腺及其周围起保护作用的脂肪组织,在乳房及其周围的乳晕处形成一个纽扣样的小鼓包(乳蕾期),乳房蓓蕾开始形成,从乳房蓓蕾中长出乳头,在胸部突起,乳晕也随之增宽、增大。此后,乳头开始变大,乳晕逐渐扩展,乳房和乳晕的着色逐渐加深。14~15 岁时,乳房发育比较明显,乳房明显隆起。16~17 岁时,乳房丰满,线条清晰,乳晕略陷,乳头大而突出。18~20 岁,乳房的大小和形状已是成年女性乳房,但此时的女孩乳房还不能分泌乳汁,需要等到她生育后才有可能。乳房的大小是由脂肪量决定的,体胖的人乳房大一些,体瘦的人乳房小一些。

（3）乳房的功能。乳房是哺乳器官,是女性最醒目的第二性征,也是女性重要的性敏感区,在性活动中扮演着十分重要的角色。乳房于青春期后开始发育生长,妊娠和哺乳期的乳房有分泌活动。成年女性未生产时乳房呈半球形,紧而有弹性。乳房中央有乳头,乳头周围颜色较深的环形区域,称乳晕。乳晕区有许多呈小圆形凸起的乳晕腺,可分泌脂状物润滑乳头。乳头和乳晕的皮肤很薄,容易损伤和造成感染。乳房和乳头有丰富的神经,受到机械性刺激时,乳头便胀大突起。

（4）乳房发育中的常见现象。①乳房肿块。出现于乳房开始发育的蓓蕾阶段,表现是乳房下的一枚如纽扣样的硬结。有的女孩怀疑自己是否得了肿瘤,其实这是乳房发育中的正常现象,不必担心。②痒、痛的感觉。发育初期会有痒、痛的感觉,尤其被内衣摩擦或受碰时,会感到疼痛。这些都不是生病的迹象,属于正常发育,这些不适感会逐渐消失。③乳房发育的大小或速度不一致。一般乳房增大都是对称性的,少数人也可能一侧先开始,间隔几个月后另一侧才开始发育,表现出一个人的两个乳房不一般大。当发育到一定阶段,两个乳房一般会一样大,只有极少数人两侧乳房大小不同。④乳头塌陷。乳头塌陷是指一个或两个乳头往里长、陷在乳晕里,而不是突出在外面。这种现象是天生的,但在青春期才表现得很明显。此种情况,有的在青春期能长出来,有的则不能。有塌乳头的妇女,多数也能哺乳她们的孩子,但有的也需要在简单的手术后才行。塌乳头很容易感染,因而要特别注意保持清洁。

2.体态

青春期的女孩身高增长迅速,在 11~12 岁达到高峰期(多半在初潮前身高的增长速度最快),一般到 19 岁便停止长高。

在雌性激素的作用下,女孩的骨盆逐渐变宽变大,为将来生产和分娩做好准备。另外,臀部、腰部、下腹部等处脂肪增多、增厚,体重增加,身材变得高挑,体态丰满,皮肤细腻、光滑、柔软,胸部隆起,臀部突出,腰部相对较细,呈现出女性的阴柔之美和婀娜多姿。

3.腋毛与体毛

女性到了青春期,由于体内激素的分泌会出现阴毛和腋毛。在青春期的任何时候,腋毛和体毛(胳膊、腿、上唇和脸部等)都可能开始生长,随发育进展毛色会加深,毛数也会增加。

乳房的发育是女性进入青春期的信号。女性的阴毛发育一般迟于乳房的发育,而腋毛的发育迟于阴毛发育;阴毛在乳房发育后半年到一年之间出现,腋毛出现要再晚半年到一年。如果到了性成熟期,阴毛、腋毛仍然稀疏或没有,只要不同时伴有其他第二性征发育不良,都属于正常现象。女性阴毛和腋毛的多少与发育无关,不能作为衡量女性性发育是否正常的标准。

【小案例】

某天下午,心理咨询室来了一位女生,她看上去白净漂亮,但感觉她似乎有什么烦恼。询问后得知,原来她为自己浓密的体毛发愁,她的手臂、嘴唇上方、耳前、后颈等部位都有不同于同年龄女孩的毛发,这让她非常自卑,夏天也穿着长衣长裤,生怕被别人看见。她问老师:这是多毛征吗?需做哪些检查才能知道原因?

女性多毛征是指女性体表任何部位的体毛密度增加,变长、变粗、变黑,而且分布形式呈男性化倾向,常是下颌、嘴唇上方、耳前、前额、后颈部毛发增多,乳头周围、脐孔下正中线都有比较长的毛发,阴毛呈菱形分布。

女性多毛征多因雄性激素增多,其中多囊卵巢是最常见的病因。一些卵巢肿瘤也会有多毛表现。另外,各种造成糖皮质激素增多的疾病也会有多毛表现,如库欣综合征,这类疾病常伴有脸部和躯体较肥胖而四肢相对消瘦的表现,还有血压和血糖升高、下腹部和大腿两侧出现紫纹等。其他少见的原因有甲状腺功能减退症和服用激素类药物等。因此,建议上述案例中的女生到妇科门诊做相关激素水平检查,以确诊是否因多囊卵巢等原因而引起。如果只是单纯的体表毛发偏多,而不伴有男性化表现、月经紊乱或生殖功能异常,各项激素水平也都正常,且家里人也有体毛多的现象,则大多是遗传造成的。

4.月经

正常育龄女性每个月来一次月经。月经持续 3~7 天,第一次来的月经称为月经初潮。初潮有早晚,一般认为和遗传有很大关系。如母亲初潮早,女儿也会偏早;母亲初潮晚,女儿也可能偏晚。但这并不是绝对的,它还会受其他因素影响。初潮早晚同居住在城市和农村也有一定关系,城市女孩初潮的年龄普遍早于农村女孩。其原因一般认为,生活水平较高、营养和健康状况良好的人群,女孩子不仅体格生长较快,而且月经初潮时间也会提前。也有人认为,由于城市中的生活方式使两性间接触增多,有的接触性知识的机会较多,通过神经系统对内分泌腺的调节,使和性有关的内分泌系统过早地活动,从而使初潮提前。

月经周期是指从此次月经来时的第一天开始算起,一直到下一次月经来临前一天为止,称之为一个月经周期,一般来说为 26~35 天。正常育龄女性每个月来 1 次月经。

女性的月经周期有长有短,但排卵日与下次月经开始之间的间隔时间比较固定,一般在 14 天左右。从避孕方面考虑,可以将女性的每个月经周期分为月经期、排卵期(也就是危险期)和安全期。根据排卵和月经之间的这种关系,就可以按月经周期来推算排卵期。排卵期推算方法:从下次月经来潮的第 1 天算起,倒数 14 天或减去 14 天就是排卵日,排卵日及其前 5 天和后 4 天加在一起称为排卵期。这就是安全期避孕法的理论根据。

想一想：

你的月经周期正常吗？你会计算排卵期吗？

女性发育要比男性早,9~10岁身高突增就开始,第二性征出现顺序如图2-3所示。

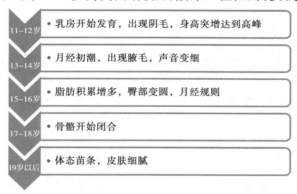

- 11~12岁 • 乳房开始发育,出现阴毛,身高突增达到高峰
- 13~14岁 • 月经初潮,出现腋毛,声音变细
- 15~16岁 • 脂肪积累增多,臀部变圆,月经规则
- 17~18岁 • 骨骼开始闭合
- 19岁以后 • 体态苗条,皮肤细腻

图 2-3　女性第二性征出现顺序

总之,男性第二性征的出现源于男性的性腺——睾丸分泌的雄性激素作用,主要表现在阴毛、腋毛、胡须等毛发以及变声、喉结的出现;雌性激素促进了女性第二性征的发育,主要表现为乳房增大、骨盆变宽、声调变高、阴毛生长等。根据发育特点可分为青春前期、青春中期和青春后期。各时期男、女第二性征的主要特点如表2-1所示。

表 2-1　青春期男女第二性征对照表

阶段	男性		女性	
	外阴部	其他	外阴部	其他
青春前期	阴毛:在阴茎基部,软、长、直 睾丸:开始增大 阴茎:开始变大 阴囊:开始变薄	面部、腋下无毛; 声音小儿型	阴毛:在大阴唇上,少、长、直 大阴唇:变厚 阴道:上皮肥厚,pH 值下降	乳房乳头突出; 乳晕增大; 腋下无毛
青春中期	阴毛:长、硬,向两侧扩展 睾丸:更大 阴茎:增长 阴囊:增大,更薄,变红	上唇有胡须; 腋下偶有毛; 声音变粗; 首次遗精	阴毛:扩展到全阴部,粗大 阴唇:肥厚,表层呈褐色 子宫:增大,宫体增大增厚 阴道:pH 值下降,月经初潮	乳房增大; 与胸部界限不清; 腋下偶有毛
青春后期	阴毛:在阴茎基部,硬 睾丸:接近成人 阴茎:阴茎头充分发育,接近成人 阴囊:进一步增大,颜色变深	上唇胡须变浓; 腋下毛增多; 声音变粗	阴毛:成人样,范围小 子宫:更增大,出现排卵 阴道:阴道褶皱增加	乳头乳晕突出; 乳房轮廓明显; 腋下毛变多

二、女孩青春期保健

(一)养成良好的饮食生活习惯

1.女孩减肥对身体健康不利

【小案例】

小婷是高一的住读女生,成绩优秀,性格外向,活泼大方,近来却不知为什么,整天闷闷不乐,成绩下降,人也变得瘦弱憔悴,没精打采。母亲以为她在学校伙食不好,让她改成走读,天天给她做好吃的并强迫她吃,但小婷还是没胃口,有时被母亲逼着吃了也马上会剧烈呕吐。母亲不知道是什么原因,赶忙带她去医院就诊。

医生检查后没有发现器质性疾病,再三追问下,小婷终于道出了实情:原来小婷是个爱美又爱面子的少女,但肥胖一直让她很自卑,特别是有一次听到同学在议论她的身材时,躲在被窝里痛哭了一场,暗自下决心一定要减肥。她先是偷偷买些减肥药服用,效果不好,后来便采取了节食的方法,从每天减少食量到每天吃两餐到吃一餐。如此几个月下来,体重倒是明显减轻了,体型也发生了变化,但月经也停止了,身体也一天比一天消瘦……最后见到食堂的饭菜就恶心。

这是一个典型的"青春期厌食症"病例。该病多发生在13~18岁的少女身上,是一种由病人有意识造成体重明显下降,并极力维持该状态的心理疾病,它会给正处在青春期的少女身心带来极大的危害。

(1)什么是厌食症。厌食症(AN),或称神经性厌食症,是因心情低落而过分节食、拒食,造成体重下降、营养不良甚至拒绝维持最低体重的一种心理障碍性疾病。

其主要特征是以强烈害怕体重增加和发胖为特点的对体重和体型的极度关注,盲目追求苗条,体重显著减轻,常有营养不良、代谢和内分泌紊乱,女性可能出现闭经,男性丧失性欲。严重患者可因极度营养不良而出现恶病质状态、机体衰竭从而危及生命,5%~15%的患者最后死于心脏并发症、多器官功能衰竭、继发感染、自杀等。

(2)厌食症的危害。厌食症一般影响年轻女性,年龄主要集中在13~30岁,其发病的两个高峰为13~14岁和17~20岁。当女孩子踏入青春期的时候,身体外形会出现较大变化,尤其是脂肪的比例,胸部、臀部会显得丰满,有些缺乏自信的女孩子难以接受这个变化,误将身体正常的脂肪看成肥胖,因而变得紧张不安。

厌食症患者长期处于饥饿状态,能量和营养摄入不够,这足以导致机体出现各种器官功能障碍,而这些生理上的问题又会影响患者的心理状况,形成一个恶性循环。一个人的身体状况与营养状况密切相关,由于严重缺乏营养,自觉症状及身体外观上都会出现一些明显的特征变化,其中最严重的是心脏问题。患者会出现怕冷、疲乏无力、眩晕、心慌、气短、胸痛、头昏眼花等症状,还伴有便秘、胃胀、恶心、呕吐等胃肠道不适,以及停经、睡眠质量下降等。患者的营养不良可累及全身,导致面容消瘦、皮肤干燥、全身皮下脂肪减少、下肢浮肿、手脚凉、低血压、心律失常、生长迟滞、乳腺停止发育。

如果盲目减肥,会导致蛋白质摄入不足,使青春期的发育缓慢,抵抗力低下,甚至影响智力的发育,严重时会出现营养不良性水肿。节食还会引起人体所需的各种微量元素缺乏而导致多种病症的出现,如维生素 B₂ 缺乏会导致口角炎,维生素 C 缺乏会导致败血症,维生素 A 缺乏会引起夜盲症等。过度节食会引起女性月经紊乱,甚至闭经。

【青春小贴士】
正常体重的计算方法
体重指数(BMI)的计算方法为:体重(千克)除以身高(米)的平方。

正常体重:体重指数 = 18~25

超　　重:体重指数>25~30

轻度肥胖:体重指数>35

重度肥胖:体重指数>40

根据世界卫生组织的诊断标准,厌食症病人的体重指数(BMI)一般低于 17.5,但从我国的情况来看,因为不少女孩子都较为苗条,按情况可将标准下调至 16.5 的水平较为合适。

算一算:
请计算一下你的体重指数是否正常。

(3)怎样预防青春期厌食症。

①树立正确的审美观。无论胖与瘦、高与矮、美与丑,都能认识自身的价值,这是拒厌食症于门外最有效的措施。

②了解青春期的发育特点,明确发胖的原因,杜绝盲目减肥。进入青春期后,少女的身体将发生一系列的生理变化:皮下脂肪聚集、胸部隆起、腰部变粗、臀部丰满,这些都是正常的生理现象。随着进一步的发育与适当的体育锻炼,肌体也会逐渐苗条起来。特别是体育锻炼,可加速体内脂肪消耗,使肌体更结实,是一种值得大力提倡的科学减肥方式,但需要一定的运动量,且持之以恒。

一旦患了青春期厌食症,除了要注意上述两点外,还应适当配合药物治疗。当然,任何药物的使用,都要在医生的指导下进行,切莫跟着广告走,更不能擅自购买服用,以防造成不良后果。至于因节食减肥而出现严重营养不良、体重超轻者,则应住院治疗。

议一议:
你赞同以瘦为美的审美观点吗? 为什么?

2.不宜穿高跟鞋与紧身裤

(1)青春期女孩不宜穿高跟鞋。女孩子穿上高跟鞋,重心前移,挺胸收腹,显得健美、轻盈、风姿绰约。但是并非每一个女孩子都适合穿高跟鞋,尤其是 20 岁以前更不宜穿高跟鞋。

处于青春发育阶段的少女,骨结构中软骨成分较多,骨组织内含水分和有机物多,无机盐少,骨质柔软,极易变形。骨盆是由骶骨、尾骨、左右髋骨、韧带和关节结合而成的一个骨环,骨环的结合过程一般从 7 岁开始,足骨的发育成熟在 15~16 岁,到 25 岁基本定型。女孩子过早地穿高跟鞋会引起骨盆和足部形态发生变化。穿平底鞋时,全身重量由全足负担;穿高跟鞋时,全身重量主要落在脚掌上,这样就破坏了正常的重力传递负荷线,使骨盆负荷加重,容易引起骨盆口狭窄,给成人后的分娩带来困难。另外,穿高跟鞋还有可能使骨盆发生不易觉察的转位,影响骨环的正常结合,导致骨盆畸形。过早地穿高跟鞋会使足骨按照高跟鞋的角度完成骨化过程,容易发生跖趾关节变形、跖骨骨折及其他足病,这些病都会引起足部疼痛,严重时会影响行走、活动。

因此,青春期的少女不宜穿高跟鞋,特别是那种跟高7~8厘米的超高跟鞋。从生物力学的角度看,平时以穿坡跟鞋或跟高不超过3厘米的鞋为宜。

(2)青春期女孩不宜穿紧身裤。紧身裤可以收腹提臀,突出女孩子身体的曲线,使人看上去更苗条,感觉比穿校服漂亮多了。但从生理学的角度,青春期的女孩穿紧身裤并不是一件好事,对健康的危害很大。

女性的阴道经常分泌一种杀灭细菌的酸性液体,使外阴部常呈湿润状态。日常穿着的普通内裤和外裤,比较宽松,有利于局部的血液循环,使空气流通,潮气容易散发;而紧身裤会增加出汗量(尤其是夏天),致使阴道分泌物和汗液滞留、发酵,使下身散发出不好闻的气味。如果阴部长期处于闷热、潮湿的状态下,也给细菌繁殖带来了机会,容易引起外阴部的感染、炎症,造成阴部瘙痒,严重的还会导致阴道炎、尿道感染等。同时,紧身裤使骨盆、臀部被紧紧包裹,不仅限制了日常生活和正常的体育活动,也会使腰部受压迫,影响腹式呼吸的进行,使人感到胸闷气急,呼吸不畅,还会压迫腹内的血管,影响血液循环,引起头昏眼花等症状。长期穿着紧身裤还会影响骨盆的发育,造成骨盆狭窄,给成年后的生育带来困难。

想一想:
穿高跟鞋和紧身裤,对青春期女生有哪些不利影响?

(二)月经期的卫生保健

要购买法律准许出售的符合卫生标准的卫生巾、卫生棉条或卫生纸。来月经时所用的内裤、专用毛巾都要勤洗勤换,并在太阳光下晒干消毒。便后用纸,要从前向后擦拭,以防将肛门口的细菌带入阴道口。

月经期间每天要清洁外阴一次。女性在月经期间子宫内膜脱落,子宫腔成为大创面,身体抵抗力较差,容易感染疾病,所以在行经期间必须保持外阴清洁,每天用温水洗净外阴,以防经血刺激皮肤,发生湿疹。

月经期洗澡应当淋浴或擦浴,不能坐在浴盆里;洗澡用水不要用冷水或热水,而应用温水。洗冷水会使月经突然停止;用热水会使子宫充血,造成经血量增多。

月经期要注意保暖,不要受凉。因为寒冷刺激容易引起子宫、盆腔内血管过度收缩,导致痛经或月经失调。因而要避免淋雨、蹚水、用凉水冲脚,少食或不食冰冻食物、饮料和辛辣食品,以防止发生痛经。

月经期可以照常学习,但应避免剧烈的体育运动,以防流血过多。经期进行一些缓和的、运动量不大的体育运动,可转移经期出现的烦躁、郁闷,促进盆腔血液循环,使经血流畅。但如果剧烈运动,会使盆腔血液流速加快,造成经血不容易干净,经血量增多。同时应避免精神刺激或参加过重的体力劳动或剧烈活动,严禁游泳、盆浴、性交、阴道用药及阴道检查,以避免宫腔感染。

月经期间需要精神愉快、心情开朗,生活作息制度要有规律,保证睡眠充足,避免情绪波动、忧郁或发脾气,因为过度的忧伤、愤怒都会使月经失调,出现经血过多、过少或停止。

注意饮食,不吃生、冷、酸、辣等刺激性食物,多吃蔬菜、水果和易消化食物,保持大便通畅,避免盆腔充血。月经期铁的需求量更大,所以少女在经期应多吃些瘦肉、蛋黄以及动物的内脏如肝、心、肾,以防因缺铁引起贫血疾病。经期易出现疲劳和嗜睡,情绪波动大,最好不饮浓茶,浓茶中含有较高的咖啡碱,能刺激神经和心血管,容易产生痛经、经期延长和经血过多。

月经期间不要乱用药。月经期间女人很脆弱,所以要保护好自己,不可乱吃食物,也不可乱吃药。

月经期间不能过度用嗓。月经期间由于体内性激素含量的变化,引起声带毛细血管充血,血管壁也变得比平时脆弱,这时声带如果过度疲劳,或者咽部运动过量,声带毛细血管就容易破裂,造成声带出血和声带嘶哑。所以,青春期女生想永葆美妙的歌声,除了学会用科学的发声方法外,经期的第一、第二天,不能过度用嗓子,唱歌时间不能太长,切忌强行唱高音。

议一议:

女孩月经期间应注意哪些方面的卫生保健?你在现实生活中有哪些方面做得不好?将如何改正?

(三)青春期乳房的自我保健

1.乳房的自我检查

正确的乳房检查以视、触为主。所谓视就是以眼看,触就是用自己的手摸。看自己的乳房外形有无改变,皮肤的色泽有无改变,乳头是否有内陷或溢液。触就是要发现乳房内是否有肿块。触诊时方法要正确:手掌平伸,四指并拢,用最敏感的食指、中指、无名指的末端指腹,按顺序轻扣乳房的外上、外下、内下、内上,最后是乳房中间的乳头及乳晕区。检查时不可用手指抓捏乳腺组织,否则会把抓捏到的乳腺组织误认为肿块。由于乳房的外上部分可延伸至腋下,检查时不能忽略了乳房的角状突出部分。用右手扣查,乳房下部的肿块常被下垂的乳房所掩盖,可托起乳房或平卧举臂,用左手扣查。深部肿块如扣按不到时,也可采取前弓腰位检查。在触摸过程中如发现异常情况,应及时到医院就诊,不可掉以轻心。

做一做:

洗完澡后,对着镜子进行乳房自我检查。

2.乳房的自我保健

丰满的乳房,是显露女性魅力十分重要的部位。现代女性越来越注重乳房的保健、养护及美化。女性健美的重要标志之一,就在于健美的乳房耸起所形成的外部体形曲线美。那么,怎样才能养护好乳房并达到健美呢?不少女性缺乏乳房护理知识,结果不仅没有科学地加以养护,反而刺激、伤害了它,造成不良后果。要注意在乳房养护过程中的禁忌:

(1)忌受强力挤压。乳房受外力挤压有两大弊端:一是乳房内部软组织易受到挫伤,或使内部引起增生等;二是受外力挤压后,较易改变外部形状,使上耸的双乳下塌、下垂等。避免用力挤压乳房应注意睡姿要正确。女性的睡姿以仰卧为佳,尽量不要长期向一个方向侧卧,这样不仅易挤压乳房,也容易引起双侧乳房发育不平衡。

(2)忌佩戴不合适的胸罩。切忌佩戴不合适的胸罩,或干脆不佩戴胸罩。选择合适的胸罩是保护双乳的必要措施,切不可掉以轻心。要选择型号适中的胸罩;胸罩的制作材料最好是纯棉,不宜选用化纤织物。有些少女常常不佩戴胸罩,认为乳房未长成,故不必戴胸罩。其实这样的做法是错误的,若长期不佩戴胸罩,不仅乳房易下垂,而且也容易受到外部损伤。

(3)洗浴不得法。忌用过冷或过热的浴水刺激乳房。乳房周围微血管密布,受过热或过冷的浴水刺激都是极为不利的;如果选择坐浴或盆浴,更不可在过热或过冷的浴水中长期浸泡。否则,会使乳房软组织松弛,也会引起皮肤干燥。

(4)忌乳头、乳晕部位不清洁。女性乳房的清洁十分重要。乳晕周围和乳头上有许多油脂样物质,容易形成污垢,长时间不洁净会诱发炎症或皮肤病。因此,必须经常清洁乳头、乳晕,保持乳房的清洁卫生。

【拓展训练】
我们一起来做乳房健美操

如果你想保持乳房丰满、富有弹性,那就每天做一次乳房健美操。下面这种锻炼方法操作起来很容易,效果好,爱美的你不妨试一试:

(1)含胸,挺胸,快速交替。重复 20~30 次。

(2)两手合掌,在胸前用力对掌,然后向前方推出。重复 8~10 次。

(3)双臂自然下垂,然后向上举起。重复 10~20 次。

持之以恒,可使乳房丰润饱满。

3.怎样预防乳腺癌

(1)易引发乳腺癌的因素。

①有癌症家族史的人,特别是母亲或姐妹曾患过乳腺癌;

②终身不育或生育过晚(超过 35 岁);

③从未哺乳、生育,或生育过晚,或流产次数多的人;

④月经初潮早(12 岁以下)、绝经年龄晚(在 55 岁以上)的人;

⑤经常接受放射线胸透或拍胸片的人;

⑥乳腺密度高、质地较坚实的女性;

⑦腰部以上特别肥胖、腰围与臀围相近的女性;

⑧从不运动锻炼的女性;

⑨过量摄入酒精饮料和高脂肪食物的女性。

(2)如何预防乳腺癌。

①避免饮酒。饮酒对于女性来说,其危害要比男性大得多。经常饮酒的妇女患乳腺癌的危险性较很少饮酒者高。每日饮酒 1 杯或 1 杯以上者,患乳腺癌的危险性比很少饮酒者增高 45%以上,这种危险性在绝经前妇女中最为显著。酒精可刺激脑垂体前叶催乳素的分泌,

而催乳素又与乳腺癌的发生有关。因此,女性尤其是绝经前后的女性,应戒酒或少饮酒。

②少喝咖啡。咖啡、可可、巧克力中含有大量的咖啡因、黄嘌呤,可促使乳腺增生,而乳腺增生又与乳腺癌发生有关。女性特别是绝经前妇女,如果过多地摄取这类食物,随着咖啡因的大量摄入,乳腺癌发生的危险性就会大大地增加。因此,女性尤其是中年以上的女性,应少饮咖啡,少吃巧克力。

③多吃白菜和豆制品。白菜里含有一种化合物,约占白菜重量的 1%,能帮助分解雌激素。豆制品则含有异黄酮,能有效抑制乳腺癌的发生。此外,玉米、食用菌类、海藻类、大蒜、西红柿、橘类和浆果类水果等对抑制乳腺癌的发生也有效果。

④多吃鱼。据有关报道,鱼类食品吃得较少的美国、瑞士、加拿大和新西兰等国家的妇女,乳腺癌发生率均较高;而摄取鱼类食品较多的日本,妇女乳腺癌发生率则较低。鱼类中含有一种脂肪酸,具有抑制癌细胞增殖的作用,适当地多吃些鱼对预防乳腺癌十分有益。

很多都市女性因工作节奏紧张、保持身材等原因,不愿意生育或推迟到 30 岁以后生育,这种做法很有可能使她们失去一次增强抵御乳腺癌能力的机会。女性第一次足月的妊娠可以导致乳腺上皮发生一系列变化而趋成熟,使得上皮细胞具有更强的抗基因突变能力,同时产生大量的孕激素。孕激素对于保护乳房健康很有用,是雌激素的“对头”:雌激素使乳腺组织增生,孕激素出来“消肿”。所以,怀孕、分娩、哺乳虽然辛苦,但带给女同胞的不仅是可爱的下一代,还大大增强了女性的抗疾病能力。这种能力越早获得,对于防止乳腺癌的发生就越有利。

此外,体态也很重要,无论站立或行走都不要弯腰驼背。经常做双肩后展动作,也有助于抬高乳房的位置。生活中要保持良好的情绪,学会调节自己的情绪。注意饮食结构,适当吃一些粗粮、杂粮,如薯类、粟米;常喝牛奶;常吃坚果、藻类。注意劳逸结合,多参加锻炼,增强身体的免疫功能和抵抗力。

【青春小贴士】

如何选择合适的胸罩

女孩到 15 岁左右,乳房发育基本定型后,就要佩戴合适的胸罩。

(1)戴胸罩的好处。

①可使乳房得到承托而保持血液循环的畅通。

②可防止活动后震荡的不适。

③防止外伤。

(2)选择合适的胸罩。

①从后边胸带插入两根手指时,胸罩带都不往上拥,仍保持水平。

②把手放在头上,看胸罩会不会移动,如往上移,表明不合适。

③如果乳房从侧边或上部露出来,可穿罩杯尺寸再大一些的胸罩;如果罩杯没有被撑起来、起皱或打褶,那说明胸罩太大了,应选一个罩杯小一点的或另一款式的。

④胸罩的带子要能调节,使胸罩与每个乳房都能吻合。

⑤买胸罩最好是本人试穿,才能称心合适。

(3)乳房发育过程中不能束胸。束胸的害处如下:

①妨碍乳房的正常发育,影响将来哺乳。

②影响心肺功能。

③内脏发育会受到影响。

(四)女孩常见的性器官疾病

1.外阴瘙痒

肛门、阴唇、阴阜三处的瘙痒统称为外阴瘙痒。导致外阴瘙痒的病原很多,如蛲虫、滴虫、疥虫、真菌和细菌等。若病因明确,此病不难治愈。但是,目前更多的外阴瘙痒与这些微生物无关,而是因物理、化学等因素长期刺激形成的慢性皮炎或湿疹。

(1)对待外阴瘙痒常见的错误做法。

错误做法一:有些人误以为外阴是污浊之地,每晚都用肥皂、热水、盐水、清洁液或消毒水烫洗;她们还说烫洗之后很舒服。其实,外阴并不比口鼻更脏,过分清洁、消毒反而会使外阴的菌群失调、局部发炎,使瘙痒更重,甚至引起肛周炎、膀胱炎、逆行性肾盂肾炎等。

错误做法二:对于外阴瘙痒,有些女性烫洗后外涂含有"松"类激素的药物,结果是临时有效,停后更痒,越治越顽固,甚至多年不愈。

支招:治愈外阴瘙痒,首先要停止各种烫洗措施,其次要停用一切含"松"的药物。停药之初可能更痒,这时可用叠厚的冷毛巾湿敷外阴,每3分钟清洗毛巾一次,使其不变热。持续冷敷,直到不痒;再痒,再敷。不涂任何药物,终可痊愈。

(2)应对外阴瘙痒的注意事项。

①注意经期卫生,行经期间勤换卫生巾或卫生护垫,勤清洗。

②保持外阴清洁干燥,不用热水烫洗,不用肥皂擦洗。

③忌乱用药物,忌抓搔和局部摩擦。

④忌酒及辛辣食物。

⑤不穿紧身裤,内裤选择宽松、透气的棉制品为宜。

⑥局部如有破损、感染,可用1:5 000高锰酸钾液(在温开水内加入微量高锰酸钾粉末,使其呈淡红色即可,不可过浓)浸洗,每日2次,每次20~30分钟。最好遵医嘱。

⑦就医检查是否有霉菌或滴虫。如有,应及时治疗,不要自行处理。

⑧久治不愈应做血糖检查。

如果瘙痒症状严重且伴有白带异常、腹痛等其他症状,就很有可能是炎症感染,需及时去医院妇科进行相关检查,有针对性地治疗。

【青春小贴士】

防治外阴瘙痒的衣食住行

衣——内衣和内裤要保持清洁;内衣应柔软宽松,以棉织品为好,避免将化纤服装贴身穿。

食——注意调整胃肠功能,以清淡、富含维生素的新鲜蔬菜和豆制品为佳;禁忌烟酒、辣椒、浓茶、咖啡等刺激性食品;保持大便通畅。

住——将室内温度调为16~20 ℃、相对湿度为30%~40%。当相对湿度低于20%时,室内空气过于干燥,尘土等致敏物质容易飞扬。此时,应在地上洒水,有条件者可启用加湿器。

行——皮肤敏感者要注意洗澡不宜过勤、水温不宜过高,否则皮肤表面的皮脂就会被洗掉,使皮肤更为干燥而易于瘙痒。沐浴后可在体表涂搽30%～50%的甘油。另外,发生瘙痒别乱挠,以防表皮细胞发生增殖性变化,变得粗糙、肥厚,越挠越痒,形成恶性循环。

> **议一议:**
> 如何预防外阴瘙痒和阴道炎?

2.阴道炎

女人如花似水,健康美丽的女人永远是世界上一道亮丽的风景!然而在女人的美丽外表下,却总有一些不和谐的因素在困扰着她们,如外阴瘙痒、阴道灼热、白带异常、尿频、尿急、下身坠胀……这些可能都是阴道炎惹的祸。

阴道炎是一种常见的妇科感染性疾病,是由不同病因引起的多种阴道黏膜炎性疾病的总称。正常情况下,阴道分泌物呈酸性(宫颈管内黏液则呈碱性),因而能抑制病菌的活动、繁殖和上行,炎症一般不易出现。当阴道分泌物酸碱度发生改变,或有特殊病原体侵入时,即可引起炎症反应。阴道炎常见的有霉菌性阴道炎、滴虫性阴道炎、淋菌性阴道炎、细菌性阴道炎。

(1)霉菌性阴道炎(念珠菌性阴道炎)。霉菌性阴道炎的致病原因是白色念珠菌。主要感染途径是不良卫生习惯、长期服用抗生素或是两性间传染。常见症状有外阴瘙痒、灼痛伴有尿频、性交痛;白带呈豆腐渣样。霉菌性阴道炎不易彻底治疗,易反复,引发早产、胎儿畸形等。

(2)滴虫性阴道炎。滴虫性阴道炎的致病原因是阴道毛滴虫。主要感染途径是两性间传染、各种浴具及污染的器械间接传染。常见症状:白色或灰黄色泡沫状白带,腰酸、尿频、尿痛、外阴瘙痒、下腹隐痛。滴虫性阴道炎可并发滴虫性尿道炎、膀胱炎、肾盂肾炎,甚至可引起不孕症、影响性生活等。

(3)淋菌性阴道炎。淋菌性阴道炎的致病原因是淋球菌。主要感染途径是两性间传染、接触由淋球菌污染的物品。常见症状有脓性白带、阴道黏膜红肿,伴有尿急、尿频、尿痛等。淋菌性阴道炎易侵犯子宫颈、子宫内膜、输卵管甚至腹腔,易反复,难以彻底治疗。

(4)细菌性阴道炎。细菌性阴道炎致病原因为混合性细菌感染。感染途径有分娩、流产和阴道手术的不正规操作,慢性盆腔炎、附件炎等妇科炎症引起的感染,以及避孕药具或油膏致使细菌感染。常见症状有白带增多,呈白色或灰色且有泡沫,有特殊的腥臭味(在月经期或性交时气味更严重)。细菌性阴道炎容易并发霉菌性阴道炎和滴虫性阴道炎,可诱发输卵管炎而引起不孕或宫外孕,孕妇感染后可引起胎膜早破、早产、低体重儿。

【青春小贴士】

女性阴道炎的预防

防病重于治病,是预防白带异常、保持妇女健康的重要原则。日常生活中对阴道炎的预防:

(1)生活有规律,坚持体育锻炼,增强自身抵抗力;

（2）选择吸收力强、透气性好的卫生巾，勤更换，避免微生物的滋生；

（3）经期不坐浴；

（4）保持外阴干燥、清洁；

（5）不过量食用刺激性食物；

（6）选择棉质、透气性好、宽松的内裤，尽量避免穿紧身裤；

（7）性生活要适度，最好用安全套避孕；

（8）不使用碱性强的肥皂或阴道洗液清洗，以免破坏阴道正常的防御机制；

（9）避免到公共浴池洗浴；

（10）清洗外阴注意专盆专用。

想一想：

为什么说一般情况下不要冲洗阴道？

3.痛经

（1）什么是痛经。痛经是指经期前后或行经期间出现下腹部痉挛性疼痛，并伴有全身不适。痛经分原发性和继发性两种。

①原发性痛经：病因目前尚未完全明了。初潮不久后即出现痛经，有时与精神因素密切相关，也可能由于子宫肌肉痉挛性收缩导致子宫缺血而引起痛经。多由于子宫发育不良、宫颈口或子宫颈管狭窄、子宫过度屈曲，使经血流出不畅，造成经血潴留，从而刺激子宫收缩引起痛经。有的在月经期内膜呈片状脱落，排出前子宫强烈收缩引起疼痛，排出后症状减轻，称膜性痛经。原发性痛经多能在生育后缓解。

②继发性痛经：多见于生育后及中年妇女，因盆腔炎症、肿瘤或子宫内膜异位症引起。内膜异位症系子宫内膜组织生长于子宫腔以外如子宫肌层、卵巢或盆腔内其他部位，同样有周期性改变及出血，月经期间因血不能外流而引起疼痛，并因与周围邻近组织器官粘连而使痛经逐渐加重。

（2）痛经的症状。痛经是妇科常见病和多发病，病因多，病理复杂，反复性大，治疗棘手；尤其是未婚女青年及月经初期少女更为普遍。表现为妇女经期或行经前后周期性发生下腹部胀痛、冷痛、灼痛、刺痛、隐痛、坠痛、绞痛、痉挛性疼痛、撕裂性疼痛；疼痛延至骶腰背部，甚至涉及大腿及足部，常伴有全身症状：乳房胀痛、肛门坠胀、胸闷烦躁、悲伤易怒、心惊失眠、头痛头晕、恶心呕吐、胃痛腹泻、倦怠乏力、面色苍白、四肢冰凉、冷汗淋漓、虚脱昏厥等症状。其发病之高、范围之广、周期之近、痛苦之大，严重影响了女性的工作和学习，降低了她们的生活质量。

（3）痛经的原因。多数痛经出现在月经时，部分人发生在月经前几天。月经来潮后腹痛加重，月经后一切正常。腹痛的特点与月经的关系十分密切，不来月经就不发生腹痛。因此，与月经无关的腹痛，不是痛经。原发性痛经的原因为子宫口狭小、子宫发育不良或经血中带有大片的子宫内膜。继发性痛经多数是疾病造成的，例如子宫内膜异位、盆腔炎、盆腔充血等。近年来发现，子宫内膜合成前列腺素增多时，也可能引起痛经。因此，需要通过检查确定痛经发生的原因之后，对症治疗。

（4）减轻痛经的方法。

①饮食均衡：虽然健康的饮食无法消除痛经，但对改善全身的健康状况却有神奇功效。过甜或过咸的垃圾食物会造成胀气及行动迟缓；应多吃蔬菜、水果、鸡肉、鱼肉等，并尽量少吃多餐。

②补充矿物质：钙、钾、镁等矿物质能帮助缓解痛经。服用钙质的女性较未服用者痛经现象少，镁能帮助身体有效地吸收钙。不妨在月经前及期间，增加钙及镁的摄取量。

③避免咖啡因：咖啡、茶、可乐、巧克力中所含的咖啡因，会使人神经紧张，促成月经期间的不适。因此应避免咖啡因。

④禁酒：假使在月经期间容易出现水肿，则酒精将加重此问题。勿喝酒。

⑤保持温暖：身体暖和可加速血液循环并松弛肌肉，尤其是痉挛及充血的骨盆部位。建议多喝热的药草茶或热柠檬汁；也可在腹部放置热敷垫或暖手袋，一次数分钟。

⑥泡矿物澡：在温水缸里加入 1 杯海盐及 1 杯碳酸氢钠泡 20 分钟，有助于松弛肌肉及缓和痛经。

⑦运动：在月经来临前夕，走路或从事其他适度的运动，可缓解痛经。

⑧练习瑜伽：瑜伽也有缓解痛经的作用。举例如下：弯膝跪下，坐在脚跟上；前额贴地，双臂靠着身体两侧伸直，保持这姿势，直至感到不舒服为止。

⑨服用止痛药：阿司匹林、Acetaminophen、Advil、Haltran、Medipren 及 Nuprin 可缓解痛经，这些药物含有 Ibuprofen，能抑制前列腺素。当痛经开始时和牛奶或食物一起服用（1 片）以免伤胃，持续服用到痛经消失。

⑩其他途径：足部有一些指压点，被认为与骨盆部位的气路相连。在脚踝双边的凹陷处皆有指压点，轻轻地用拇指与其他指尖捏合，沿着跟腱而上，直至小腿肌。右脚做完换左脚，各指压数分钟。

4.功能性子宫出血

（1）什么是功能性子宫出血。功能性子宫出血，简称功血，是指异常的子宫出血，经诊查后未发现有全身及生殖器官器质性病变，而是由于神经内分泌系统功能失调所致，属常见的妇科疾病。其表现为月经周期不规律，经量过多，经期延长或不规则出血等。

（2）功能性子宫出血的原因。主要是由于神经系统和内分泌系统功能失调而引起的月经不正常。正常月经周期有赖于中枢神经系统控制，"下丘脑—垂体—卵巢性腺轴"系统的相互调节及制约。任何内外因素干扰了性腺轴的正常调节，均会导致功血。

（3）功能性子宫出血的症状。功能性子宫出血临床表现为：不规则的子宫出血，月经周期紊乱，出血时间延长，经血量多，甚至大量出血或淋漓不止。根据排卵与否，通常将功血分为无排卵型及排卵型两大类。前者最为多见，占 80%～90%，主要发生在青春期及更年期；后者多见于生育期妇女。

月经初潮时，下丘脑—垂体—卵巢性腺轴正处在逐渐成熟的过程中，所以月经初潮两年内，月经周期不规则比较正常，一般能自行调整恢复。如果出血时间长，出血量多而造成贫血、头晕、心悸等症状，说明性腺轴还未完全成熟，容易受营养、精神等因素影响。

（4）青春期功能性子宫出血的饮食调理。青春期功能性子宫出血属实热者，饮食宜以清淡易消化为好，忌用滋腻、温热动火之物，应多食绿叶菜和有止血作用的食物，如荠菜、黄花菜、莲藕、芹菜、木耳等，以及胡萝卜、西红柿、百合、瓜果等富含维生素和清热安神食物。属虚热者可多食具有滋补阴血作用的食物,如山羊肉、乌鸡、桂圆、红枣、枸杞子等。凡功血患者,均应忌食生冷瓜果及辛辣刺激性食物。青春期少女随着身体发育的需要,能量消耗很大,需要增加营养以满足身体发育的需要,应补充蛋白质、微量元素铁、铜、锌及维生素 A、维生素 B、维生素 C、维生素 E 等。这些营养素不仅是身体发育的需要,而且是卵巢及性腺发育的需要。供给充足的营养素,对促进卵巢发育、预防青春期功能性子宫出血的发生有重要作用。

5.闭经

(1)什么是闭经?闭经,是指从未有过月经或月经周期已建立后又停止的现象。女性如果超过 18 岁还没有来月经,或未婚女青年有过正常月经,但已停经 3 个月以上,都叫闭经。年过 16 岁第二性征已发育但尚未来经者,或者年龄超过 14 岁第二性征没有发育者,称原发闭经;月经已来潮又停止 6 个月或 3 个周期者称继发闭经。

有些少女初潮距第二次月经间隔几个月,或一两年内月经都不规律、两次月经间隔时间比较长,都不能算闭经。这是因为她们的生殖器官还没有发育成熟、卵巢的功能还不完善,属于正常的生理现象。

(2)闭经的原因。

①疾病:主要包括消耗性疾病,如重度肺结核、严重贫血、营养不良等;体内一些内分泌紊乱的影响,如肾上腺、胰腺等功能紊乱。这些都可能导致不来月经。但是这几种情况引起的闭经,只要疾病治好了,月经也就自然来潮。

②生殖道下段闭锁:如子宫颈、阴道、处女膜、阴唇等处有一部分先天性闭锁,或后天损伤造成粘连性闭锁,虽然有月经,但经血不能外流。这种情况称为隐性或假性闭经。生殖道下段闭锁,经过治疗是可以治愈的。

③生殖器官不健全或发育不良:有的人先天性无卵巢或卵巢发育不良,不能产生雌激素和孕激素,因此子宫内膜不能发生周期性的变化,也就不会出现子宫内膜脱落,所以也就没有月经来潮。也有的先天性无子宫,或子宫内膜发育不良,或子宫内膜损伤,即使卵巢功能健全、雌激素和孕激素的分泌正常,也不会来月经。

④结核性子宫内膜炎:由于结核菌侵入子宫内膜,使子宫内膜发炎并受到不同程度的破坏,出现瘢痕组织而造成闭经。因此,得了结核性子宫内膜炎应该及时治疗,不可延误。

⑤脑垂体或下丘脑功能不正常:脑垂体能分泌促性腺激素,促性腺激素有调节卵巢功能和维持月经的作用。如果脑垂体的功能失调,就会影响促性腺激素的分泌,进而影响卵巢的功能;卵巢功能不正常就会引起闭经。另外,下丘脑功能不正常也会引起闭经。引起下丘脑功能失调的原因很多,如精神刺激、悲伤忧虑、恐惧不安、紧张劳累,以及环境改变、寒冷刺激等。由下丘脑引起的闭经比较多见。

如果发现闭经,应该及时去医院查明病因,对症治疗;不可讳疾忌医。否则,闭经时间越久,子宫就会萎缩得越厉害,治疗效果也就越差。青春期女性闭经能否治愈取决于闭经的原因。例如青春期继发性闭经,多数是由环境改变、情绪波动和体重变化引起,除去这些病因之后,月经都能逐渐恢复。少数因病引起的闭经经过治疗后,月经也能恢复。但是有些闭经不能治愈,例如没有子宫、子宫太小或子宫内膜因病变受到破坏等原因引起的闭经,是不能治愈的。

一般地讲,闭经不能治愈的女性可以结婚,只是不能生育,在找对象的时候应向对方说清楚。在充分了解与信任的基础上结婚,即使没有孩子,婚姻也会美满的。

【拓展训练】

每天五分钟快速丰胸

1.双膝跪地,两手撑地,胸部使劲贴地。重复8次。

2.人体直立,两腿分开,两臂交替做敬礼状。重复8次。

3.人体直立,两手从背后抓住椅背,然后逐渐下蹲;再回复。重复4~8次。

4.人体站立,两腿分开,双臂和肩部齐平;先向两侧平伸,然后向前弯曲;两手手指相接触,手掌向下;再回复。重复8~16次。

5.坐在地上,两膝向上弯曲,两手向后撑地;然后臀部离开地面,使膝盖以上直至颈部与地面平行。重复4~8次。

6.两手掌及两膝全着地,将右臂屈于胸下,再向左侧上方伸出;然后将右臂抽回,向右上方尽量伸出。两臂交换做。重复8~16次。

第三章　摆脱"烦心"的生理困惑

处于青春期的男孩女孩,伴随着生理方面的迅速变化,是否感到莫名的烦恼和困惑? 也许你正被生理发育引起的不良情绪所困扰,不知道出口在哪里。其实,你的烦恼也是所有处于青春期的同龄人的烦恼,不用担心。青春期是人生重要的过渡时期,无论你是男孩还是女孩,在走向成人的过程中,你的身体和情绪会发生很多变化,会对异性产生浓厚的兴趣。不必惊慌,也不必害羞,这是人生的必然经历。

当你越来越在意别人评价自己的体貌长相时,你的心理正走向成熟;当你无数次在镜子前端详自己形象时,也许你有很多生理困惑要倾诉……本章将帮助你了解青春期的发育烦恼,解开青春期的生理迷惘、困惑与不安,迈好坚实的青春步伐。

第一节　发育的烦恼

伴随着青春的脚步,青春期的女孩开始变得体态丰满、面色红润、亭亭玉立、如花似玉、充满朝气,具有女性的曲线美;青春期的男孩高大威猛、肩宽胸阔、气宇轩昂、充满阳刚之气……然而,烦恼也不甘寂寞,迈着轻盈的脚步翩然而至。

一、体貌困惑

【小案例】

"窗外不停地下着雨,我的心情也被这雨水弄湿了,我觉得好无助……这段时间越来越觉得自己有问题了,正如现在傻傻地坐在靠窗的电脑旁,望着电脑发呆,什么事都不想做,我觉得未来好迷茫……真不知道将来会是什么样子,我不敢想,也不愿想。因为我知道,在所有人眼里,我什么都不好:身材不好,相貌不好,脾气不好,性格不好。我没有朋友,我没有快乐……"一个同学在自己的周记中写道。

所谓体貌困惑,主要是因容貌长相、高矮胖瘦或生理缺陷等原因引起的自卑、忧郁、自闭、自负、忧虑等心理问题。青春期学生喜欢拿自己与别人比较,发现自己比别人胖、比别人矮、比别人黑,或者眼睛比别人小了点,都会引发忧郁、自卑、沮丧的情绪;一些人因为长相不佳而自卑和烦恼,甚至怨天尤人,严重影响学习和生活,成为青春期一个很重要的心理负担。

1.体貌困惑的产生

处于青春期的学生,由于自我暗示的作用,容易放大自己外貌的缺点,从而产生自卑、自负、过度忧虑等心理困惑。他们认为自己的外貌就是自我的全部象征,直接关系到在同龄人中的地位尊严,因此,容易受自我暗示的影响,以挑剔的眼光先假定某一部位有点不对劲,以后就会越看越不对劲。加上自我中心式的思维方式,将极度自我欣赏的心境投射到别人身上,感觉每天就像生活在舞台上,希望能给关注自己的人一个极好的印象。

外貌困惑产生的根本原因,是自我意识(心理)发展滞后于性(生理)发展造成的。人的爱美动机以及对美丑的情绪体验,都产生于人的需要,即在社会需要中比较核心的“自尊的需要”。这种需要从很小年龄就开始发展,并不断得到强化。人的需要越是得不到满足越会变得强烈,心理遭受的挫折也就越大。因此,人们都喜欢照镜子。虽然出发点不同,但都是在关注自己。不过有的人关注自己,却不喜欢自己。心理学家告诉我们,除非我们确实喜欢自己,否则我们无法喜欢别人。心理健康的一个重要标志是:喜欢自己,接纳自己。

2.体貌困惑的调适

要树立正确的审美意识。在外形上,绝大部分人都处于中等水平,许多容颜俊秀的人一生无所作为。既然大多数有缺陷的人都能愉快地生活,有什么理由要为自己某些不足而忧虑呢?丑陋并非事实,95%以上的人对自己的相貌和身材都不满意。容貌不佳可能只是一种心理上的病态敏感。

随着科学技术的发展,外表的很多缺陷是可以弥补的,比如鼻子太小、单眼皮、女性眉毛过浓、脸部疤痕、皮肤太黑、身体太肥等。每个人都应该坦然正视爱美之心。外表的美与丑,不能由自己决定。美是没有绝对标准的,不同时代、不同地区、不同的人都有各自的审美标准,而且是不断变化发展的。比如,我国唐朝时期以“肥”为美,印度男人以自己妻子“胖”而骄傲。

当然,作为当代青少年,应保持良好的个人形象,关注仪容仪表的塑造,重视良好个性的培养,为人际交往和今后就业创造最佳外部条件。一方面,我们要大胆地展示美、追求美、创造美;另一方面,要建立一个恰当的、客观的、全面的自我评价。这样就不会盲目乐观地看待自己,也不会因为某方面的缺陷而怀疑自己的全部能力,“丑化”自己,给自己的“体貌”一个公正的待遇。

做一做:

请调查一下本班同学中有多少人每天都照镜子?女生中,又有多少人每天随身携带镜子?你怎么看待这种现象。

二、性器官发育的烦恼

(一)乳房大小的困惑与烦恼

【小案例】

小钰是某高校大二旅游专业的学生,平时在寝室里常和同学们一起开玩笑,一起疯闹。一次洗完澡后,大家一起议论乳房大小的问题,并各自脱下胸罩互相比较。当看到同寝室同学的乳房都很丰满而自己的很平坦,小钰感到非常自卑。此后,同学们还给她取了一个“太平公主”的绰号,让她更加自卑。

青春发育期,最先发育的是乳房。青春期后,在体内雌激素的影响下,女孩乳腺开始发育。这时,乳房内除了许多细长的乳腺管不断发育外,还积累了不少脂肪。由于乳腺组织较硬而脂肪组织较柔软,所以乳房日渐隆起,而且富有弹性,成为女性成熟的标志。每个人乳房发育的速度有所不同,有些女孩乳房发育开始得较晚,但发育得较快;而有些女孩乳房发育较早,却发育较缓慢。

乳房发育较早的女孩常常为此而难为情和烦恼,从而设法刻意掩饰自己的胸部来逃避,走路时低头含胸,或穿紧身衣束胸,结果限制了乳房和胸廓的正常发育。而束胸的做法会压迫乳房,使乳头凹陷、乳腺发育不良,造成将来泌乳和哺乳困难,也容易引起乳部疾病。实质上,乳房发育较早、乳房较大的女孩也是受多种因素影响的。有些女孩较肥胖,就显得乳房更丰满;有些受遗传因素等影响,发育得较大些,但通常到一定年龄后乳房的发育就会停止。乳房大对身体并无任何不良的影响,所以不必为乳房的发育而焦虑不安。也有一些女孩为自己的乳房还没有开始发育或发育得较小而发愁和不安。较敏感的女孩很容易在公共浴室里或在集体活动中发现自己的乳房的确不如一些同龄人的乳房丰满,她们可能怀疑自己的乳房发育不正常,也可能担心将来是否会影响自己的生育能力。

女性的两个乳房不一定完全相等,只能说大小相似。有些少女的乳房在发育过程中,也会出现左右发育不平衡的现象。往往是一侧稍大,一侧稍小;或一侧稍高,一侧稍低。以生理发育来说,左右乳房对雌激素的反应不一致,腺体增生活跃的一侧乳房就显得大一些。左右乳房大小不一致的现象对以后的生育和性功能并无影响,对身体健康也没有不利之处。特别是少女时期,可能一侧乳房先发育或者一侧比另一侧乳房发育得快,都是正常的。到发育成熟时,两个乳房的大小就会一样了。但是成人以后,如果两侧乳房大小相差悬殊,就应去医院检查了。

乳房发育的大小除受激素作用的影响以外,还受遗传、环境因素、营养条件、胖瘦、体育锻炼等多种因素的影响。乳房偏小也可能与发育的早晚有关。其实只要生殖器官发育及月经均正常,就不会影响成人后的哺乳功能和生育能力。一般来说,乳房开始发育早晚并不影响其今后发育的快慢,也不影响成年后乳房的大小和形状,所以不必为发育晚、小乳房担忧。当然,如果月经初潮后很长时间而乳房还没有开始发育,就有必要到医院检查一下,请医生诊断是属于生理性的还是病理性的,以便采取对策。

(二)阴茎大小的困惑与烦恼

有人认为阴茎越大,其性能力越强,所以有些男青年担心自己阴茎短小会影响性能力,因而自卑和焦虑。其实,男性的性能力主要是受雄激素的影响,同时还需要有健康的性心理。

阴茎在疲软状态下其大小变化不大,如在紧张、疲乏、寒冷时,阴茎都会相对缩短。虽然阴茎的大小在疲软状态下差别较大,但勃起后这种差别就会减少。换言之,不论疲软状态下阴茎较大还是较小,当阴茎勃起后大小总是不相上下的。也就是说,疲软时较小的阴茎勃起倍数较大,而疲软时较大的阴茎勃起倍数较小。人们往往只是注意到疲软状态下的大小差别,却不了解这种差别在勃起状态下将会消失或大大缩小。阴茎的大小与体重轻重、体质强弱没有直接关系,所以骨架粗大、肌肉强壮并不等于阴茎也大;相反,骨架细小或偏瘦弱的人,其阴茎在疲软状态下却并不一定就小。当然,人的阴茎也像身材高矮胖瘦那样存在着很大的差异,也会长短粗细不一。这种差异多由遗传因素决定,与年龄、地区、身高、体重和睾丸大小也有一定关系。

有些男子经常担忧自己的阴茎偏小,难以使女方在性生活中得到满足。这种担忧实属不必。女性的阴道是富于弹性的肌性器官,其伸缩能力很强,能适应大小不同的阴茎。研究表明,阴道的神经末梢全部集中在外 1/3 段;在性交时,由于该段可以产生对阴茎的"紧握"作用,而阴道内的 2/3 在性反应过程中充分扩展,并且缺乏足够的神经末梢,可以不产生感觉。因此,阴茎的大小对阴道的感觉来说意义不大。

胡乱服用性激素或中药壮阳,不仅无助于增大阴茎,而且经常产生很多严重的副作用。所以千万不要随意服用性激素或壮阳药,影响男性性功能的正常发挥。

(三)痤疮

1.痤疮是什么

痤疮又叫青春痘、粉刺、暗疮,是由于毛囊及皮脂腺阻塞、发炎所引发的一种慢性皮肤病。青春期时,体内的荷尔蒙会刺激毛发生长,促进皮脂腺分泌更多油脂,毛发和皮脂腺因此堆积许多物质,使油脂和细菌附着,引发皮肤红肿的反应。由于这种症状常见于青年男女,所以又称为"青春痘"。

一般来说,青春期发育的男生女生脸上大多会长痤疮,有的人还会长在前胸和后背上。长痤疮只是青春期发育的暂时现象,它是青春期内分泌旺盛的表现。成年之后随着内分泌的减少,痤疮会自行减轻或消退,一般不必治疗就可以自愈。长了痤疮后,要注意皮肤清洁卫生;不要用手去抠、挤,以免引起感染;注意饮食调配,少吃含糖多、含油多、辛辣刺激性的食物;不要抽烟;尽量不要化妆。

2.痤疮产生的原因

(1)雄性激素过多,导致皮脂分泌增加;

(2)皮脂分泌调节失控;

(3)毛囊、皮脂腺过度角化与皮脂腺腺体增生;

(4)微生物的增多与聚集;

(5)遗传;

(6)药物,如口服含溴碘制剂、皮质激素等药物,以及使用含此类药物的化妆品,可引起或加重本病;

(7)环境因素;

(8)胃肠消化疾病导致内分泌失调。

3.痤疮的危害

由毛囊皮脂腺口堵塞形成的粉刺,可发展为炎性丘疹、脓疱、结节、囊肿、粉瘤、囊肿,形成色素沉着印、毛孔粗大、疤痕等皮肤损害。

4.预防痤疮的十大注意事项

(1)许多人有摸东西后再摸脸的小毛病,东西上的污垢沾染在手上,不注意时便会沾染于脸部的肌肤上,造成细菌的滋生。因而应避免不必要的手与脸的接触;额头前的刘海也容易刺激皮肤,应尽量将它往上梳,将额头露出,让皮肤自由呼吸。

(2)常与脸部接触的物品,如被子、床单、枕头、洗脸毛巾等,要时常彻底清洗并暴晒于太阳下,利用紫外线杀死细菌,使细菌无法生长。

（3）甜食是产生痤疮的一个因素。糖分多的蛋糕、巧克力、冰激凌,碳水化合物多的点心最容易产生痤疮;另外,花生、瓜子、杏仁等果仁类也应尽量少吃。爱美的少男少女们应对这些食物敬而远之。

（4）适度运动可促进新陈代谢,对于身体及肌肤都有良好效果。所以应养成每天运动的习惯,并持之以恒。

（5）常吃蔬菜是一个杜绝痤疮的好方法。红萝卜、菠菜等具有增强对细菌的抵抗力的功效,青椒、椰菜花则有抗菌效果。均衡的饮食有助于身体的健康,能减少痤疮的发生率。

（6）便秘是产生痤疮的重要原因之一。一些速食、零食容易造成便秘,所以要少吃宵夜,多吃一些不含人工添加物的天然食品,如含有植物纤维的蔬菜水果以及乳酪等,也是预防痤疮不可或缺的重要措施。

（7）精神上的压力会造成皮脂分泌旺盛,这也是痤疮产生的原因之一。多做一些让自己心情愉快的事情,多参加学校和集体的活动,解除学业上的压力。

（8）时常熬夜对肌肤有很大的伤害。无论功课再多再忙,最晚也应该在10点半就上床睡觉。肌肤的新陈代谢通常在晚上11点到凌晨两点进行,良好充足的睡眠,能让肌肤得到完善的保养。

（9）每天洗脸勿过度。洗脸是美丽肌肤的基本,一天早晚两次,或是流汗肮脏时洗就够了。如果过度清洗,会将皮肤上的保护油脂完全洗去,造成皮肤干燥,伤害肌肤。

（10）睡前务必彻底卸妆。否则油脂会堵塞毛孔,易长痤疮。同时不要用粉底液掩盖痤疮,以免引起毛孔堵塞而导致痤疮更加严重。

议一议：

如果你长了痤疮该怎么做？

（四）腋臭

【小案例】

莉莉是文秘专业的学生。刚进校时,由于她性格活泼、外向大方,喜欢帮助和关心周围的人,所以大家都很喜欢她,吃饭、散步、逛街、买东西都会叫上她。她和同学们相处得非常融洽。但过了一段时间后,她明显地发现周围的同学渐渐和她疏远了,每当她走近她们,她们就快速离开,而且常常背着她窃窃私语。她百思不得其解。有一天,她实在忍不住去问同寝室的同学,同学才告诉她,由于她身上散发出来的味道让同学们都唯恐不及地避开。莉莉终于明白:原来是可恶的腋臭!

1.什么是腋臭

腋臭即狐臭,并非严重疾病,主要是腋下等部位的大汗腺（即顶浆腺）排泄的汗液,经皮肤表面的细菌分解,产生不饱和脂肪酸而发出的臭味。人的汗腺有两种,一种细小,分布于全身,主要功能是排汗、调节体温;另一种较大的腺体,称为顶浆腺（图3-1）,其分布在腋窝、阴部、乳头等特殊地带,而其中又以腋窝为最多。顶浆腺分泌出来的浆液原是无臭的液体,但当浆液受到滞留于腋下细菌分解后,就成为有臭味的液体;尤其加上腋下多汗,则味道特别浓,又称之为"狐臭"。

腋臭,女性比男性活跃,而且随着经期有周期性变化。在月经前分泌最多;月经期间最低;停经后这种腺体会停止分泌,不会有狐臭。

腋臭往往给人际交往带来很多的不便。因为腋臭的刺鼻气味使人感到特别厌烦,闻到这种气味的人大多掩鼻远离。这样,会给有腋臭的人造成很大的心理负担,从而影响其学习及交际;有的甚至会影响到恋爱和婚姻。

腋臭具有遗传性,并且与性别、种族有关。一般来说,女性多于男性,白种人和黑种人多于黄种人。这主要与大汗腺的生理结构和功能有关。

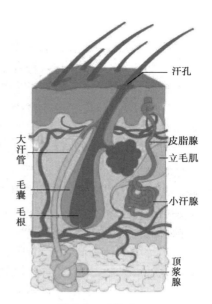

图 3-1 顶浆腺

2.如何解决腋臭烦恼

(1)止汗剂或体香剂:止汗剂比体香剂的效果好,两者都具有协助减轻臭味的效果。建议已剃掉腋毛者可使用喷雾式,未剃掉腋毛者可使用滚轮式。

(2)保持身体清洁:每天洗澡保持腋下干净,接触的衣物也须每天清洗。

(3)剃掉或褪掉腋毛:腋毛容易繁殖细菌。在夏天容易出汗的季节里,可以试着去掉腋毛。

(4)不吃辛辣或是刺激性的饮食:如辣椒、大蒜、洋葱、咖啡、酒等,这些饮食会刺激汗腺增加分泌。

(5)手术法:施行手术把顶浆腺切除,是彻底和狐臭告别的方法。传统的手术方法就是在腋下长腋毛的地方开 1~2 刀,把位于皮下组织的顶浆腺除掉,再将皮肤缝合。随着医疗科技的发展,新的治疗腋臭的手术也越来越成熟和有效。

第二节　性的困惑

一、性梦与自慰

1.性梦

【小案例】

最近接到计算机专业一名叫小兵的男生的求助电话。他说从初二下学期开始,经常会做一些与性有关的梦。有时梦到自己和班里最喜欢的女生接吻甚至发生性行为,有时梦里的女生又是自己根本不认识的。每次在梦中总是很兴奋、很快乐并伴有遗精现象,但清醒后他就感到自己很龌龊、肮脏,是一个坏孩子。小兵很想控制这种现象的发生。但是,多年来类似的梦不但没有减少,反而有增多趋势。他的心理压力也越来越大。同时又害怕被同学、老师、家长发现,他终日惶恐不安,上课精力不集中,学习成绩下降。小兵为此常常自责和担心,他害怕一直这样下去真会变坏。

上述案例中小兵提及的梦，其实就是性梦。性梦是指人在梦中与异性谈情说爱，甚至发生两性关系，是一种潜意识的活动，是人类正常的性思维之一。

性梦是不由人控制的，是青春期性成熟后出现的正常的心理、生理现象。梦和现实有着巨大差别，并不代表人的真正意愿。统计表明，性梦多发生于男性青少年中，且性梦发生率有明显的年龄差异，一般随青少年年龄增长而增加。而且男性青少年的性梦发生与遗精有密切关系。

寻求和探索性的奥秘是青少年向往的事情。他们很想了解两性的秘密，因而身边一切与性相关的事物，如电影、黄色书刊、色情故事、女性画面等都会对他们产生种种不同的影响。青春期的男生和女生，清醒状态下有自我控制的能力；熟睡之后大脑的控制暂时消失，于是性的本能和欲望就会在梦中得到反映。所以，性梦大多是性刺激留下的痕迹所引起的一种自然的表露。遗精是男性性成熟的主要标志，性成熟是产生性梦的生理原因。

梦境中性内容的形成可能有多种，如看到裸体的异性、与异性接吻、拥抱、被异性爱抚、爱抚异性、性交等。梦中异性的形象有时是清晰的，有时是模糊的。有时，梦境中会有与同性性接触的情节，而做这种梦的人并没有同性恋倾向。有时，梦境中会有性侵犯（如强奸）的情节，而做这种梦的人也并没有性侵犯的倾向。

因此，不必为自己的性梦中出现的异常行为过分担心。性梦是一种正常的生理和心理现象，是很多人都有的，不必为之紧张和烦恼。

2.性幻想

性幻想是人类最常见的性现象。每一个心智健全的人都会有这样那样的性幻想。只不过在出现频率、长短、内容、性质以及对待它的态度等方面存在着较大的差异而已。性幻想的内容五花八门，无所不包。

性幻想是一种普遍的心理现象，通常是无害甚或有益的。它既可作为性兴奋的"心理春药"，也是一种心理防卫机制，替代不能实现的性追求而获得部分性心理满足。但是，过分沉溺于性幻想就会影响正常的生活和学习；或者幻想过分离奇并坚信是真实的，就属于病理性幻想或妄想了。

议一议：

你出现过性梦或性幻想吗？学习了上述知识后，你的看法有没有改变？

3.自慰

自慰又称手淫，是指一个人用手或其他物品故意刺激自己性器官以获得快感的性行为。它是一种个人的隐私行为，属于正常的心理现象和需求，有助于缓解性饥渴，从而缓解紧张的心理压力。自慰在青少年中是一种较普遍的现象，不限于男性，女性也有。自慰的发生十分普遍，多数报告认为：90%左右的男子和60%以上的女性有过自慰。发生自慰的年龄多数从12～16岁开始，平均年龄14岁，与性发育的年龄吻合。自慰并不是罪恶。

自慰是年轻人释放性压力的途径，本身不会带来任何损害和不良后果。对一个身心健康、认识正确的人，适度的自慰并无害处。如果是在一个很正常状态下的自慰，不会引起任何疾病。未婚男女，每月有规律地自慰1～2次，以解除心理上或生理上的需要，并不影响健康。但假如频繁、过度自慰，成为习惯，必定会对身体造成一定的影响，容易引起前列腺炎、妇科炎症,导致早泄、阳痿、包皮炎、龟头炎等,严重的还会造成性功能衰退、性无能等严重疾病。因此,要尽量减少自慰行为。发生上述疾病时,需要及时到医院进行正规的诊断和治疗,才能控制病情、早日康复。

我国著名的泌尿科专家吴阶平教授说:"不以好奇开始,不以发生而懊恼,已成为习惯要有克服的决心,克服之后就不必再担心。"这是青少年对待自慰应该采取的态度。

二、性功能异常

1.性冷淡

性冷淡又称性欲抑制,是指性幻想和对性活动的欲望持续或反复的不足或完全缺乏。出现在性生活开始前的叫原发性性冷淡,而出现在经过一段性生活时期之后的叫继发性性冷淡。广泛性的性冷淡是指在对任何异性和在任何条件下都一样发生,而选择性的性冷淡则是指对特定的异性和在特定的条件下产生。

性冷淡是男女共患性疾病。目前临床上没有针对性冷淡特别好的治疗方法,一些中药可以帮助女性达到性冷淡治疗的目的。但是临床医学对性冷淡的治疗仍是一片空白,只有一些心理疗法对治疗性冷淡较为见效。

【青春小贴士】

如何对待女性性冷淡

女性性冷淡主要是由于往昔甚至童年时曾有过性创伤史(强奸、乱伦、性骚扰等);青春发育期身体形态的某些异常害怕被人知晓并产生自卑感;恋爱或婚姻失败后自以为被欺骗,甚至形成对男性的报复心理;担心怀孕、刮宫、性病等可能带来的痛苦,从而避免性接触;性交痛或不适使之害怕性生活。如果女性出现了性欲障碍,丈夫一定要更加体贴和关心自己的妻子,并及时进行心理咨询和治疗,让婚姻和家庭幸福甜蜜。

2.早泄

早泄是指性交时勃起的阴茎在未进入阴道之前,或插入阴道抽动时间短暂,尚未达到性欲高潮即行射精的现象,伴随精神抑郁、焦虑或头晕、神疲乏力、记忆力减退等全身症状。

早泄的原因主要分为心理和生理两大部分。随着现代社会生活节奏的加快和工作压力的增加,早泄患者人数日趋增多。从治疗角度来说,临床治疗早泄目前还很难实现,早泄患者的自我心理调节是最有效的早泄治疗方法。但是对于部分器质性的早泄,是需要进行医学或者物理疗法的,仅仅依靠心理疗法是不能达到的。所以如果患的是器质性早泄,需要到正规医院就诊。

3.阳痿

阳痿是指在有性欲要求时,阴茎不能勃起或勃而不坚;或者虽然有勃起且有一定程度的硬度,但不能保持性交的足够时间,因而妨碍性交或不能完成性交。

引起阳痿的原因很多。一是精神方面的因素,如夫妻间感情冷漠,或因某些原因产生紧张心情,会导致阳痿。如果性交次数过多,使勃起中枢经常处于紧张状态,久而久之,也可能出现阳痿。二是生理方面的原因,如阴茎勃起中枢发生异常。一些重要器官如肝、肾、心、肺患严重疾病时,尤其是长期患病,也可能影响到性生理的精神控制。患脑垂体疾病、睾丸因损伤或疾病被切除以后,患肾上腺功能不全或糖尿病的病人,都会发生阳痿。还有人因酗酒、长期过量接受放射线、过多地应用安眠药和抗肿瘤药物或麻醉药品,也会导致阳痿。

大部分的阳痿是精神因素所引发的。正所谓"心病还需心药医",对于心理性阳痿,通过心理治疗可以恢复到正常状态。

自慰是否会导致阳痿呢?实际上两者没有直接的联系。许多男性青年还没有过正常的性生活,只是觉得自己的阴茎勃起时硬度不够就怀疑自己阳痿,这是毫无必要的。一般来说,阴茎勃起的硬度与刺激的方式和时间的长短有关。在自慰或性兴奋的情况下阴茎勃起的硬度与正常性交时是不一样的,正常性交时硬度会高一些。何况,如果不是阴茎插入阴道有困难,阴茎的硬度对性生活也并无太大的影响。但自慰毕竟不是正常的性生活方式,尤其是过度或成瘾会对身体造成很大的消耗,同时也会因习惯于这种方式反而会在将来真正的夫妻同房时产生心理上的不适。所以还是应该对自慰的次数加以控制。

【拓展训练】
审美观讨论

目的:悦纳自己的外表,内在美比外在美更重要。

材料:男女知名演员照片数张;审美观问卷。

步骤:

1.向学生展示收集到的各种男女(俊、丑)知名演员照片,并按照问卷内容让大家进行比较分析,然后将结果写在黑板上。

2.让学生对照自己,每人填写一份问卷。

3.引导学生讨论如下问题:

● 各人的审美标准相同吗?为什么?

● 假如你对自己外表不满意,你会怎么办?

● 哪些特点是先天遗传的?哪些是后天可改善的?

● 什么是内在美?为什么内在美比外在美更重要?

附:审美观问卷

身体部位/满意度	很满意	较满意	较不满	很不满
脸型				
发型				
皮肤				
眼睛				
嘴型				
鼻型				
身材				

身体部位/满意度	很满意	较满意	较不满	很不满
高度				
肌肉				
腰围				
胸部				
体重				

第四章　让我们的青春更美

美是一个精灵,在广袤的天地游历,在诚挚的心间徜徉。时常在校园里看着打扮得漂漂亮亮、充满朝气和活力的同学,你是否羡慕? 是否向往?

爱美之心,人皆有之。青春期的学生是最美丽的! 但是,怎样才能让自己尽情地享受青春的活力,充分展现青春个性的魅力呢? 无瑕的肤色、清澈的眼神、动人的双唇、合体的着装、矫健的步伐、健美的身型、飞扬的青春,一切是那么和谐,一切又是那么自然! 让我们一起动手,精心设计、精心打扮,让我们的美更加清透、更加充满神采! 同学们,让我们为自己的青春做主,给自己营造一个完美的未来!

第一节　身体部位的日常护理

一、面部与其他部位的护理

(一)面部皮肤的日常护理

1.面部皮肤的护理

皮肤是机体最大的器官,与其他器官一样遵循着新陈代谢的规律。要有美丽的肌肤,必须做到生活规律、睡眠充足、精神愉快,避免过度疲劳或忧虑。平时可从以下几个方面加强皮肤的护理,改善皮肤的状态。

(1)时常按摩皮肤。按摩时可根据皮肤血管走向进行。特别要经常按摩面部皮肤,有助于延缓皮肤弹性下降及皱纹增多。

(2)多吃高蛋白食物。多进食高蛋白质和富含维生素的食物,少吃辛辣刺激性食物,少喝浓茶和浓咖啡。

(3)做好皮肤清洁。皮肤表层经常存在着皮脂、脱落的角质等,若不及时清除,易产生各种皮肤疾病。每天的洗涤频率应根据皮肤的生理特征、部位和季节等因素而定。清洁频率过高,也会破坏皮肤表面的屏障功能,反而使皮肤变薄、干燥、脱屑,甚至出现红斑、刺痛、瘙痒,产生皱纹和皲裂等,从而降低皮肤的抗病能力。

(4)适当使用护肤品。皮肤的含水量少,就会显得干燥,皮脂分泌量减少。所以要根据自己皮肤的性质选用润肤剂和保湿剂来滋润皮肤。

(5)常喝豆浆。女孩常喝豆浆能减少面部青春痘、暗疮的发生,使皮肤白皙润泽,容颜娇美。

【青春小贴士】

眼部皮肤护理"小武器"

有些食物外敷具有散瘀和促进血液循环的作用,可以帮助我们让眼部皮肤更加美丽。不妨试一试:

武器一:土豆

土豆去皮,清洗,切片厚约2厘米。躺卧,将土豆片敷在眼上约5分钟,再用清水洗净。夜晚敷效果更佳,还有助于消除眼睛疲累。土豆以大个为佳,因为覆盖面较大。注意发芽的土豆有毒,不可用。

武器二:苹果

将苹果切片,紧闭眼睛放在眼袋位置。约15分钟后,用湿了水的棉花球轻轻擦拭眼睛。切开的苹果不想被氧化,可用盐水浸泡。

武器三:柿子

切开柿子,用羹匙挖出柿肉,搅匀,敷上眼10分钟,再用湿毛巾抹掉。最好早晚各敷一次。柿子以熟透为佳。柿子含丰富的维生素C,能增强皮肤的更新能力。

武器四:蜂粉加蜂王浆

蜂粉1茶匙加蜂王浆1茶匙,混合后在眼部薄薄地敷上一层,1小时后用清水洗去。每天敷1次,一星期见效。蜂王浆含氨基酸,有漂白作用,且有促进新陈代谢之效。

2.面部皮肤的护理程序

在日常生活中,皮肤的护理不能千篇一律,必须根据人的性别、年龄、季节和皮肤的不同性质等特点,采取不同的保养方法,方能取得理想的效果。

(1)早上。

①洁肤:选用适合皮肤类型的洗面奶洁面。

②调肤:选用适合皮肤类型的爽肤水为皮肤补充水分,调整状态,再度清洁。

③润肤:选用适合皮肤类型的乳液或乳霜(日用)保护皮肤。

(2)晚上。

①卸妆:用卸妆液先卸去脸部妆容。

②洁肤:选用适合皮肤类型的洗面奶洁面。

③调肤:选用适合皮肤类型的爽肤水为皮肤补充水分,调整状态,再度清洁。

④润肤:选用适合皮肤类型的晚霜(或乳液)补充养分,养护皮肤。

3.面部皮肤的特殊护理

(1)脱屑。每周1~2次,选用适合皮肤类型的磨皮膏(磨砂膏、去角质啫喱、去死皮素等)。

(2)按摩。每周2~3次,用按摩膏加按摩手法进行面部按摩。

(3)面膜。每周1~2次,选用适合皮肤类型的面膜。

4.洗脸的正确方法及步骤

(1)洗手。手很容易接触污垢。如果不洗手就直接用手洗脸,不仅会浪费洗面奶,还可能使皮肤接触到更多的细菌和灰尘,所以洗脸前先要用肥皂将手洗干净。

(2)洗面奶用法。

①温水湿脸。

②先取少量洗面奶于手心,然后加少量水,双手搓出泡沫(无泡沫型的搓开就可以了),之后将其涂抹在面部,双手指腹打圈轻轻按摩,先从眉心到整个额头,再从鼻梁到耳朵,然后是鼻梁两侧。接下来,从人中到下巴,手指绕嘴唇向下两个方向分别画半圈。最后是脖子。按摩的力度要轻柔一些,T区可多按摩几下,揉搓约1分钟。

③用温水拂面洗净,包括颈部。

④再用冷水反复清洗面部。

⑤用软干毛巾按在脸上把水分吸干就好。不能太用力擦干,这样容易导致皱纹。也可以用面巾纸代替毛巾,以按压方式吸掉脸上多余水分。或者用棉片,它不仅能吸干脸上的多余水分,还能达到二次清洁的目的。

【青春小贴士】

洗脸最好采用温水和冷水交替的方法。用温水清洗面部后涂抹洗面奶,按摩清洁后将洗面奶用温水洗去,再用冷水冲洗面部。采用这种温水和冷水交替的方法,不仅能达到清洁皮肤的目的,而且通过水温的冷热变换,可使皮肤浅表血管扩张和收缩,增强皮肤的呼吸,促进面部的血液循环,达到美容的效果。

做一做:

请每天按照正确的洗脸方式洗脸。

5.面部皮肤自我按摩方法

双手3、4指在额部从内向外向上打圈揉捏。

双手3、4指绕眼周从内向外打圈。

双手3、4指从鼻翼到太阳穴、从嘴角到耳中部、从下巴到耳根向上向外分三行打圈揉捏。

在内眼角、鼻翼、嘴角三点之间来回推拉揉捏。

在鼻翼处向上向外打圈。

在嘴唇四周来回揉捏。

用双手3、4指从下巴分别向耳根提拉。

每个动作可重复3~5遍。

议一议:

面部皮肤护理的正确方法是怎样的?

(二)其他部位的护理

追求细节的完善似乎是女性的共同特点,自然不应该忽视面部以外其他部位的保养。

1.手部和手臂的皮肤护理

哪个女性不想拥有一双白皙细嫩、指甲圆润的双手?一双修长、细腻、红润的纤纤玉手,不仅给人以健康、纤柔、灵巧之感,更添女性魅力,在社交场合可以给人留下美好的印象。美手和其他部位美容一样,关键是清洁。平常就要勤洗手,特别是指甲缝里的死角更要注意卫生。冬天,手部皮肤在受冷水刺激后,非常容易受伤而变粗糙。所以,冬天在浸泡过冷水后要立即抹干水分并在手部涂抹上护手霜。晚上睡觉前,也可在手上涂抹护手霜并戴上手套(最好是棉质的),起到保护手部皮肤的作用。

有了纤纤玉手,还要有一双玉臂相配。如果手臂皮肤比较粗糙,就要在沐浴时坚持按摩,沐浴后在双臂涂抹营养霜,这样可以改善皮肤的性质。还要经常做一些锻炼机体的运动,避免手臂肌肉下垂。穿无袖装及晚装时一定要清除腋下的汗毛。

【青春小贴士】

女性手部护理的方法

(1)每天洗脸或沐浴时,用温水将双手浸泡10~15分钟后,用热毛巾轻轻擦干;涂上死皮软化乳后,再使用专用的手部去死皮工具将指甲周围的倒刺去除,让指甲小皮重新生长;然后使用乳霜来涂擦指甲周围,减少裂开脱皮的情况;或用含维生素E的营养油按摩指甲四周及指关节,除去倒刺及软化粗皮。

(2)出门前为手部做好防晒工作。具有美白效果的护手霜是你的首选。另外,橄榄油+蜂蜜+柠檬水+面粉,将这4种材料调匀后涂在双手上,15~20分钟后洗去,有很好的滋润美白效果。

(3)调理好日常饮食。平日应充分摄取富含维生素A、维生素E及锌、钙的食物。

(4)定时按摩双手,促进血液循环,防止手部浮肿。按摩时最好涂上按摩膏或橄榄油,以一手拇指和食指抓住另一手的手指两侧,轻轻从指根拉到指尖。每根手指各做2~3次,左右手交替进行。

2.腿部与脚部的美化

腿部的美主要看腿的线条是否优美,是否修长匀称。腿部长短肥瘦的标准要视人体身高而定,只要与身材协调匀称就可以称之为美腿。

(1)保持腿部健美不变形的方法有以下几种:

①培养正确的走路姿态,即重心平衡,重心在脚部,两腿笔直,身体略往后倾,成昂首挺胸直身的美态。

②坐下时伸直双腿,脚趾向内勾曲,可以加强小腿的弧形线条美。

③沐浴时对腿部做整体按摩,沐浴后涂抹营养霜保持腿部皮肤的光滑。

④平时坚持适当的运动,如步行和游泳,有利于腿部线条的美化。

(2)对脚的护理主要注意以下几点:

①注意清洁卫生。常修剪趾甲,勤换鞋、袜,防止脚气等脚病发生。

②选择合适的鞋。以舒适为主,其次才是时尚漂亮。

③不要长时间穿高跟鞋,要根据需要在不同场合选择正确的鞋子。

【青春小贴士】

调节"O"型腿

双腿呈O型腿,除了先天原因以外,其实也跟缺少运动、腿部内外两侧肌肉和韧带力量不平衡有关。介绍一种改善 O 型腿的练习方法:外踢腿。具体方法是:直立位,双手叉腰,双脚分开与髋同宽,然后小腿向外侧用力踢抬。左右轮流各 20 次,每日做两组。练习一周后,可用弹力带绑于双脚踝或小腿处,以增加踢腿的阻力。

3.颈部的护理

一般人的颈部皮肤总是要比脸部皮肤显得粗、黑,且最容易出现皱纹。松弛的颈部皮肤会给人们以衰老的感觉。很多女性在洗脸和护肤过程中常常顾上不顾下,只重视洗脸部而忽视了颈部;护肤品也是涂脸部不涂颈部。其实颈部的皮肤也是脆弱的,易生皱纹,且容易藏污纳垢。一张白净的脸配上一个粗黑、衰老、起皱的颈,是不美观的。那么,怎样才能让颈部与脸部皮肤保持一致的美丽呢? 美化颈部的具体方法是:

(1)与脸部一样,认真清洗。方法相同,与洗脸同时进行。

(2)与脸部一样,认真护理。颈部用湿润、保湿、营养性护肤品。

(3)化妆时,不要忽略颈部。颈与脸部不能有明显的分界线;尤其在打底时要处理好,与脸部肤色协调一致。

做一做:
　　尝试着在自己的颈部仔细认真地进行清洗和护理。
议一议:
　　冬天是否需要防晒? 你知道如何正确选择防晒霜吗?

4.乳房的保健

乳房是女性美的标志和象征,每一位女性都应该注意乳房的健美。文胸必须与身体合适,过分束胸会妨碍乳房的生长机能,影响乳房的健康和美态。健胸美胸的方法有很多,如按摩、服用适量的荷尔蒙,或者求助于美容院。适当的运动和补充营养有利于促进乳房的健康发展。运动尤其是游泳对胸部的挺拔丰满最有帮助。

5.打造完美臀部

臀部是腰与腿的结合部。其骨架是由两个髋骨和骶骨组成的骨盆,外面附着有肥厚宽大的臀大肌、臀中肌和臀小肌以及体积相对较小的梨状肌。臀的形态向后倾,其上缘为髂嵴,下界为臀沟。人体正立时,整个臀部呈方形,两侧臀窝显著。男女两性的臀部形态是有区别的,女性臀部形态丰厚圆滑,两髂后上嵴交角为 90°;男性臀部较小,呈正方形,棱角突出,臀窝更明显,两髂后上嵴交角为 60°。

(1)美臀的标准。臀部必须紧实浑圆,走起路来不可晃动得太厉害。整个臀部的大小要均衡,必须与身体比例配合。不是大就好,太小当然也不合格。前凸后翘,是评定美臀的重要条件。在走路和转身时,臀部要有一点儿上翘,才好看。皮肤白皙、细腻、有光泽、弹性好。脂肪绝不能少,但要恰如其分。

(2)女性美臀的打造。女性的正常腰臀比小于 0.85。超过这个比值,不仅会失去腰臀的优美线条,而且糖尿病、高血压、高血脂等病的发病率明显升高。测量腰臀比的方法很简单,就是先测量腰围和臀围的尺寸,再用腰围数字除以臀围数字,得到的就是腰臀比。

保持臀部曲线的肌肉主要为臀大肌。臀大肌位于骨盆后外侧臀部皮下,呈宽厚的四方形。臀大肌的主要功能是使大腿后伸和外旋,使臀部浑圆、翘起,还能防止腰痛。在平衡和协调的前提下做后伸腿这一类动作,有助于塑造健美臀部。

女性怎样才能让自己的臀部浑圆、挺拔、美观呢?具体做法有:

①登楼梯。登楼梯是目前臀部和大腿塑型效果最好的方法。登楼梯不仅能减掉臀部和大腿部位的多余脂肪,还能使腹部皮肤绷紧,消除臃肿的"救生圈"。又因为登楼梯是全身的有氧运动,所以能够消耗内脏周围的多余脂肪,减少糖尿病、高血压、高血脂等慢性病的发病率,增强心肺功能,增强冠状动脉的血流量,预防冠心病的发生。

②摆腿运动。找一把椅子,身体左侧靠近椅子背站立,左手抓住椅子背,这样可方便操练。右腿用力向前、向上、向右摆,连续做 30 次。然后转换身体位置,摆动左腿。每一侧做三组,每天做两到三次。呼吸要均匀,活动量尽量大,以便使臀部肌肉承担足够的负荷;摆腿范围尽量宽。

③仰卧挺髋。仰卧在地板上,两腿分开与肩同宽,两手手心向下放在身体两侧。吸气、吐气的同时臀部用力,尽可能抬高臀部并将臀部收紧,保持身体平稳。速度不要太快,每组连续做 30 次,每天做 4~5 组,坚持每天在睡觉之前做此动作。

做一做:
　　计算你的腰臀比。然后,每天尝试登楼梯,看看自己的臀部肌肉是否有变化。

6.指甲的护理

指甲的作用是保护手指头,是手部美的点缀。护理指甲,最关键的是要补充蛋白质和钙方面的营养,指甲才不易干裂,富有弹性。平时要注意保持指甲的清洁,勤洗手。

为了增加手型的美感,许多女性常常喜欢把指甲修剪得很纤长,并涂指甲油或装假甲来突出指甲的美感。但修剪指甲及涂指甲油应遵循一定的程序和方法,否则会损害指甲的健康。指甲护理的具体做法是:

(1)用棉片蘸取洗甲水清洗指甲上残留的指甲油。

(2)用指甲剪修剪指甲长度,从指甲两边向中间用指甲锉修剪,剪出指甲外形并整理形状。

(3)将手指浸泡在温水中 5~10 分钟,使指甲松软,用软毛巾擦干。

(4)用甲铲轻轻推起指皮,用指皮剪剪去多余的指皮。

(5)用自然指甲抛光块打磨指甲。

(6)根据自己的肤色及喜爱选择指甲油。先涂第一层指甲油,等干后再涂第二层指甲油,最后涂上光油。

做一做:
　　在同学或自己的手指甲上涂指甲油,看谁把指甲装饰得最美。

7.牙齿健康

牙齿是具有一定形态的高度钙化的组织,有咀嚼、帮助发音和保持面部外形的功能。明眸,应有皓齿相配。牙齿的整洁是整体美的一个重要组成部分,甚至关系到社交活动。牙齿是否美丽的要素有四个方面：一白、二亮、三整齐、四完全。要想保持健康美丽的牙齿，平时要注意以下几点：

（1）坚持每天晨起和睡前各刷牙一次。

（2）每次吃完甜食和饭后要及时刷牙或用清水漱口。

（3）定期到牙医处洗牙。

（4）多吃含有丰富维生素、磷脂、钙质的食物，如肉类、鱼类、鱼肝油、蔬菜、水果等。

二、头发的护理和保养

头发是一种从头皮生长出来的纤维组织，是由细胞再生而形成的一种硬角质的排列。头发由发根和发干两部分组成。发根在头皮下面，被毛囊所保护。毛囊是一根狭窄的管道，是由皮肤的表皮层构成，并深入到真皮之中。每个毛囊生长一根头发。毛囊最底部的凹陷处包含着一团毛细血管的真皮组织，构成了毛乳头。毛乳头与结缔组织为生长中的头发提供营养和氧气。如果毛乳头被破坏或退化，头发就停止生长并逐渐脱落。在毛乳头上有许多分裂的细胞，这就是毛球。毛球是头发的发端，在毛球的上半球生有色素细胞。在真皮层中，有与毛囊一起深入的皮脂腺，它的主要作用是分泌油脂、滋润头发，并且可以根据其分泌的多少来决定头发的属性（中性、油性、干性）。

（一）洗发

1.选用适当的洗发剂

选择洗发剂时，要正确掌握发质特性，不能只考虑头皮而忽视发质。清污就是为了要解决头发中的污垢、灰尘及造型剂的残留，还有头皮所分泌的油脂和汗渍。因此，要选择洗净力适中、具有细致泡沫及刺激性小的洗发液。

2.洗发方法

使用洗发剂前，用40℃温水将头发浸湿，再将洗发剂在掌心中揉搓至起泡沫，然后再涂在头发上。洗发时，将双手插入发内，用指尖螺纹面揉擦全部发根及头皮；发干发尾则用手指夹住轻轻揉擦；全部搓捏完毕后用温水冲洗干净。如有必要可用少许洗发剂再洗一遍。洗发时应用温水慢慢洗涤。洗发的水温应在40℃左右。洗发剂的用量要适中，一般短头发不要超过2~6毫升的洗发水；中等长度不超过4~8毫升；长发不超过6~10毫升。洗发水泡沫要在头发上停留30秒左右，揉搓超过20次。清水清洗头发至少要22秒，再重复一次以确保从发根到发尾都没有残留洗发水。最后，用干毛巾擦干头发上的水分，并让它风干。

3.护发方法

用清水洗净的头发，可能仍有极少量的洗发剂残留。为使头发不受碱性侵蚀，可使用护发素；这样就可以更有效地清除残余的碱性，使头发更加柔软光泽。

4.定时洗发

要保持头发的健康、秀丽，除了每天要精心护理外，最重要的莫过于定时洗发。尤其是夏天，更要经常洗发。因为污垢、头屑积累过多，会堵塞毛孔，影响皮脂的分泌，妨碍毛发对营养的吸收，使头发变得枯燥，乃至脱发。因此，一般情况下，油性皮肤，一两天洗一次；干性皮肤三四天洗一次；中性皮肤介于二者之间。

议一议：

你能根据不同的发质正确选择不同的洗发水吗？

（二）护发

传统的护发一般是用了洗发水后再使用护发素。实际上，这样只完成了一半的护发程序。完整的护发程序包括：洗发、润发精华护理、焗油发膜。经过全面养护程序的头发在光泽度和柔韧度方面，明显胜于传统护发方式的头发。

洗发水可以彻底清洗你的头发和保持头部皮肤的清洁与健康；润发精华素可以形成一层抗静电的保护膜，更可以为头发提供日常的滋养和保湿；焗油发膜则可以弥补发囊输送给头发的营养不足，使头发具有活性和弹性。而洗发水很难为头发补送营养物质，护发素也只够滋养头发一段时间而已，补充营养和深层的护理十分有限。一周使用 2~3 次焗油发膜可以让秀发得到深层的滋养和护理。正确的护发程序的三个步骤如图 4-1 所示。

图 4-1　护发程序

第二节　服饰化妆与运动

一、服饰与化妆

（一）服装修饰体型不足

【小案例】

"以前，我一直不太关心我的穿着。刚进学校的时候，我看身边的同学都穿得和我差不多，我还挺高兴的，觉得自己就是她们中的一员。可是，才一年过去，身边的很多女同学都发生了变化：她们开始谈论哪些服装是潮流，哪种化妆品补水的效果更好……同时，她们的变化也表现在外表上。刚开始，我有点不屑于她们的做法，觉得她们挺幼稚的。但时间一长，特别是那些化了妆的女生，确实变得比以前漂亮多了，我也有些动摇了——毕竟我也是一个女生，我也爱美。但是，我身材很一般，穿什么都不好看。我很羡慕那些会打扮的同学。"——这是一个女生在和老师谈心时的真情流露，也是青春期女孩正常的爱美之心的真实流露。

人们的体型千差万别，复杂多变。拥有匀称和美好的体型，让自己的服装漂亮大方，充分展示个性和与众不同，是每个女孩都希望达到的美好愿望。但不是每个人的体型都十分理想，某些不足还可能直接影响到形象效果。所以要通过正确的设计，根据自己的实际情况，找到最实用和得体的服装，以弥补不足。

在用服装服饰修饰体型之前，首先要记住两条最基本的原理：第一，衣服穿得越紧，就越能显露体型特征。所以要合理运用松紧度的变化，做到恰到好处地表现人体美。第二，直线有拉长或拉宽的感觉，而曲线、斜线有凹进或凸出的感觉。因此，可以利用款式在视觉上的错觉，改善体型乃至脸型，使之趋于完善。

【青春小贴士】
理想身材的相关比例

上、下身比例——以肚脐为界，上下身比例应为5∶8，符合"黄金分割"定律。

胸围——由腋下沿胸部的上方最丰满处测量胸围，应为身高的一半。

腰围——在正常情况下，量腰的最细部位。腰围较胸围小20厘米。

髋围——在体前耻骨平行于臀部最大部位。髋围较胸围大4厘米。

大腿围——在大腿的最上部位，臀折线下。大腿围较腰围小10厘米。

小腿围——在小腿最丰满处。小腿围较大腿围小20厘米。

足颈围——在足颈的最细部位。足颈围较小腿围小10厘米。

上臂围——在肩关节与肘关节之间的中部。上臂围等于大腿围的一半。

颈围——在颈的中部最细处。颈围与小腿围相等。

肩宽——两肩峰之间的距离。肩宽等于胸围的一半减4厘米。

1.头大颈粗者的修饰

此体型者适合选择V形领口的服装，V形领口可以给人颈部较为细长的感觉。上装造型松度适中，不要夸张肩部；下装不宜选择锥形裤、锥形裙、尖头鞋等，以免产生头重脚轻之感，失去平衡。下装穿着要有分量感，稳重，如喇叭形长裤、散摆长裙、斜裙等。鞋的造型适宜小方头或圆头。上装宜采用灰色调，色彩柔和；下装宜采用较为饱和的色调，对比较强。头上最好不戴任何饰物，以给人体型匀称、协调之感。

2.头小颈细者的修饰

此体型适宜选择一字领口或船底形领口的服装。为了减少脖子细长的感觉，可以选用立领、花边领服装。上装不宜过于蓬松、宽大，会使头小、颈细的缺点更突出；下装不要过于扩张、沉重，适宜选择轻巧、秀丽的造型，如紧身直身裙、直身裤、短裙、短裤等，笨重的厚底鞋也列于被放弃的服饰物之中；发型为蓬松的短发，佩戴小巧的窄檐帽能够显示出活泼之感；提包也应该选用较为精致的偏小造型。

3.胸部过大者的修饰

此体型的女性，上装色彩应以深色调为主，面料应无光泽或富有弹性。上装造型不要太紧，应略有松度。在其他部位采用点缀修饰的方法，能起到转移视线的作用。胸前忌佩戴各种花哨的饰物。上装的造型尽量简洁，少装饰。表现重点可放在下装部位，下装轮廓多为直筒式或展开式，避免向内收敛的造型结构，形成协调的上、下装对比，弥补原有体型的缺点。

4.胸部较平者的修饰

此体型的女性，上装应设置柔和的曲线，特别是胸部造型要精心塑造。比如公主线等，不能采用硬、直线条;胸前饰有装饰物,用以掩饰胸部平坦的缺点,如胸花领结、装饰丝带的运用等。下装应简洁,避免烦琐。色彩的运用:上装高雅;下装可选用较艳丽的色调,以吸引人的视线。如上装为银灰色衬衫,领口系同色蝴蝶结,垂飘带;下装穿红色合体长裙。整体效果雅致、俏丽,使人们忽视其体型缺点。

5.肩宽者的修饰

此种体型的女性,会影响女性美的充分体现,因而要选择合体的、松度适中的上装。深V形领口,用以打破肩部的整体感。上装中部可以加饰物,肩部不要有任何装饰。除了表现T形服装外,下装均要适当扩张,比如采用鱼尾裙、喇叭裤等。鞋的造型应倾向于宽大、厚实。发型可选择长发、短发,但不要披肩发。

6.臂粗者的修饰

臂粗的女性,服装的袖子不可以收紧、绷于手臂,那样会使人感觉手臂更粗。袖子的宽度要适当,袖子及肩头不能有任何装饰;装饰物及装饰造型应设置在领口、胸部或腰部,以此转移人们的视线。夏季宜穿中袖或袖长至臂2/3处的衬衫、连衣裙等,无袖、偏短袖不适宜,泡泡袖也不可取。

7.腰粗者的修饰

此体型女性,宜选择直身或是剪裁自然、腰部宽松的服装,不要穿着有松紧带的上装或连衣裙,腰部不加装饰物。穿松身连衣裙,在胸部装饰点缀,会掩饰腰粗的缺点。另外,不要穿着衣长仅至腰部的服装,不可以将衬衫等束入腰带。总之,避免暴露腰部或是强调腰部的设计,就能达到设计的掩饰效果。

8.臀部过大者的修饰

臀部过大的女性,不宜穿着过紧的长裤或裙装。无论哪一种服装,臀围下宽度均要适中。臀围过大者,对于旗袍、百褶裙、碎褶裙等均不适宜,应该选择斜裙、西服裙或直身连衣裙等,这类裙装都具有避免强调臀围效果的功能,起到一定的掩饰作用。

9.腹部突出者的修饰

此种体型者,适宜穿着直身、宽松的服装,不要采用长至腹部或是短于腹部的服装。女性忌用百褶裙,避免膝上短裙。可用在其他部位装饰点缀的方法,起转移视线的作用。关键是要选择恰到好处的部位,腹部绝对不可以放置任何装饰,那样会使体型的缺点雪上加霜。

10.腿短者的修饰

此种体型者,宜穿着上、下装统一色彩的服装,或设计上装长度超过臀部的款式造型等。女性应选择高腰裙,并且加饰一条宽腰带,裙子的长度一定要遮盖膝部,否则容易显出体型缺点。穿着长裤时,裤长适当加长,直筒裤型,配合高跟鞋,效果将很好。不宜穿锥形裤。此外,具有长短不一的多件套服装,也是掩饰此类缺点的较好选择。

11.腿粗者的修饰

此体型的女性,适宜选择宽大的裤子、具有蓬松感的宽摆长裙,应忌穿短裙、紧摆裙、短裤以及瘦腿裤等。裤子的配色可以选择明快、活泼的色彩,带一些花纹图案效果更佳。裤子的颜色则适宜深暗色,上装配合亮丽色彩。腿粗者在穿着裙装时,不能选用纤细、秀气的鞋,对比之下会更突出腿粗的缺点;搭配风格朴实、大方的鞋更为恰当。

12.背部微驼者的修饰

背部微驼的体型,首先应在服装结构上进行调整。后衣适当加长,同时造型结构采用自然曲线,面料要挺。此外,宽松式服装对这种体型也具有一定的掩饰作用。通常,上装采用比较中性、含灰的色调,下装配合偏鲜的色彩,形成色彩对比效果,以吸引人们的视线。

【青春小贴士】
怎样才能拥有好身材

(1)少食,即管住自己的嘴。吃得少,热量摄入就少,自然就会瘦下来,到时候想胖也胖不起来。低热量会让你瘦下来,但是摄入的热量必须要满足身体的新陈代谢才行。过少地摄入热量会导致身体机能下降,女性甚至可能出现内分泌失调。因此,少食不是不食,不要为了身材好而太过委屈自己。

(2)多动,即养成运动的好习惯。运动可以促进新陈代谢,锻炼身体各个方面,最重要的是可以帮助你消耗掉很多热量。良好的运动习惯可以使你永葆苗条身材,不用怕多吃。但是,如果锻炼不得当,会使身上的肥肉都变成肌肉导致身体变形,破坏苗条身材。因此应进行合理的锻炼,要进行有氧运动而不是无氧运动。

(3)态度。态度决定一切。很多人减肥屡战屡败,关键在于态度没有摆正,总是很快就放弃了。其实只要你再坚持坚持就可以成功。所以,在减肥过程中一定要坚持下去,只要一想到苗条身材你就会有动力。端正的态度有助于振奋精神,消除精神压抑,培养自律精神。当然,这种方法只是辅助方法,不能起到决定性作用,一般需要与节食、锻炼等手段相配合,效果才会显现。

做一做:
根据自己的体形特征,设计出符合自己的穿衣风格。

(二)化妆

1.准备

准备好洗面奶、化妆水、润肤水、粉底、眼影、眼线笔、腮红、口红、睫毛膏及化妆用具等。

2.基本步骤

(1)清洁皮肤:卸妆,洗面奶洁面;

(2)涂化妆水:滋润皮肤,易于上妆;

(3)涂润肤霜:软化皮肤,隔离彩妆;

(4)涂粉底:调整肤色,遮瑕疵;

(5)定妆:通过粉扑将蜜粉按上皮肤,柔和妆面,固定底色;

(6)画眼影:表现眼部结构,体现整体化妆风格;

(7)描眼线:增加眼部神采,调整眼型;

(8)画眉:眼睛最好的陪衬,表达了一个人的性格和情绪并可矫正脸型;

(9)涂腮红:表现健康,矫正脸型,其颜色应与眼影色、口红色、肤色相协调;

(10)涂口红:清晰唇部轮廓,应与服装色、肤色、眼影色相协调,还要根据不同年龄、个性、场所等使用不同颜色；

（11）涂睫毛膏：先夹弯睫毛，再涂睫毛膏；

（12）化妆检查：修妆。

3.化裸妆的技巧

裸妆，就是一种看起来像没有化过妆的妆容，但比平日精致、漂亮许多。

（1）正确上妆法如下：

①打出透明底妆。先用水分足够的粉底液在脸上打底，然后以粉扑蘸上适量蜜粉快速拍打全脸，直到蜜粉均匀散布在肌肤上为止。这样做仅仅几秒钟，就会觉得双颊肌肤被向上提拉，整个脸部线条都纤秀起来，妆容看起来很清淡，却并不是未加修饰的纯自然肌肤。

②浅一号的眉粉。使用比眉色浅一号的眉粉，利用眉刷从眉头至眉尾顺向刷过，按照原有的眉形淡淡描画，不必刻意修饰。眉毛的颜色可以与发色协调一致。

③突出眼线重点。用黑色眼线笔描画 1/3~1/2 的上下眼线，然后用手指或棉花棒轻轻晕开。如果睫毛浓密可以省略眼线，只在眼尾扫些眼线。在眼睑到眉毛间擦上一点浅棕色或橘棕色眼影。最后在细小的地方再稍加描画。

④让睫毛清晰整洁。准备大小不一的两支睫毛夹。先用大号的睫毛夹夹卷整个睫毛，再用小号的睫毛夹将眼角不易夹到的睫毛夹翘。不要忘记下睫毛，使用浓密型的睫毛膏来刷下睫毛是令双眸特别有神采的秘诀。

⑤浅色的透明唇彩。双唇要选择接近唇色的液体唇膏，不必勾勒唇；然后轻轻点上无色但闪亮的唇彩，修饰轮廓，同时加强无妆印象。

（2）让裸妆更专业的小秘诀：

①挑选合适的粉饼。粉饼最准确的试色部位是脸的下颌部分，因为该处为面部色素最浓重的地区，也接近脸色与脖子皮肤色的过渡处。最好的办法就是在阳光下仔细观察粉饼与肤色的契合度，这样选出来的粉饼颜色才比较自然。

②裸妆中的底妆部分，建议以薄透、自然的妆效为主。故不要选用太白的颜色，那只会让自己看来像戴了面具般不自然。而且，如果脸上有瑕疵也不要放任不管，只需在打完底妆后，用遮瑕膏在这些瑕疵的部位稍加遮盖即可。

③选择含有保湿成分的粉底，可以给肌肤最好的呵护。平均涂抹在清洁后的皮肤上，肌肤才能饱满有光泽。如果肌肤很干，可在上粉底时，在粉底液中加入些许保湿液，如此才会让粉底的妆效显得更加薄透，也更贴合肌肤。

④推粉底时，用粉扑蘸取少量粉饼，从脸庞下部往额头轻轻按压，再从脸庞中央向两侧过渡，以轻轻按压的方式涂抹均匀。在容易出油的 T 字部位如鼻翼两侧、两颊、下颌处重复按压少许粉饼，可以用来拭去局部的油光，使粉饼更加服帖，妆容更加持久。

⑤在发鬓、脖颈处做好过渡，妆容更加自然。

⑥在画完眼线后，可用棉花棒或小刷子轻轻晕染之前画过的眼线，如此才会有晕开眼线的效果，看起来也显得自然；或者直接用眼影粉代替眼线笔。

【青春小贴士】

你是否常常为黑黑的肤色而困惑？其实，黑黑的皮肤一点也不难看，只要稍稍花些心思、动点脑筋。每个人都能把自己打扮得既漂亮又得体。不管你是白皮肤，还是黑皮肤，巧穿衣服都能变得很漂亮。那些人见人爱的白皙皮肤的人并不见得是相貌出众的天生美女，甚至只是一些相貌平平的女孩，但却像磁铁吸引铁屑般为异性所倾慕，她们只是比你更会搭配衣服和装扮自己而已。如果你的肤色属于暗而黑红者，适宜穿白色的服装，会使肤色同衣服的颜色和谐且效果好；浅色衣服适合肤色暗中偏褐色、偏古铜色的人，增加了明快度与大反差的魅力。

爱美之心人皆有之。人的美可以分成外在美和内在美。外在美容易做到，如简单的妆容、得体的服饰；内在美则来源于个人的修养、气质以及知识水平，这种美就好像美酒一样，它会历久弥香。希望青春期中的你们，多阅读、多吸纳各种科学知识，不断提升自己的综合素质，做到外在美和内在美的统一。

做一做：
在课余时间，请相互给对方化妆，然后进行比较并加以改进。

二、运动

体育运动作为一种社会现象，是人类文化的组成部分。体育运动既是教育的一环，又是生活的一环，它对人的身心发展起着主导作用。青少年的身体正处于快速成长阶段，通过积极有效的运动，会吸进更多的氧气，使大脑中有更加充分的氧气，思路更加开阔和活跃。运动也会使血液循环得更快，把体内一些有害物质和废物带出体外，从而使身体更加健康，也使身体的发育更加迅速和完善。另外，青春期也是健身的最好时期，这个时期的身体具有良好的可塑性，在专业人士的指导下进行形体的塑造，可以形成健美的体型。青少年学生至少要掌握1~2种运动技能，养成终身锻炼的习惯。

1.运动的益处

生命在于运动，保持体力和脑力协调的运动，是预防和消除疲劳、保证健康长寿的重要因素。

首先，运动会使身体器官更加强壮，增强身体的免疫力，更有效地抵御各种疾病的侵袭。每天30分钟中等强度的运动是预防疾病的最小运动量。

其次，运动是心理快乐和健康的保障。实际上，运动对于心理健康的重要性，绝不亚于对身体健康的重要性。青春期很多心理不适是由于紧张、焦虑引起的，通过一些运动方式，调理呼吸，放松身体，这时内心的压力也会随着身体的放松而得到缓解。

因为学习压力很大，青春期学生大部分时间都在看书、听讲、写作业，主要进行的是脑力活动，而几乎没有什么时间和精力用在体力活动上。这样在大脑内一部分细胞一直处于工作和兴奋状态，一部分细胞一直处于休眠和抑制状态，这种不平衡，就会影响到学习效率，引起失眠，甚至会引起精神上的焦虑和抑郁。运动还可以结交更多的朋友，而良好的人际关系是心情愉快的一个重要因素。

再次，运动可以增加自控、自主、自我满足感，增强自信心，改善自身形象和自尊，改善在学习压力下大脑的活动节奏，清理、宣泄在人际关系或学习中的消极情绪，摆脱轻度烦恼。

2.运动的方式

运动的方式多种多样,选择适合自己的运动方式。最有效的运动方法并不是天天长跑或去健身房,而是把它们融入日常生活中,形成一种习惯。

青春期学生应坚持每天锻炼身体,包括玩耍、游戏、体育运动、工作、出行、休闲、体育课或体育锻炼;每周从事 3 次以上、每次 20 分钟以上中等到较大强度的运动锻炼。对青春期学生来说,找到一种喜欢的运动方式是最重要的。篮球、足球、乒乓球、羽毛球、棒球……所有的球类运动,跳舞、游泳、跑步、轮滑、骑车、郊游……把锻炼、生活、娱乐结合在一起,并且能够坚持下去,都是对身体有好处的。

除球类运动外,下面简单介绍一些适合青春期学生的运动:

(1)轮滑。轮滑是一个简单的运动器械,却因为它能给人们带来冲浪般的感受而风靡全球。轮滑运动没有剧烈的冲撞,相对其他体育运动,对身体内脂肪燃烧有着非常好的效果,运动 30 分钟,便可消耗 250 千卡的热量。尤其对青少年的身体平衡、支撑能力以及大小脑发育等都有极大的帮助,是一项健身、娱乐、开发智力、提高意志品质的好运动。

(2)山野运动和拓展训练。山野运动和拓展训练,类似登山运动,是非常好的锻炼形式。在保障安全的情况下,让青少年体验到登山运动中那种勇往直前、挑战自我的精神,对成长十分有利。

(3)农园锻炼。青少年可以通过种菜、插秧、栽花、除草、收获等各种劳作,体会"谁知盘中餐,粒粒皆辛苦"的道理;在锻炼身体的同时,增强爱护大自然的环保意识。

(4)跳舞。跳舞不一定非要学快三、华尔兹和伦巴等舞步。在家里放出自己喜欢的音乐,打开音响,对着镜子乱蹦乱跳;或跳着自己即兴编排的舞蹈,都没有关系。这样既运动了身体,又放松了精神,有益于青少年的健康成长。

(5)骑车或步行。多行走或骑车,可调整血脂,增进下肢肌力及心肺功能,提升拼搏进取的耐力及毅力,推进整体新陈代谢,有益于减肥及皮肤健康。时下正盛行的网络共享单车,既低碳环保,又给人们锻炼提供了方便。走路时昂首挺胸,可防治颈椎病,减少驼背,使肺活量增加。在运动中还可享受阳光和雨露。灿烂的阳光可驱赶烦闷的心情;阳光中的紫外线使人体皮下脂肪中的胆固醇转化成维生素 D,可以健齿壮骨。在霏霏细雨中逛街或漫步,可享受到洁净又清新的空气;雨中负氧离子多,可令人心旷神怡。

(6)唱歌。实际上,唱歌应该算一种运动。常常哼唱歌曲或放声歌唱,可提高大脑的逻辑思维与形象思维能力,使声带、鼻腔、胸肌获得锻炼,增强肺活量;同时,还可以排解郁闷心情,忘记烦恼忧愁。

3.养成良好的运动习惯

(1)制订科学的运动计划。运动要遵循一定的规则。要循序渐进、持之以恒,不可冷一阵热一阵。为了养成良好的运动习惯,可以制订一个切实可行的计划。

①重视各阶段的运动准备。每项活动要分为三个阶段:热身、锻炼、结束。无论做什么运动,之前都要安排 10~20 分钟的热身时间。在这段时间内,做一些伸展运动,其目的是慢慢提高体温,并使肌肉作好高强度活动的准备。例如跑步之前,先做一些柔软操等,不要一开始就进行剧烈运动。

在结束锻炼后,留 10~20 分钟使体温降低。锻炼的时间越长,强度越大,结束的时间应越长。否则的话,肌肉可能会充满血液,或有毒物质存在于血液中从而产生疼痛和不适,如痉挛等。

②科学地安排运动时间。一般的标准是一周 3 次,一次 30~45 分钟。如果比这个时间量少,那么在不锻炼的日子里就会消磨掉锻炼成果;如果比这个时间量多,则会消耗过多的体力,会感到疲劳的增加,也许因此就会失去继续锻炼的动力。当然,如果因学习紧张而不能专门从事锻炼,那么课间活动一下身体,上下学路上骑车或走路,都可以。

③制订合理明确的运动目标。目标必须明确,例如两个月减掉 6 千克,而不是"变得更苗条"之类比较模糊的话。明确的目标,才能立刻行动。其次,要保证这个目标是能够达到的。不要给自己制订一个高难度的目标,只要是可达到的就是最好的。当你为自己设立了一个可达到的目标之后,就去实现它。然后从这种成功的体验中,获得一种满足感和自信,并引导自己继续对锻炼充满兴趣和信心。

(2)走出运动误区,切勿盲目运动。生命在于运动,但是如果运动不当也会走入误区,甚至会给生命造成损害。知道哪些是运动误区,会大大提高运动效果,保证安全。有人认为,只要运动了,肯定就会起到健身作用。殊不知,如果盲目运动,锻炼不仅没有效果,相反还会危害健康。这里列举几个运动的误区:

①只有出汗才算运动有效。实际上,并不是每个人都会出汗。人的汗腺各不相同,有活跃型和保守型两种。汗腺不同,锻炼后出不出汗和出汗多少也就不同。因此,不能用出不出汗来判断运动是否有效。

②肌肉疼痛说明锻炼得好。肌肉的疼痛与锻炼的好坏并没有必然的联系。肌肉疼痛是由于肌肉运动过快,有氧酵解不足,无氧酵解代之,使肌肉组织中的乳酸浓度增加,产生堆积,从而引起肌肉的神经末梢受到刺激而产生的。当停止运动后,疼痛会逐渐消失。

③大运动量有助于迅速减肥。减肥不是一劳永逸的事情,迅速减肥也是不健康的。减肥应该慢慢地减。只有坚持长期训练,消耗大量的热量,对肌肉产生很强的作用,才能达到减肥的目的。因此,每天坚持 20~30 分钟的锻炼才是正确的。而且,进行大运动量的运动,需要作好身体上的准备。长期不运动后,突然进行大运动量的运动会对身体产生危害,所以不宜提倡。

④健美对青少年有益。虽然青少年时期是健美的较好时间,但 18 岁前的年轻人进行健美运动要谨慎。应由健美运动教练员设计一套有利于青少年关节生长的动作。否则,可能会造成损伤,影响发育。

⑤运动时穿什么鞋无关紧要。鞋,对于运动是非常重要的。应根据不同标准来挑选运动鞋。什么运动项目,如何进行运动,身体哪部分受力,都要考虑周全,否则会引起肌肉损伤。

议一议:

你喜欢并经常进行什么样的体育运动?适当地运动能提高学习效率吗?

第二篇

青春期心理

第五章　青春期性心理健康

青春轻轻地敲响少年的心扉,也悄悄拨动少女的心弦。"青年男子哪个不钟情,妙龄少女哪个不怀春",一个眼神,一句话,为他(她)的称赞和欣赏而脸红心跳。少女希望得到心中"白马王子"的关怀与呵护,少男则暗暗努力做一个男子汉,保护心中的"公主"。这种性意识和性情感的发展使青春期学生的心理变得微妙、细致而又复杂。

性生理基本发育成熟,而性心理明显不如性生理成熟(即性心理发展滞后于生理发育),难免产生迷惘和困惑,也难免出现一些性心理偏离现象。对于性偏离行为,你是否好奇、害怕? 健康的性心理既要符合主流社会文化的道德法律规范,又要有利于自己身心的和谐发展。

第一节　青春期性心理特点

一、青春期性心理发展特点

(一)青春期性心理的发展

1.青春期性意识的觉醒

性意识,就是对男女之间关系的向往与看法。进入青春期的男女,随着性生理的迅速发育和趋于成熟,心理上发生了微妙的变化,开始对异性有了特殊的情感体验和向往意识。

随着年龄的增长,这种性意识逐渐觉醒,好像一夜之间长大了。原来调皮捣蛋的男孩子,现在衣着整洁、举止大方;原来叽叽喳喳、疯疯癫癫的小姑娘,现在爱好打扮、温文尔雅……"两小无猜、青梅竹马"的时代已经过去了。男女性别界限清晰,异性成了一个日思夜想的神秘世界;男女生都喜欢不失时机地表现自我、塑造自我,时刻以成熟男性或成熟女性的标准来完善自己或要求对方;男女生在认知和情感上都对异性产生需要,在兴趣和行为上进行探究,都希望引起异性关注或主动吸引异性,并在自我意识中的各个层面都和他们的性意识联系在一起。

> **想一想:**
> 有没有见过班上异性同学之间"递字条""约会"等现象? 你是怎么看的?

2.青春期性心理发展的阶段

性心理的成熟是一个渐进的过程。一般将青春期性心理的发展分为 3 个阶段(图5-1),

其中女性比男性要提早1~2年。

图 5-1　青春期性心理发展的 3 个阶段

（1）突然疏远异性阶段。这个时期大约在小学五、六年级到初中一、二年级。这时由于青春萌动，男女生理上出现的明显差别，使他们感到陌生不安；又由于他们缺乏两性的知识，因此在异性面前就产生了一种害羞或畏惧心理，从而使男女同学暂时疏远。

幼儿园和小学低年级时的男女学生之间毫无拘束。进入小学高年级和初一之后，情况出现了明显变化。先是女同学进入生长高峰，其身体常常迅速超过男同学，不少明明是同龄的男生倒矮小得像个小弟弟。男生对女生的"女大十八变"开始有些惊奇、尴尬，在他们的羡慕中又带有点无可奈何。所以男生对女生的疏远往往交织着自尊与自卑。而女同学们却是无忧无虑的，可能一点儿也没有体会到男同学的难堪。两年后男同学进入了生长高峰，像雨后春笋，两跳三窜就长成了高高的小伙子。这时又该女生们仰头吃惊了，而且还会发现男同学变得有点"那样"。这时，当男女生各自单独在一起活动时，他（她）们就有说有笑，又打又闹；但是当男女生个别接触时，就又像换了一个人，不知是真腼腆假斯文，还是假冷淡真紧张，出现了一种"相见不相识"的陌生感，即异性疏远的特殊表现。这种"疏远"，原因十分微妙。其具体表现有各自对自身发育巨变一时难以承受，有男生起初的自卑心理，有女生的戒备心理，还有某些个体发育早晚及生理缺陷等现象造成的异性间人际交往的障碍。异性疏远是暂时现象，也是正常现象。随着青春期对自身和异性生理心理的理解和适应，他（她）们之间的交往障碍会逐渐消除。

（2）渴望了解异性阶段。大约初中二年级以后，男女同学的少年时代就结束了，开始踏上了青年初期的历程。此时情窦初开，男女之间又有了一种喜欢接近的需要，他（她）们的性心理发展又开始进入了一个男女相互吸引的重要阶段。在这个新时期，男女同学之间愿意在一起学习、工作和活动，愿意一起去春游或参加文体活动，如果光是同性在一起活动，就不来情绪；有男有女，才会情绪倍增，劲头十足。

在初中高年级，男女同学只是开始彼此产生好感。到了高中阶段，他（她）们都想努力克服交往中的不安和羞涩，进一步试探着主动接近对方。但由于情感比较隐蔽，很少能够深入交流。这个时期的异性交往一般还比较广泛，甚至无确定目的，被接近的对象也容易变换。他（她）们对两性关系仍处于一种似懂非懂的状态，还分不清好感与初恋的区别，因此常常造成心理上的困惑与苦恼。这时他（她）们的感情强烈而易失控，接触广泛而不专一，是一个较长的时期。

（3）眷恋爱慕异性阶段。这时，青年男女的性意识迅速发展。在他们的心目中，开始有了自己的"白马王子"或"白雪公主"，对其他异性的关心明显地减少，其目光会悄悄地、不由自主地注视着所谓的"偶像"。朦胧中总想寻找机会和自己的"偶像"出去散步、聊天，一起欢呼、一起唱歌，不大愿意参加集体性的活动。个人的小屋四壁挂满了自己喜欢或崇拜的歌星、影星的照片，时时幻想他（她）成为自己的"梦中情人"。胆大的男女生开始大胆地给自己的意中人写情书、送东西,表白自己的爱慕之意,甚至公开"恋爱关系"。

(二)青春期性心理的特点

1.对性知识的渴求

到了青春期,随着性器官、性功能的变化,男女生都对性很敏感,有了强烈的神秘感和好奇心。但是,一方面由于对月经、遗精、受精和怀孕等正常的性现象一知半解,加之他们强烈的性幻想,男生阴茎自动勃起次数的增多,女生阴道分泌液增加,自慰行为的频率上升等正常生理现象的发生;另一方面,长期以来我国对青春期学生性教育的"羞羞答答",比如有的家长认为"谈性不正经",学校老师在教学中对有关性的内容一带而过,社会缺乏对性知识性道德的正确宣传等,使少男少女产生了一种强烈的探究性的兴趣。他们从网络、书本偷偷阅览有关"妇产科""人体写生""两性关系"等内容,或者观看黄色书籍、录像,甚至登录色情网站。但是,从不正规途径获得的性知识,很可能不准确或不完全,容易给情窦初开的青少年造成不良后果。其实,我国青少年除课本外,还可以从《大众医学》杂志、中青在线等正规刊物或网络上获取科学的性知识。

渴望了解性知识,是青少年性生理发育导致的必然现象,是合理的、正常的。它有助于掌握科学的青春期性知识,改变那种对性的愚昧无知的状态,并对自己面临的各种变化作好充分的心理准备。因此,青少年应理直气壮地像学习其他科学知识一样,认真学习性科学知识,以解决心中的疑惑,树立正确的、自然的性观念,促进性心理的健康发展。

其实,性知识教育不单纯是性的教育,也是爱的教育、尊严的教育。它将教会学生什么是爱,将来如何去爱,如何做人,如何处理人际关系,如何保护自己,如何尊重他人。因此,只有掌握科学的性知识,才能更好地用性道德准则来约束自己的言行。

2.对异性的倾慕与追求

进入青春期后,青年学生在内心常常会掀起阵阵莫名的躁动和神往,渴望接近异性,特别是和自己所爱慕、欣赏的异性亲密交往,生理学上称之为"异性接近期"。比如,他们喜欢打听男女之间的事情,经常在背后议论某某异性怎么样,总想知道异性在想什么、干什么。伴随着年龄的增长,对自己心目中锁定的异性思念之情渐浓,并且有的开始付诸行动进行追求。

青春期阶段,也是职校学生接触社会的实习期,同学们要学习和锻炼自己处理人际关系(特别是与异性关系)的能力,在广泛交往中认识和提高自己,促使自己的人格健全发展。职校学生毕竟年龄不大,思想还不成熟,经济上还未(或完全)独立,职业生涯才刚刚起步,若一心专注于与异性交往会影响学习和生活,错过专业知识学习和技能形成的关键时期,势必影响今后的职业发展。要知道,成年后的两性世界会更精彩!

3.具有恋爱心理和性欲望

青春期心理上显著的特点是它的闭锁性和强烈的求理解性,这也导致了他们性心理外显方式的两面性。一方面,他们十分重视自己在异性心目中的印象与评价,另一方面却又表现得拘谨、羞涩和冷淡;他们内心对某异性很感兴趣,但表面上却又有意无意地表现得好像无动于衷,不屑一顾,或做出回避的样子;他们有时表现得十分讨厌那种男女亲昵的动作,但实际上又很希望自己能体验体验。

青春期男女学生对异性的倾慕、思念,往往在心灵深处激荡起感情的涟漪。每当看到影视片中男欢女爱的场面,或在与异性朋友较亲密的接触中,容易产生好奇与性冲动的欲望。性欲望是人与动物皆有的一种企图与异性发生关系的冲动,是原始的、生理性的,也是正常的。

职校学生正处在"心理断乳期"的关键阶段,性意识增强,性发育成熟,产生性冲动时要用理智来控制自己的情感和行为。否则,就会产生性心理或性道德方面的现实问题。

【青春小贴士】

心理断乳期男女的心理变化

心理断乳,就是个人摆脱对成人的依赖,走向一个独立的人的过程。心理断乳期是一个很艰难、很尴尬的时期,这时的男生女生既不是儿童,也不是成人,父母、教师也常以矛盾的心态对待他们。因而,青春期学生会产生一系列心理变化:

● 自我意识迅速发展,充满自信,要求独立,不愿意与父母一起活动,希望自己作决定,而自我调适能力有限;

● 智力发展达到高峰期,开始具备抽象思维能力,而自我评价未必令人满意;

● 独特个性和意志力逐步形成,希望得到别人尊重,但有时仍会表现出幼稚、脆弱、自制力欠缺的一面;

● 情绪情感丰富,但不够稳定,易冲动,对行为后果考虑不周;

● 兴趣广泛,爱玩好动,渴望广交朋友,但由于缺乏社会经验,心理承受力、免疫力不够强;

● 强烈的性意识,对性关注、吸引、探知和尝试,开始对异性有好感,也希望自己对异性有吸引力。

做一做:

在一项班级集体活动中,注意观察男生、女生各自的表现,如实记载下来,然后说一说自己的看法。

(三)青春期性角色

人类的生理性别,在母体中受精的一瞬间就决定了。通过医学手段,可以做出客观的鉴别。

1.性角色的自认

性别自认,是指自己认识到自己的性别角色,即自我感觉的性别角色与生物学特征的性别的一致性。

性角色生理上的自认与心理上的自认还是有区别的。幼儿在两三岁时,随着语言能力的发展,进入"第一镜像阶段",他(她)能够从镜子中认识自己,并区别男女的不同。心理学家的研究证实:幼儿时期的性别自认,延续至6岁,对其一生有关键性的决定作用。青春期是人生的"第二镜像阶段"。但也有父母因各种不同的观念和目的,产生对儿童性别角色的误导,如将男孩当作女孩来养育。

男生在女生面前积极表现自己的优势特长,希望引起女生的注意和赞赏;反之,女生也有同样的愿望和行动。这是性别自认的一种正常表现,应该提倡和给予肯定。因此男女生共同参与的集体活动,有利于男女生之间的积极互动,对于促进正确的性别自认是很有好处的。

在青春期阶段,大多数同学的性别自认已实现定型化的习惯行为方式,并逐渐在心理上形成性别角色的行为定势。但也有极少数人可能出现性别自认的"倒错",这样的人在生理意义上是男性(或女性),但在心理上却强烈地认为自己是异性,这种不能够认同自己性别的现象被称为"性别认同障碍"。青少年应该悦纳自己的性别,愉快地生活,如果有这方面的烦恼和痛苦,应注意预防或尝试咨询专业帮助。

2.性身份与第三性征

性身份是性别角色的个人私下体验。性身份最早确立于生命的最初三年,了解这一点是相当重要的。因为性身份总是在一个特定的文化和社会环境中明确表现出来的。虽然男女的性身份有各自的倾向性和共同特点,但由于时代社会的发展,加上每个人个性的不同,即使同性之间也是形形色色、千差万别的。

第一性征是婴儿出生时就可辨别的;第二性征是在青春期性发育阶段出现的;而第三性征则是在性成熟之后,其个性心理特征方面的表现,也是个体性身份的外化、公开化。当然,对大多数人来说,其第三性征与生理上的性别是相符合的,但也有的人与社会主流对男女性别角色的印象不一致:如有的男性说话办事扭扭捏捏,优柔寡断,女性味十足;有的女性则大大咧咧,风风火火,像个"假小子""女汉子",这也是很正常的。无论男性和女性只要自律、自爱,遵循现代社会的道德文明准则,以此标准进行两性性身份的塑造,就能保持世界的丰富多彩和家庭的美满幸福。

【青春小贴士】

第三性征

(1)男性性身份的特点:具有攻击性;独立性较强,很少依赖性;很少表露感情,小事不易激动;具有支配性,对他人权力欲、控制欲较强;好动,有活力;爱冒险,喜欢竞争;不掩饰外貌;不易受他人影响;感情不易转移。

(2)女性性身份的特点:非常文雅;有极强的安全需要;容易表达温柔的感情;依赖性较强;习惯于安静;多喜欢文学和艺术;爱整洁,喜欢打扮自己;感情细腻,比较敏感。

当然,男女的第三性征没有明显的界线,这些表现仅就大多数男女在通常情况下而言的。男人性格女性化、女人性格男性化,社会上大有人在,并不是变态,均为正常现象。甚至有人认为,这种男女第三性征相互渗透、彼此掺合的现象将是社会文明进步的必然趋势。

议一议:

分组谈谈你对男人味、女人味的理解。

3.男女性别的心理差异

性别心理角色的特点和差异性,从根本上说是在生物学基础上形成的。青春期的性心理,男女有明显的差异。在对异性感情的流露上,男性表现得较为明显和热烈,女性表现得含蓄和深沉;在内心体验上,男性更多的是新奇、喜悦和神秘,女性则常常是惊慌、羞涩和不知所措;在表达方式上,男性一般较主动,女性往往采取暗示的方式。

4.性行为的选择

性欲是人的正常需求,关键是能否通过科学的、正常的、健康的渠道来满足自己的性欲。性行为的选择是个体性观念、性心理和性行为方式的集中体现,是个人可以选择和主宰的。性行为的选择是与身心健康密切相关的,主要分为性健康、性行为偏离(也称性失误)和性犯罪。性健康是指遵守性道德,洁身自好,相互只有一个性伴侣,婚后坚持一夫一妻正常的性生活;性行为偏离是指不止一个性伴侣,有性乱行为,有婚外情;性犯罪是指违背他人意愿,实施性强暴、性骚扰,或是将性作为商品、卖淫嫖娼等。选择科学、正常、健康的性行为,是树立科学价值观的具体体现,在社会文化、价值取向逐渐多元化的今天,形成正确的性道德观关系到一生的幸福。

二、健康性心理的培育

1.正确看待青春期性心理的变化

青春期学生因性器官的逐渐成熟和性心理的变化,既渴望了解性知识,又非常想了解异性和接近异性,经常为此感到不安,甚至自责,怀疑自己是不是变坏了。这都是正常现象,完全不必遮遮掩掩。因此,要认真学习青春期生理和心理知识,正确了解性科学的基本知识,消除对性的神秘感和由此引起的烦恼,轻松、愉快地度过青春期。

2.塑造性别角色

进入青春期后,个别男孩或女孩对性发育没有一定的心理准备,产生了对自身第二性征的厌恶心理,自觉或不自觉地模仿异性的言行举止与穿着打扮。如果缺乏正确的引导,就有可能引发性心理异常。青春期学生要坦然接受自己的性别,并努力使自己的言谈举止符合自己的性别特征,成功塑造完美的性别角色。"男有男像,女有女妆",性角色形象(图5-2)只有体现出两性差异,才能真正达到"异性相吸"的效果。

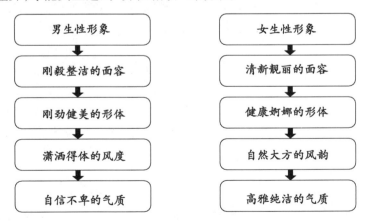

图 5-2 男女性形象

3.树立远大的理想和明确的职业目标

青春期学生正处于世界观、人生观、价值观形成的关键时期,思想逐渐成熟,对社会、对人生、对职业有了理性思考,树立远大理想正当其时。远大理想是人的精神支柱和动力源泉,它可以不断地激发人的生命活力,使其永葆内在的青春。职业目标是职校学生近期的具体目标,远大理想是由一个个具体目标构成的。若没有具体职业目标,就不会有生活的信心、学习的动力,只能是浑浑噩噩、碌碌无为地度过一生。理想使我们站得更高、看得更远,具体职业目标使我们脚踏实地、刻苦学习,更好地设计自己的职业生涯,也可以使我们以积极向上的心态调控和疏导青春期出现的躁动、不安、疑虑,保持身心健康。

【小案例】

　　有一年,一群意气风发的天之骄子从美国哈佛大学毕业了。他们的智力、学历、环境条件都相差无几。临出校门,哈佛大学对他们进行了一次关于人生目标的调查。结果是这样的:27%的人,没有目标;60%的人,目标模糊;10%的人,有清晰但比较短期的目标;3%的人,有清晰而长远的目标。25年后,哈佛大学再次对这群学生进行了跟踪调查。结果是这样的:3%的人,25年间他们朝着一个方向不懈努力,几乎都成为社会各界的成功之士,其中不乏行业领袖、社会精英;10%的人,他们的短期目标不断实现,成为各个领域中的专业人士,大都生活在社会的中上层;60%的人,他们安稳地生活与工作,但没有什么特别的成绩,几乎都生活在社会的中下层;剩下27%的人,他们的生活没有目标,过得很不如意,并且常常在埋怨他人、抱怨社会、抱怨这个"不肯给他们机会"的世界。其实,他们之间的差别仅仅在于25年前,他们中的一些人具有明确的目标,而另外一些人则不清楚或不很清楚目标。

　　青春期学生处于充满理想和抱负的金色年华,理想是他们走向成功的先决条件。如果没有理想,就没有目标,就没有方向。当前,在部分学生中,只有职业理想,缺少社会抱负;只有近期目标,没有远大目标。家长中存在以自己的理想代替子女的理想;以"白领、高薪"取代理想,进入"急功近利"的误区。

　　4.与异性保持和谐的人际关系

　　渴望、喜欢与异性交往是青春期学生性生理和性心理发展的必然,是走向成熟的必要经历,也是正常性心理变化的体现。然而,由于受各种因素的影响,在与异性交往中却往往出现一些不良的现象:有的受传统的"男女授受不亲"的思想的影响,或因自卑、胆小,与异性交往时过分紧张、害怕,甚至恐惧;有的则受西方文化或社会不良因素影响,与异性交往过于随便、没有分寸,甚至放荡不羁等。这些都不利于青少年的健康成长。

　　所以,在与异性交往中,要用理智控制自己的情绪冲动,以平静坦然的态度对待异性,自然而然地与异性交往;同时专注于自己的学业,成为一个既有丰富情感又善于把握自己的人。

　　5.避免性刺激,提高自控能力

　　青春期学生正处于身体发育最旺盛的时期,精力充沛,求知欲强,但分析判断能力差,意志力薄弱,容易因各种性刺激产生性冲动。性刺激主要来源于单独与异性的近距离接触、描写性行为的文字或图片资料、性挑逗的语言或动作,甚至过分前卫时髦的服饰等。因此,要注意回避和自觉抵制低级、下流甚至淫秽的性刺激,少与作风不正、不三不四的人交往;生活有规律,不睡懒觉,不酗酒;不要沉溺于性幻想;不穿紧身裤,避免性器官的刺激;出现性冲动时,切不可放纵欲望,用理智将注意力转移,提高自我控制能力。

想一想：

你是如何控制性冲动的？

【拓展训练】

近年来，随着"超女""加油,好男儿""跑男"等娱乐节目的热播,中性打扮的"超女"成为众多女孩子追逐与效仿的对象,颇显秀气的"好男儿"也成为不少青少年对男性角色膜拜与期待的方向,小学、幼儿园里的"娘娘腔"更是屡见不鲜。传统的性别角色"过时"了吗？应如何看待媒体所带来的这些"时尚"冲击？这些"非主流"现象会不会影响青少年的身心健康乃至未来发展？

请以"传统的性别角色过时与否"为辩题在本班组织一场辩论赛。

第二节　性心理偏离及预防

一、性心理偏离

(一)性心理偏离的含义

人类正常的性欲和情爱是在正常的异性之间发生,并通过正常的两性性行为来获得满足。性心理偏离是指偏离了社会公认的性功能、性道德、性习俗的性心理或性行为,也称性心理障碍。

青春期是性生理和性心理发展的高峰期,但也是出现性心理障碍和性心理变态的高峰期。青少年应客观地认识到:当今社会如果一个人产生性心理偏离,会对个体身心健康会产生多种危害。

1.性心理偏离的特征

性心理偏离一般表现为三个特征:①患者异常的性心理或性行为往往是在不自觉的情况下发生的,即"身不由己";②患者达到性高潮或性满足,不是通过男女生殖器官性交的方式获得的;③患者异常的性心理或性行为使自己或他人遭受伤害和痛苦。

2.性心理偏离的原因

关于性心理偏离的原因,目前还没有系统科学的解释。一般认为,性心理偏离既有遗传因素,又有家庭因素、心理因素和社会文化因素等。生物因素主要表现在遗传基因上,可能由于某个人基因发生异常。具体是什么基因发生异常,还需要科学家进一步研究才能知道。

性心理发育因素,主要表现在性心理发育的过程中异性恋的发展遭受失败,导致心理冲突,表现出各种焦虑,退回到儿童早期幼稚的性心理发展阶段。其性行为则表现为一种幼稚的不成熟的儿童性取乐行为,如玩弄生殖器、暴露阴茎、手淫或摩擦阴部、偷看异性洗澡等。另外,性心理偏离患者的先天心理素质就具有某些病理倾向,这种人受到不良环境刺激比常人更易患病。

家庭、学校的性教育方式不当,使孩子产生不良性反应,也可能引起性心理行为的变态反应。影响儿童性欲和性心理发育的后天因素中尤以家庭环境的影响最大。儿童性欲和性心理各时期的发育,主要是在家庭环境中完成。我国多数家庭是相对封闭的独立生活单元,家庭的各项环境要素,尤其是文化结构、家庭成员特别是父母的观念、角色行为、养育态度、养育方式和养育条件,对孩子的性生理和性欲、性心理发育、性观念的形成影响很大。父母的性观念、有意无意的性举止会在儿童心理上留下痕迹,影响到成年。由于父母不正确的性期待和性行为的示范作用对孩子性心理定势形成的影响,会引起儿童对自我的性角色确认不明朗,性别认同异性化,出现性别的识别障碍,导致性心理的异常。

想一想:
你见过哪几种性心理偏离行为?

(二)性心理偏离的主要表现

性心理偏离大致可分为性指向偏离、性偏好扭曲、性身份偏离三类(图5-3)。

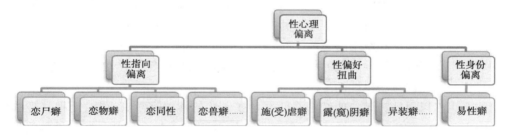

图 5-3　性心理偏离的分类

性指向偏离,正常的性欲对象是能够接受社会道德和法律规范约束的成熟异性;而性指向偏离者的性欲对象则与正常人不一样,如恋尸、恋物、恋兽等,还有的性欲对象是儿童或老年人,而不是成年的异性。

性偏好扭曲,是指性心理和性行为都带有儿童性活动的特点,即以幼年的方式求得性满足。例如裸露生殖器或偷看裸体异性等,如异装癖、露阴癖、施虐癖与受虐癖、窥阴癖(窥淫癖)等。

性身份偏离,是指从心理上否定自己的生理性别和服饰,强烈希望转换成异性,即易性癖。易性癖又称为异性认同症、异性转换症和性别转换症。

1.恋物癖

【小案例】
　　某职校女生宿舍连续发生失窃案,丢失的都是女生的内衣、内裤之类的小件衣物。保卫部门于是布置人员潜伏,终于抓获了偷窃者,原来是一个大二的男生。在该生的抽屉和皮箱里还找出几十件女生内衣、内裤之类的物品。据他交代,他一见女性的内衣裤等物品就有一种抑制不住的冲动,想拿来抚弄摸玩,从中得到满足和快感。有时,还一边抚玩、观赏,一边手淫。

经诊断，上述案例中的男生是恋物癖患者。在给予该生批评教育后，学校请心理咨询师对该生进行诊断治疗。

专家了解到，该生自幼个性孤僻、拘谨，而且自尊心极强。父母没有对他进行过性知识的教育。上初中时有些女同学有时说"不方便"或"不舒服"而不上体育课，年龄大的男生说是因为"例假"或"月经"来了。他觉得很好奇和神秘，隐约觉得与女性的某种秘密有关。进入职校后，一次他路过住校女生宿舍外面，看到路旁晾晒着的女生内衣内裤，心里突然产生了要探个究竟的冲动，顺手取走一条三角裤，回到家里偷偷玩弄，感到一种从未有过的满足。以后他在好几个地方偷过女工、女学生的内衣、内裤。每次偷窃和摸弄女性衣物都给他带来说不清的满足，事后他也曾后悔、自责、害怕过，知道恋物行为不光彩，偷盗行为违法，甚至在日记里把自己狠狠地骂了一通。但冲动一来，又无法控制了，直至被抓住。

"这是一种心理疾病，而不是一个道德问题。"医生表示，虽然这种行为看起来很流氓，但和流氓行为是有区别的。"恋物癖"患者自己会有强烈的羞耻感、痛苦感，但是又无法克制自己。他们仅仅满足于女性用品作为辅助工具带来的满足感，并不会对女性进行侵犯，甚至连这样的想法都不会有。"恋物癖"是性心理幼稚的表现，是一种可以纠正的心理障碍。大多数"恋物癖"患者认为只要不被人发现就没有关系，于是，便处在自我压抑、自我伪装的恶性循环里。这对患者病情的治疗是十分不利的。恋物癖有狭义和广义两种。狭义的恋物癖主要指通过接触异性穿戴和使用的服装、饰品来唤起性的兴奋，获得性的满足。广义的恋物癖所恋的对象不仅仅包括异性穿戴的那些无生命的物品，而且还包括异性身体的某一部分，通过接触身体的某一部位获得性满足。

恋物癖患者以男性为多。他们对异性本身或异性的性器官没有兴趣，而把兴趣集中在女性的内衣、内裤、头巾、衣服、袜子、手套、鞋、发卡、项链等无生命的物品或异性的头发、手、足、臀部等部位来取代正常的性活动以激起性兴奋，获得性满足。

恋物癖者有时是从商店里买来异性用的物品，但更多的是偷窃女性晾晒在外边的衣物。他们与一般偷盗者不同的是，并不是为了实际使用这些物品，如日常穿用或送人等，而是用这些物品来满足自己的性需要。他们常常通过对这些物品的抚摸、玩弄、吸吮、撕咬等方式激起性兴奋，同时伴以手淫来获得性满足。

在识别恋物癖时，应当把一般人由于爱屋及乌，因热恋自己的恋人而喜欢对方的物品和身体的各个部分相区分开来。前者属病态心理，后者属正常的恋爱心理。

【青春小贴士】

同性恋，是指一个人在性爱、心理、情感上的兴趣的主要对象均为同性别的人，这样的兴趣并未从外显行为中表露出来。那些与同性产生爱情、性欲或恋慕的人称为同性恋者。

同性恋是否属于心理偏离或障碍，长久以来国内外对此有许多争论。2012 年 5 月 17 日，世界卫生组织驻美洲的办事处泛美卫生组织，就性取向治疗和尝试改变性取向的方法，发表一份措辞强烈的英文声明 *"Cures" for an Illness that Does Not Exist*（《为一种不存在的疾病"治疗"》）。声明强调，同性恋是人类性取向中的一种正常类别，而且对当事人和与其亲近的人都不会构成健康上的伤害，所以同性恋本身并不是一种疾病或不正常，并且无须接受治疗。2001 年 4 月 20 日，《中国精神障碍分类与诊断标准》第三版出版，在诊断标准中对同性恋的定义非常详细,同性恋的性活动并非一定是心理异常。近年来,瑞典、冰岛等国家和地区已在法律上认可同性婚姻。

2.异装癖

异装癖又称为异性装扮癖。异装癖是以穿着异性服装和戴异性饰品来激起性兴奋、获得性满足的一种变态心理。他们通常从镜子中观看自己穿着异性服装,并从自己性冲动的示意动作中获得满足。这种行为的结果往往是手淫。异装癖患者以男性为主。在现代日常生活中,出于个人兴趣,男性有时穿花衣服,女性穿男式服装,不能称为异装癖。因为他们的穿着喜好与性兴奋、性满足没有关系。

3.露阴癖

露阴癖是指在不适当的情况下通过裸露自己的生殖器或全部裸露自己的身体而引起异性紧张性情绪反应,从而使自己获得性满足的一种性心理障碍。

露阴癖与正常人的区别:第一,他们不是通过性活动的全部过程而获得性满足;第二,他们不是通过自己的性活动而获得性满足,而主要是通过引起异性的情绪反应,如紧张、恐惧或高兴等获得性满足。他们往往对异性没有拥抱或其他性侵犯行为。

露阴癖者也是男性为多。他们常常无固定地出现在公共汽车、商场、影剧院或校园等公共场所,寻找机会满足刺激。

4.窥阴癖(窥淫癖)

窥阴癖是指窥视异性的裸体和他人的性活动而获得性兴奋和性满足。

窥阴癖也多为男性。他们不是通过正常的性接触而达到性满足,而是只满足于窥看异性的身体或性活动。他们常常窥看女公寓、女厕所或女浴室。他们在窥看时产生性兴奋,同时往往在窥看后发生手淫以达到性高潮,得到性满足。青春期的男孩子出于性好奇,有时也有窥看异性身体或他人性活动的现象,这种情况不属于窥阴癖。

5.施虐癖与受虐癖

施虐癖是指通过折磨异性或配偶的肉体和精神,使对方痛楚和屈辱来满足性欲的一种心理异常。施虐癖这一词来源于法国作家马费斯·塞弟,因为他曾描写过自己通过造成别人的痛楚来满足性欲的经历。受虐癖是指一个只有被伤害或被羞辱才能获得性兴奋或性满足的心理异常。受虐癖一词来源于奥地利作家李波德·沙雪麦斯克。施虐癖常与受虐癖联系在一起,许多患者经常交替充当这两种角色。

施虐癖者的施虐行为有时造成对方轻微疼痛;有时只是调戏对方,对其身体并无太大伤害;有时则可导致严重伤害,使对方致残甚至死亡。他们的暴力方式常常有鞭打、脚踢、牙咬、手拧、针扎甚至用刀割,十分残忍。严重的施虐者会构成暴力犯罪。施虐癖大多是男性。

受虐者则要求对方用上述施虐者的行为来折磨自己。只有在这其中,才能感受到性兴奋和性满足。受虐者以女性为多。

6.易性癖

从心理上否定自己的生理性别和服饰,强烈希望转换成异性,即易性癖。易性癖男女两性都可发生,但男性居多。

易性癖者对自己生理上的性别不接受,总认为自己的性别有误,认为他们属于异性的一员,希望摆脱自己现在的身体。他们多数在童年3~5岁时就出现朦胧的否定自己生理性别的倾向,表现为在对服装、玩具、游戏的选择偏好上。男孩常常喜欢穿裙子、花衣服,玩洋娃娃;女孩则否认自己的女性结构,喜欢穿男装、玩男孩游戏。到青春期后,男性常以自己是女性自居,并希望别人以女性来对待自己。他们强烈要求做变性手术,否则会感到非常痛苦。女性易性癖者在青春期后对自己的第二性征发育和月经的出现严重反感和厌恶,出现强烈的变性愿望。无论是男性易性癖或女性易性癖,都有严重的性压抑心理,严重者可产生自杀心理倾向。

二、性心理偏离的预防及矫正

1.性心理偏离的预防

正确的性教育是预防性心理偏离最重要的社会措施。预防性心理偏离有两个关键时期:童年期和青春期。正确的性教育最为关键,而性教育必须从儿童开始。父母既不能对孩子的性发育进行放纵和诱惑,也不能对孩子进行性禁忌和性封闭;既不能让孩子接触色情事物,也不能使其对性产生恐惧和罪恶感或其他不良印象;要予以适当的引导和科学的解释。

步入青春期,首先要了解一些科学的性知识。了解性器官的卫生保健常识,养成良好的性卫生习惯;正确认识性生理的现象和变化,正确对待性冲动和性自慰,消除对性的神秘、恐惧、紧张和厌恶心理。其次,要多与同龄的异性正常交往,正确处理学习、恋爱和友谊的关系,增强与异性交往的能力。最后,要多参加健康有益的实践活动,划清正常的异性交往和性罪错的界限,增强大家在性问题上的守法观念,使过剩的能量以健康的方式释放。

(1)加强性心理教育。目前青少年性心理教育工作已逐步开展,但某些学校对其重视的力度依然不够,甚至出现"开放的性观念,落后的性教育"等不协调的现象。性是美丽纯洁的,对学生的性教育应该是一个美丽的过程。应该避免刻板的说教,并自然些、美丽些、柔性些,多用真情,多用熏陶。

查一查:

在本班调查统计:同学们获取性知识的途径有哪些?

(2)性指向偏离的预防。对于不能认同自己性别或不能与同性伙伴建立满意关系的儿童,要高度注意。对于有同性恋倾向的儿童,家庭要十分重视,及时处理,不可认为孩子幼小而掉以轻心。

(3)性偏好扭曲的预防。预防工作应从儿童期开始,创造合理的异性接触环境。父母、家长应注意检点自己的行为及教养方式;政府要清理整顿文化市场,比如网络、影视、报刊、广告等,避免不良文化的诱惑。对于儿童和青少年出现的早期性偏好障碍倾向,应在正面引导的基础上,鼓励其积极参加集体活动,建立正常的人际关系。

(4)性身份偏离的预防。一是建立恰当的母子关系。母婴接触过程中,既要避免接触过少,也要避免接触过分。尤其是男孩,应该为其创造"父子认同"的机会,避免母子间"共生"关系延续过长。对婴幼儿进行正确的性身份指定和符合其生物学性别的行为训练有较重要意义。二是使每个儿童都有健康合理的家庭生活,尽量避免某些亲子关系紊乱,有助于防止性身份偏离的发生。三是注意社会环境的正面影响。

想一想：

为什么说性心理偏离的预防重于矫治？

2.性心理偏离的矫治

如果发生了性心理偏离，通常的办法是：积极矫治，越早越好。常见的矫正性心理偏离的方法有心理疏导和厌恶治疗法等。

心理疏导主要使患者认识到自己的心理缺陷所在，认识到性心理偏离行为的荒谬可笑，用这种方式来达到性满足是幼稚和愚蠢的，认识到性心理偏离对自己、家庭和社会所造成的危害。

厌恶治疗法就是设法使患者的性心理偏离行为与一个令人厌恶的刺激建立联系。如在患者身上装上电击装置，然后给患者相应的刺激，当患者性兴奋诱发起来以后，就用电击的方法使其产生疼痛、麻木、痉挛；也可用针刺身体的方法产生疼痛，或者给患者催吐药进行催吐。让患者将疼痛、恶心呕吐等不良刺激与其性心理偏离行为联系起来，使患者对自己的性心理偏离行为产生厌恶。厌恶治疗必须在医生的指导下进行。

矫治性心理偏离的关键是患者要有接受治疗的强烈愿望，并且愿意紧密配合，才能取得良好的效果。因此，性心理偏离应当防患于未然。

另外，青少年应警惕性心理偏离人群的攻击或侵害，提高自我保护意识。例如，有的意外遭受性变态者的袭击，被迫进行同性之间的性行为；有的因为经济原因，成为某些人的性奴隶；有的性行为被拍照、录像，甚至还被威胁、恐吓。

【拓展训练】

（1）请将相应的性心理偏离行为填入下列空格中：

想改变自己性别的患者是＿＿＿＿＿，经常偷女人用过的内衣、内裤的患者是＿＿＿＿＿，反复向陌生女子暴露生殖器官的患者是＿＿＿＿＿，通过折磨异性或配偶的肉体和精神使对方痛楚和屈辱来满足性欲的是＿＿＿＿＿，不能克制地反复寻找机会去偷看女人裸体以及别人性交过程的是＿＿＿＿＿。

（2）请调查一下你身边出现过哪些不好的性心理偏离行为。如果出现过，请写出矫正治疗方案。

第六章　青春期的自我认知

　　从青春期起，人们就开始关注自己的身体、容貌、能力、性格以及家庭环境等。对自己的关注度急剧上升，开始在与他人的比较中进行自我观察。你是否也开始思考"到底我是怎样的一个人？""我又将成为怎样的一个人？"等问题。老子说过："知人者智，自知者明。"让我们一起走进"自我"这个奇妙的世界，了解自我、接纳自我、反思自我、完善自我、超越自我！让自己的青春更璀璨、更快乐！

　　敬畏生命，善待生命，拒绝自杀！每个人都经历过挫折和失败，要学会克服自卑，增强自信。青春期的情绪是多变的，要培养积极的情绪，从容应对挫折，做自己情绪的主人！记住：消极的人像月亮，初一十五不一样；积极的人像太阳，走到哪里哪里亮！

　　青年朋友们，你知道在英语中具有"我"的含义的词是什么吗？对，有"I"和"me"。它们有什么不同呢？虽然它们都表示"我"，但用作主语的"I"是行为的主体，如"我想什么""我要什么""我做什么"等。而作为宾语的"me"却是行为的客体，如"别人对我怎么看""给我什么""要我做什么"等。就像你在观察和评价身边的人和事的同时，也开始认识和评价自己。会站在镜子前打量自己长得怎样，还会把自己与电影、小说中的主人翁对比遐想。但你真正地认识自己吗？

第一节　青春期的自我意识

一、青春期自我意识发展的特点

(一)青春期自我意识的发展

1.关于自我

　　(1)自我的结构。自我主要有五个层面(图6-1)：①物质自我，即个体如何看待自己的身体的层面，是其他自我的载体。②心理自我，即个体如何看待自己心理世界的层面，是个体态度、信念、价值观念及人格特征的综合。③社会自我，即社会如何看待个体同时被个体意识到的层面，处于社会关系、社会身份和社会资格中的自我，是个体扮演的社会角色，是自我概念的核心。④理想自我，即个体期待自己是怎样的人，即在其理想中，"我"该是怎样的人。理想自我与现实自我的差距往往是个体行动的重要原因。⑤反思自我，是自我的反馈层面，是个体如何评价他人和社会对自己的看法。

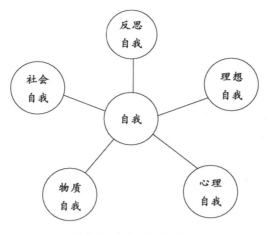

图 6-1　自我的五个层面

　　（2）自我概念的形成与发展。自我概念的形成与发展大致经历三个阶段（图 6-2）：①生理自我，是自我概念的原始形态。主要是个体对自己躯体的认知，包括年龄、性别、身高、体重、相貌、视力和健康情况等，甚至包括占有感、支配感、爱护感等；是个体认识自己的存在。生理自我始于出生八个月大左右，三岁左右基本成熟。②社会自

图 6-2　自我概念形成发展的三个阶段

我，大致从两三岁到十三四岁。这个时期社会自我处于自我的中心，人们能了解社会对自我的期待，并根据社会期待调整自己的行动。③心理自我，这段时间需要十年左右，从青春期到成年。发展到此阶段，能自觉调节自己的心理活动及其特征和状态，并根据社会需要和自身发展的要求调控自己的心理行为。

　　2.自我意识的两个飞跃期

　　青春期学生正处于自我意识飞跃发展的第二个时期。第一个飞跃期是在三四岁的时候。儿童在三四岁的时候语言能力、运动能力等各个方面的行动能力都比以前有了很好的发展，但是突然就不听话了。其实因为这时候的儿童是处于第一个自我意识的高涨期。第二个飞跃期就是青春期。进入青春期，在身体发展悄悄变化的同时，心理上也发生着一系列的变化，尤其是自我意识的凸现。人们有一种强烈的成人感和责任感，突然发现自己肩上背负着许许多多沉重的使命，包括来自社会、家庭和学校等；生理发育逐渐成熟，儿童模式被打破，但成人模式尚未建立，因此心理上出现不平衡，使得他们很难适应这种突如其来的变化；无法消除因成长而带来的烦恼，从而产生迷茫的心理。这一时期也是"危险期"。

（二）青春期自我意识发展的特点

1.独立性和自主性明显增强

这是青春期自我意识发展最显著的特点。第二性征的出现、青春期的到来，使得自我意识发生急剧的变化。开始强烈地关心自己的身体和容貌特征，关注别人对自己的评价。开始割断与父母亲之间的心理联结，形成所谓的"心理断乳期"。易陷入矛盾，如心理上的急于趋向独立和不成熟，导致还不能够凭借自己的认识水平完全自主。在经济上、心理上对父母有很大的依赖性，同时又由于与父母的价值倾向、生活环境不同，容易形成"代沟"。总觉得父母不能真正理解他们，想摆脱父母的控制，倾向于在同龄人中寻找朋友，作为精神上的寄托。

2.逻辑性和现实性增强

对自己的思想和理想的认识逐步向逻辑性和现实性发展。虽然这种认识还相当肤浅，但已开始初步形成自己独特的世界观，对很多社会现象有了自己的认识，对自己的未来和职业开始初步定位。当然，其主观性还相当强，自我认识也不具体、实际。

3.反省和自我评价能力增强

自我意识发展趋于成熟的时期是从少年到青年初期。随着年龄的增加，人们开始变得关心自己，对自我的评价和认识特别敏感，经常考虑自己的性格是什么样的，别人是否喜欢和接受，别人眼中的自己是个什么样的人，自己的兴趣和志向是否正确和有发展，将来自己会成为一个什么样的人，等等。这种对自己的个性品质、内心体验或内部世界自觉的认识和评价，有利于人们独立支配和调节自己的活动和行为。

青春期的自我评价能力迅速发展，逐渐向成人靠拢。开始透过现象看本质，开始全面地、历史地对事物进行评价，能逐步分清主次，能作出一分为二的评价，开始学会具体问题具体分析。开始变得谨慎、宽容和富有忍耐性。在生活和学习方面更有独立性和计划性。

4.发展过程充满了矛盾

（1）反抗与依赖。由于产生了一种强烈的成人感，进而产生了强烈的独立意识。他们对一切都不愿顺从，不愿听取父母、教师及其他成人的意见。在生活中，从穿衣戴帽到对人对事的看法，常处于一种与成人相抵触的情绪状态中。但是，在内心中并没有完全摆脱对父母的依赖，只是依赖的方式较之过去有所变化。童年时，对父母的依赖更多的是在情感和生活上，而青春期的依赖则表现为希望从父母处得到精神上的理解、支持和保护。反抗的目的有时是想通过这种途径向外人表明，他（她）已具有了独立人格；有时又是为了撑起个样子给自己看，以掩饰自己的软弱。实际上，在生活中的许多方面，他们还是需要成人帮助的，尤其是在遭受挫折的时候。

议一议：

如果出现了对老师或家长的逆反心理，我们应如何克服？

（2）闭锁与开放。进入青春期，人们会将自己内心封闭起来。心理生活丰富了，但表露于外的东西却少了；加之对外界的不信任和不满意，又增加了闭锁的程度。但与此同时，他们又感到非常孤独和寂寞，希望有人来关心和理解他们。他们不断地寻找朋友；一旦找到，就会推心置腹,毫不保留。在闭锁的同时,又表现出很明显的开放性。

(3)勇敢和怯懦。在某些情况下,似乎能表现出很强的勇敢精神。但这时的勇敢带有莽撞和冒失的成分,具有"初生牛犊不怕虎"的特点。这是因为,首先,他们在思想上很少受条条框框的限制和束缚,在主观意识中,不存在过多的顾虑,常能果断地采取某种行动;其次,由于他们在认识能力上的局限性,使其经常不能立刻辨析出某一危险情景。但在另外一些情况下,他们也常常表现得比较怯懦。例如,在公众场合,常羞羞答答,不够坦然和从容,未说话先脸红的情况在少男少女中都是常见的。这种行为上的局促与他们缺少生活经验以及这个年龄阶段所特有的心理状态分不开。

(4)高傲和自卑。由于尚不能确切地评价和认识自己的智力潜能和性格特征,很难对自己作出一个全面而恰当的评估,而是凭借一时的感觉对自己下结论。这样就导致他们对自己的把握不当。几次甚至一次偶然的成功,就可以使他们认为自己是一个非常优秀的人；几次偶然的失利,又会使他们认为自己无能透顶并极度自卑。这两种情况往往集于同一个人的身上。

他们认为自己的一切行为都应该与幼小儿童的表现区分开来。但在否定童年的同时又留有几分对自己童年的眷恋。他们留恋童年时那种无忧无虑的心态,留恋那种简单明了的行为方式及宣泄情绪的方法。尤其当他们在各种新的生活和学习中陷入困惑惶惑的时候,特别希望仍能像小时候一样得到父母的关照。

5.自我意识的不平衡性和不稳定性

自我意识的发展在高中阶段已接近成熟,但仍不完善,还有待于进一步发展,而且较高级的自我意识发展还很不平衡。例如自我批评能力发展水平的差异,多数青少年自我批评的精神正在发展,但是还不稳定,对自己的缺点缺乏坚决改正的决心,有言行脱节的现象。另外,其发展受生活中结交的人群、发生的事件、个人的情绪等因素的影响,呈现出一定的不稳定性。

二、认识自我,悦纳自我

(一)认识自我

1.敞开心扉,在自省中认识自己

(1)敞开心扉是认识自我的前提。首先要真正面对青春期的心理变化,如产生成人感、独立感增强、产生认识自己的需要、情绪的"闭锁性"……这一切都是正常的,每个人都会经历,只不过每个个体的反应不一样。其次,认识自我的过程也绝非一帆风顺,这个过程有欢乐和微笑,也会有痛苦和泪水,会有来自自身的阻力和反复。

(2)自我反省是认识自我的关键。反省是认识自己的一种有效手段,让反思成为一种习惯。古人云:"吾日三省吾身——为人谋而不忠乎? 与朋友交而不信乎? 传不习乎?"意思是说:"我每天多次反省自己——替人家谋虑是否不够尽心? 和朋友交往是否不够诚信? 传授的学业是否不曾复习?"这提倡的就是一种对自己言行的反思。青春期应该是一个在自我反省、自我检讨中脱离旧我、认识新我的过程。

2.观人省己,在比较中认识自己

观人省己也就是"以人为镜",以人为镜即通过他人认识自己。个体对自我的认识,只有与他人比较,才会认识自己能力的高低、道德品质的好坏、所追求的目标是否恰当。只有在与他人比较的过程中,人们才能认清自己的长处及短处,才能取长补短,形成良好的自我评价。

以人为镜,首先要能够认识自己,做到自鉴、自省、自重、自励。以别人的优缺点为镜,以别人的得失成败原因为镜,从中汲取养料。一个善于学习的人,到处都可以找到学习的镜子。以别人对人对己的态度为镜,大可明白人性种种,自可明白"得失"。以善良人和好心人为镜,拾遗补缺,修正错误,趋向完美。

【小案例】

美国女医生马洛·摩根在其纪实文学作品《旷野的声音》第十六章中写道:每天晚上,澳大利亚真人部落人都围坐在篝火边时,每个人都特别注意观察坐在自己对面的人,认为对方所有的本事与优点自己肯定也可以有,只是这一能力或优点还没有发挥出来而已。此外,他们每天都要检查彼此身上的缺点,认为别人的缺点自己一定也会有,只是程度轻一些,或者还没有暴露出来而已。所以,真人部落的人每天都把别人的缺点当成自己的缺点来改,同时以自己的言谈举止为别人作出好的榜样。可以说,在当今世界上,这个部落便是地球人的榜样。

3.听言律己,在别人的评价中认识自己

通过分析他人对自己的评价来认识自己。个体的自我认识会受到他人的评价和态度的影响,并在此基础上反映他人的评价和态度。所以我们不是简单接受他人的评价,在他人评价以前,先分析评价者的特点及其评价,然后有选择地接受他人的评价,形成自己的观念。

一代伟人毛泽东说过:"有则改之,无则加勉。"这是在对待他人评价中应当保持的心态。可以根据别人对自己的态度和评价来认识自己,通过他人的评价可以为认识自己提供基础。如果自我评价与周围人的评价较相似,则表明一个人的自我认识能力较好,情绪上也容易趋于平稳;如果客观评价与自我评价相差较大,则表明一个人在自我认知上有偏差,需要调整。

(二)悦纳自我,珍爱生命

认识自己、分析自己,目的是接受自己、悦纳自己,而不是否定自己、分裂自己(分成好的"我"和坏的"我";好的"我"就接受,坏的"我"就不接受)。世上无完人,只要是人就有缺陷,但缺陷并不意味着丑陋和失败。古今中外,多少有缺陷的人一样创立了辉煌,腿残的孙膑写出了《孙子兵法》,失聪的贝多芬创作了《命运》……所以,要学会放弃要求自己十全十美的想法,全面悦纳自己。

悦纳自己,就要珍爱生命。生命是大自然的赋予,是父母爱的传递。人的生命只有一次,没有回程,要敬畏生命,珍爱生命!

1.青春期自杀现象不可忽视

调查显示,自杀已经成为我国15~34岁的青年人群的首位死因。我国每年有225万人自杀,其中25万人自杀死亡。西方心理学家的调查表明,自杀的倾向与行为多始于15岁,这以后增长的比率极快。美国的统计数字显示,在15~19岁青少年死亡的原因中,自杀是排在事故、癌症、其他疾病、他杀之后的第五位。

青少年自杀的具体原因很多,主要有学业压力、家庭矛盾、师生冲突、抑郁症、校园欺凌等。但不论具体情况如何,有一个根本的原因就是青春期需面对的困难和烦恼突然增多,得不到及时解决就会积累起来而导致心理崩溃,则想用自杀的方式来解脱。

自杀行为不仅造成了个人及其家庭的重大损失,同时也给社会带来了不良的影响。人的一生有很多东西要去面对,在这些自杀理由的背后隐藏的是青春期人们以自我为中心,心理素质差,心理承受能力差,经不起挫折,缺乏责任意识,缺乏对生命的尊重和敬畏。

2. 自杀行为有征兆,可逆转

自杀一般分为:自杀意念、自杀未遂和自杀死亡。青春期的自杀行为具有复杂性、突发性、冲动性和外显性的特点。

自杀行为的发生往往有一定的规律可循,有自杀意念者在采取行动前总是会或多或少地向外界透露出某些征兆。比如用口头、日记或图画表达自杀意念、谈论死亡或自杀;抑郁,失眠,食欲不振,情绪异常,焦虑,无故哭泣;举动异常,易激动,产生攻击行为;无故旷课、迟到早退,成绩下降,想退学;突然与朋友及家人隔绝来往,回避与人接触,与集体不融洽,过分注意别人;对生活麻木,但平时对人冷淡者可能一改常态;突然收拾东西,向关系密切的人道谢,无理由地送礼物、打电话、写信或是把自己的东西转送给别人,尤其是有意义的物品等。这些表现实质上是一种危险的信号,是企图自杀的征兆。

另外,企图自杀的人从心理危机到决定自杀往往要经过一段时期的内心冲突,也本能地通过各种方式直接或间接地流露出自杀意念,向外界发出信号。比如,觉得活得很痛苦,生不如死,声称想自杀;认为死对他人、家庭会更好;询问、谈及自杀的方法等。这种表露实质上是向外界的一种呼救。这种信号是否受到关注,这种呼救能否得到外界的重视和救助,会影响当事人是否会采取进一步的自杀行动。

企图自杀者会考虑到自己的行为将给亲人、朋友带来的痛苦,会顾虑到自杀的后果,因而会产生犹豫和矛盾的心情。如果在这一过程中能及时得到外界的关心和帮助,那么他们就会减轻或消除自杀意念。

3. 学会自助与求助,拒绝自杀行为

自杀是可以预防的,虽然自杀者往往隐藏其自杀企图。自杀行为往往是在外界环境、主体内部心理和直接诱发共同影响下所致。而从根本上说,是个体心理因素作用的结果。所以,要学会自助与求助,拒绝自杀行为。

自助即加强个体心理预防,培养良好的心理素质。对自杀行为具有决定性影响的因素,有个人的人生观、目标追求、心理承受能力、社会适应能力等。所以,要培养良好的自我意识,形成积极的心态,增强心理承受力;笑对挫折,加强对挫折的耐受力,做好面对挫折的心理准备,能有效地进行心理调适,用积极的自我防御机制去面对挫折;发展健康、积极的人格品质,矫正不良人格,减少人格障碍的发生;形成正确的人生观,确立适宜的目标、合理的自我评价;学会调节情绪的方法,提高自我控制能力,增加愉快的生活体验。

当自杀的念头闪现时,有效的自救方法有:

(1)尝试说服自己:生命是父母给的,你没有轻易放弃的权利;让时间来解决一切;生活中的难题虽然没有简单、快速的解决之道,人的情绪却可以改变;自杀是丑恶的行为,是胆小鬼,是没有勇气的懦夫逃避现实;自杀只会使那些真正爱你的人心碎、悲恸、生活从此改变;自己连死都不怕,那又有什么克服不了解决不了的糟糕事情呢!

(2)分析自杀行为的原因与后果,可用笔写下来。例如,自己是真的想死,还是只是想过不同的生活,活着才能尝试改变生活,才有希望;自杀不是唯一的解决问题的方法,有时现在看来无法改变的事,终将随着时间而变;自己采取的自杀行为无论成败会带来很大的伤害等。

(3)敞开心扉和朋友探讨一下;走出家门运动一下,发泄一下;反复跟唱一些励志的歌曲,如李克勤的《红日》;非常投入地完成一件自己很喜欢的工作等。

(4)当感觉自己无法控制时,向他人特别是专业人士求救。

想一想:

你身边的好友或同学出现过自杀的念头吗? 为什么?

【青春小贴士】

马斯洛的需求层次理论

马斯洛把需求按低层次到较高层次分成:生理需求、安全需求、社交需求、尊重需求和自我实现需求五类(图6-3)。①生理需求。这是人类维持自身生存的最基本要求,包括饥、渴、衣、住、性的方面的要求。如果这些需求得不到满足,人类的生存就成了问题。在这个意义上说,生理需求是推动人们行动的最强大的动力。②安全需求。这是人类要求保障自身安全、摆脱事业和丧失财产威胁、避免职业病的侵袭、接触严酷的监督等方面的需求。③社交需求。这一层次的需求包括两个方面的内容:一是友爱的需求,即人人都需要伙伴之间、同事之间的关系融洽或保持友谊和忠诚;人人都希望得到爱情,希望爱别人,也渴望接受别人的爱。二是归属的需求,即人都有一种归属于一个群体的感情,希望成为群体中的一员,并相互关心和照顾。④尊重需求。人人都希望自己有稳定的社会地位,要求个人的能力和成就得到社会的承认。⑤自我实现需求。这是最高层次的需求,它是指实现个人理想、抱负,发挥个人的能力到最大程度,完成与自己的能力相称的一切事情的需求。

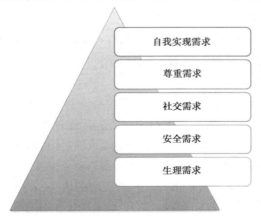

图 6-3 马斯洛的需求层次论

第二节　树立自信，合理调控情绪

一、克服自卑，树立自信

（一）自卑的成因

自卑是一种消极的自我评价或自我意识，自卑感是个体对自己能力和品质评价偏低的一种消极情感。自卑感的产生，往往并非认识上的不同，而是感觉上的差异。其根源就是人们不喜欢用现实的标准或尺度来衡量自己，而相信或假定自己应该达到某种标准或尺度，如"我应该如此这般""我应该像某人一样"等。自卑是人生成功之大敌，自卑是吞噬一个人自信心的强大恶魔。

自卑与生俱来，人人都有，只是表现的方式和程度不同而已。相对而言，自卑感在职校学生中较为普遍。这是因为，进入青春后期，人的自我意识发展得很快，职校学生开始独立地观察、分析社会，用自己的观点评价他人，也极其重视他人对自己的评价，非常关心"我"在别人心目中的形象，加上应试教育的失败和社会对职业教育的偏见，于是用挑剔的眼光寻求自己的不足，并常常将其夸大，于是形成自卑。另外，每个人都在自己心目中塑造了一个理想的、完美的自我形象，希望越大，发现理想与现实的差距越大，于是暗自滋生不满、失望和悲观，同时加上幼年时代留下的自卑情结，导致了愈加强烈的自卑。

另外，职校学生很多来自农村或弱势群体家庭，加上一个充满竞争的社会环境，自卑感往往就在类似比试优劣的场合中恣意产生。自卑感强的人往往有过某一特别严酷的经历，有过心理创伤，他们在性格上一般具有小心、内向、孤独、偏见、完美主义等特征。

（二）自信心是驱除自卑的灵丹妙药

1.积极自我暗示，相信自己能行

每天早上起床后、临睡前各默念几次："我是最好的，我是最棒的。"与人交往前，特别是遇到困难时要果断、反复地默念。这样，就会通过自我积极的暗示，鼓舞自己的斗志，增强精神力量，使自己逐步树立起自信心。

2.注意仪表，常带微笑

漂亮的仪表能够得到别人的夸奖和好评，提高人的精神风貌和自信心。所以，自卑的人特别要注意学会从头到脚扮靓自己，保持发型美观，衣着整洁、大方。当仪表得到别人夸奖时，自信心一定会油然而生。同时，要常带微笑，正如一首诗所说："微笑是疲倦者的休息，沮丧者的白天，悲伤者的阳光，大自然的最佳营养。"

3.挑最前面的位置坐，主动当众发言

有意识地练习坐在前面，能够引起别人的关注，拉近与台上领导、师长的心理距离，赢得他们的赏识，激发自信心，集中注意力。

在公众场合，沉默寡言的人都认为："我的意见可能没有价值，如果说出来，别人可能觉得很愚蠢，我最好什么也别说。而且，其他人可能都比我懂得多，我并不想让他们知道我是这么无知。"这些人常常会对自己许下渺茫的诺言："等下一次再发言。"可是他们很清楚自己是无法实现这个诺言的。每次的沉默寡言,都是中了一次缺乏信心的毒素,会愈来愈丧失自信。从积极的角度来看,如果尽量发言,就会增加信心。不论是参加什么性质的会议(或上什么课),每次都要主动发言。有许多原本木讷或口吃的人,都是通过练习当众讲话而变得自信起来的,如萧伯纳、田中角荣、德摩斯梯尼等。因此,当众发言是自信心的"维他命"。

4. 练习正视别人,提高自我胆识

一个人的眼神可以透露出许多有关他的信息。不敢正视别人是胆怯、心虚的表现。而大大方方地正视别人,等于告诉他人："我很诚实,而且光明正大;我非常尊重你,喜欢你。"因此,在学习和工作中经常提醒自己要面带微笑,正视别人,用温和的目光与别人打招呼,用点头表示问候,用聚精会神、专心致志地听讲表示对他人的理解与支持。

5. 挺起胸膛,让步履轻松稳健

心理学家告诉我们,步态的调整,可以改变心理状态。自信的人走起路来胸膛直挺,步子稳健轻松。将走路速度加快,就仿佛告诉整个世界："我要到一个重要的地方,去做很重要的事情。"步伐轻快敏捷,身姿昂首挺胸,会给人带来明朗的心境,会使自卑逃遁,自信滋生。

6. 要善于捕捉成功的心理体验

一个人之所以会缺乏自信心,是因为体验到了失败的感觉并扩大了这种感觉。因此要增强自信心,就要多创造机会让自己体验到成功的喜悦。首先要学会正确看待成功和失败,不要轻易放弃机会。要不怕失败,要勇于尝试。如果因为害怕失败而不敢去尝试做某件事,从表面上看确实没有失败,但实际上不敢去尝试也就失去了一次成功的机会。其次,要有意识地创造成功的体验。为此,不妨选一件自己比较有把握做好的事情,并下力气为这件事做好充分的准备,力求把它做好,从而使自己体验到成功的喜悦。一般来说,人一旦体验到成功的喜悦,其自信心就会大大增强。

7. 制作优点卡片

要改变自卑心理,还应学会积极地发现自己的优点,努力总结自己的优点并将它们写在卡片上。当心情不好的时候,随时拿出来阅读,做积极的自我暗示。久而久之,优点卡片越积越多,自己对事物的看法也会逐渐变得积极起来。

一般而言,智力是先天的,是遗传的,是较难改变的。我们能改变的是人的自信。自信是积极自我的核心,有了自信,主体的积极性才能表现、发挥、发展。根据多元智能理论,每个人都有自己的优势或特长(图6-4)。苏联一位科学家说："人最可悲的是,当他走向坟墓都不知道自己有什么才能。"

图6-4 多元智能比萨饼

做一做：

为克服自卑、增强自信,在平常学习和生活中你计划采取哪些具体行动?

二、合理调控情绪,从容应对挫折

(一)做自己情绪的主人

1.换个角度看情绪

在日常生活和学习中,无论做什么事都带有情感色彩:当技能竞赛获奖时,会感到喜悦;失去珍贵的东西时,会感到惋惜;如果愿望一再受阻而达不到时,则会失望甚至愤怒;进入一个陌生的环境时,会感到局促不安甚或产生恐惧等。这些喜悦、悲哀、愤怒、恐惧等情绪活动,都会引起身体一系列的生理变化。

情绪是内心感受经由身体表现出来的状态。步入青春期就进入了人生的第二反抗期,这一期间情绪的强烈和不稳定,是处在青春发育期的少男少女普遍存在的现象。可能刚才还兴高采烈呢,一会儿就晴转多云,甚至电闪雷鸣、暴雨倾盆。这并不是故意的,也不是有病或者犯神经,而是青春期的心理特点之一。

2.情绪真正来源于内心

或许会认为情绪总是为某一些人、事、物的出现而产生,但实际上情绪的真正来源是本人内心,外来的事物只不过是诱因。处在青春期的青少年,面临着很多压力和挑战,特别是性方面的发育和成熟,积蓄了大量的能量,容易过度兴奋;学习上的任务很重,不得不面对激烈的竞争,心理压力普遍比较大;随着年龄的增长,他们渴望对外部社会有更多的了解,人际交往也逐渐增多,各种各样的信息纷至沓来,这就使他们要处理的问题越来越多,越来越复杂了。这些压力常常交织在一起,矛盾此起彼伏,生活也不再像幼儿园、小学时那样单纯容易了。同时他们的大脑的神经机制并没有发育健全,调节能力还比较差,因此面对各种压力和刺激,便很容易产生心理不平衡。青少年又不像成年人那样善于控制或掩饰自己,常常喜怒皆形于色,便显得情绪忽高忽低、特别不稳定了。

3.调节自己的情绪

情绪是心理活动的核心,对身心健康有重大的影响。情绪的波动会给生活带来一定影响,比如影响与他人的关系、分散学习注意力,长期的恶劣情绪还会使人生病。因此要学会自觉地调节和控制情绪,培养积极情绪,远离消极情绪,喜怒有常,喜怒有度,学做情绪的主人!

(1)培养乐观的生活态度。无论遇到什么困难和挫折,都要以乐观、积极的态度去面对,相信问题总会有办法解决的,勇敢地面对现实,努力进取,永不失望,对前途充满信心和希望。

(2)学会情绪管理。情绪的管理不是要去除或压制情绪,而是在觉察情绪后,调整情绪的表达方式,通过一定的策略和机制,使情绪在生理活动、主观体验、表情行为等方面发生一定的变化,从而学会以适当的方式在适当的情境表达适当的情绪。可适当地发泄积存在心中的不良情绪,比如,可以向知己倾诉自己的苦恼和忧伤等。这样做,有助于消除心中的烦恼、压抑,从而达到心平气和。

（3）保持适当的紧张和热情。紧张是一种情绪,它能维持和提高学习、工作效率。如考试时产生的紧张情绪,能使大脑功能达到最高效率状态。平时上课或做某件事,也需要保持适当的紧张。张弛调节适度,就会使生活更有节奏和情趣。

（4）改变不合理认知,理智控制情绪。帮助个体形成良好的情绪体验,应该从改变认知、形成对事件的合理认识入手。青少年的种种要求和愿望,都应符合社会道德和规范,符合自己的客观实际。否则就要用理智打消这种念头,不能苛求社会、家庭与他人满足自己的一切愿望。

写一写:
请写一篇微博或微信,描述自己的情绪。

（二）抑郁症的识别与应对

1.什么是抑郁症

抑郁症是一种常见的心境障碍,临床以显著持久的心境低落、精力下降且活动减少为主要特征。近年来,抑郁症这种心理疾病已被越来越多的人了解和关注。抑郁症的发病率也出现低龄化趋势,一些年仅十几岁的青少年就已被笼罩在抑郁的阴云之下。不是所有的抑郁情绪都是抑郁症,偶尔出现情绪低落是正常的。

2.抑郁症的成因

抑郁症具有生物学基础,不仅仅是心理问题。抑郁症的病因非常复杂,一般认为是生物、心理与社会环境等多方面因素交互影响而产生。生物学因素包括遗传、神经特点、神经生化机制等方面;心理因素包括个体的易感性格特征、气质特征和思维模式等,如抑郁气质、长期负性思维模式等;社会环境因素包括个体成长环境,遭遇应激性的生活事件等。以上这些因素并不是单独起作用的,遗传、个性和环境因素的出现时点及彼此间的交互作用对抑郁症发生过程具有重要的影响。

3.抑郁症的主要表现

（1）情绪变化。主要表现为情绪低落、愁眉苦脸,对很多事情都失去兴趣,常常感到绝望、自责或者自暴自弃,容易因为一点小事就悲伤、哭泣等,有时可能会越来越内向,表现出孤独和退缩,而有时可能会表现为心境易激惹（很容易生气或者心情变差）。

（2）行为表现变化。行动和反应变得迟缓,有时可能看起来越来越"懒",什么事情都不想做,注意力变得不集中,思维变慢,常常犹豫不决。有的青少年会出现尝试自伤或者自杀、成绩下降、逃学厌学、离家出走、不听话、容易与同伴发生冲突等叛逆或者违纪行为,这些行为背后可能有抑郁的原因。

（3）身体状况变化。可能的表现有睡眠问题（失眠、早醒或者嗜睡）、食欲变化（没胃口或者吃得过多）、体重明显变化（减轻或者增加）、常常感觉到疲劳和精力不足,有的青少年会常常跟父母抱怨头疼、头晕或者胃疼等,但是去医院检查又没有生理上的病症,此时就要考虑抑郁的可能。

当然,以上这些信号仅仅作为参考,且需要持续时间达到一定标准,如果有所怀疑,还是需要去寻找专业医生进行诊断。

写一写：

请写一篇日志，或发一微博，或发一微信朋友圈，描述自己的情绪。

4.如何预防抑郁症的出现

（1）及时合理疏导压力。面对学习和生活中的挫折和压力，我们要能采用适当的方式及时疏导，例如和亲人朋友沟通倾诉、做自己感兴趣的事情、从事一些休闲活动等，平时存在压力之后没有及时释放，可能就会导致抑郁症的出现。

（2）保持健康的生活习惯。毫无规律的生活节奏和不良生活习惯也会导致抑郁症的产生和加重。作为青少年，我们应形成健康良好的生活习惯，其中对抑郁症预防最有效的两个习惯，一是多运动，适当的运动能促进体内多巴胺的分泌，通常可以愉悦身心，让身体保持健康状态，这样也对抑郁症的预防有帮助；二是保证充足睡眠，充足的睡眠对抑郁症的预防有利，长时间睡眠不足可能会导致精神状态不佳，很容易产生持续不良情绪，引发抑郁症。

（3）培养乐观豁达的心态。许多时候影响我们情绪的不是事情本身，而是我们对事件的看法，一味钻牛角尖，盯着所有的负面信息，忽略正面信息，就会让思维方式进入恶性循环，因此面对生活中的一些不如意和挫折，我们需要及时提醒自己，尝试看到事情好的一面，及时自我疏导，以乐观豁达的态度来面对，这对于避免抑郁症的产生非常有帮助。

【青春小贴士】
青春期学生促进心理健康的方法
自立自强，主动交往，乐观自信，不忘初心，坚持梦想，劳逸结合，经常运动。

（4）切勿对号入座，寻求专业帮助。一些青少年对抑郁症知识一知半解，在网络上看到一些相关症状信息就对号入座，当心情不佳时就怀疑自己也患有抑郁症。事实上抑郁情绪不等于抑郁症，每个人都会有抑郁情绪，而抑郁症是症状达到了一系列诊断标准，需要经过精神科医生专业的评估才能确诊的一种精神疾病。如果感到自己症状非常明显，主观感觉非常痛苦，建议去正规机构寻求专业诊断。如果确诊，也应遵医嘱接受正规治疗。同时由于抑郁症的形成是一个长期的过程，因此治疗也不会一天两天就能有效果，需要长期坚持，面对抑郁症也要有信心，青少年的抑郁症只要能够坚持治疗，完全能够痊愈。

想一想：

如果你同学或朋友有轻度抑郁症，该如何进行帮助？

第七章　青春期的人际交往

随着自我意识和独立生活能力的增强,青春期男女生开始冲出家庭人际交往的范围。友情是青春期最美的花朵,没有友情,青春是残缺的;没有友情,人生是残缺的。友情能促使我们成长,帮助我们独立。有朋友时,开心快乐;没有朋友时,苦恼孤独;失去朋友时,伤心痛苦。

异性交往是人类生活中不可或缺的重要组成部分,而且贯穿人生的每一阶段。正常的异性交往有利于青春期学生个性的发展,增进对异性的了解,丰富自己的情感体验,扩大社会交往的范围,为美好人生做好恋爱前、结婚前的准备。

爱情,不是人生的陷阱,不是伊甸园里的禁果,而是人类最绚丽的青春花朵,人生最甜美的生命琼浆。要坦然对待伴随着青春花季而来的爱情。沐浴青春阳光,阅读社会课堂,领悟爱情内涵,了解婚姻实质,如何在茫茫人海中获得真爱,是青春期的重要人生课题。

第一节　建立良好的人际关系

一、青春期的人际交往

职校学生即将走上工作岗位,在事业和工作中,在恋爱和婚姻方面,都需要男女两性的合作,必须尽早锻炼这种能力。学会共处是一个人人格与心灵成长、成熟的重要标志,跨入青春期的青少年更需要别人的理解、帮助和心理上的支持。人际交往靠的是人的综合素质与能力,在事业发展、团队合作、恋爱婚姻等方面,它是不可或缺的"软件"。

(一)青春期人际交往的特点

1.交往愿望迫切,渴望被群体认可和接纳

处于青春期的少男少女,人际交往范围扩大,交往内容日益丰富,交往能力也日益增强。在人际关系方面,一方面希望得到老师的理解与支持;另一方面,也是最重要、最关键的,是被同辈团体所接纳支持。这种接纳与支持,不仅是调剂情感、和谐身心的润滑剂,而且也是化解矛盾、加深交流、达成合作、提高学习效果的"催化剂"。所以,青春期的学生往往喜欢结伴而行,小团体意识较强,不希望被排斥在外,从众心理严重。

2.同伴关系更重要

处在青春期的学生,渐渐地从家庭中游离,更多地与同伴一起交流、活动,结交志趣相投的同学为知心朋友。他们无话不谈,形影不离,视友谊至高无上,甚至为朋友两肋插刀在所不惜。这是青春期的特点——向同龄人开放,向成年人封闭,特别希望通过交往获得同伴的尊重和信任。在这个阶段,由于情感焦点从家庭转向朋友,如果人际关系紧张,就可能有孤独、寂寞的心理体验。

3.处于异性敏感期,渴望能与异性交往

随着性心理的发展,开始注意自己的形象,特别在意异性同学对自己的评价。也尝试与异性交往,与异性的关系也大大发展,但在交往过程中心理变得很复杂。

4.交往方式多样化

网络这个由手机、平板电脑等终端连成的世界成为学生生活不可缺少的部分,网络人际关系成为青春期人际交往的一个重要方面。

想一想:

你有知心朋友吗? 你们能做到无话不谈、形影不离吗?

【青春小贴士】

青春期社交恐惧症及心理诱因

社交恐惧症,又名社交焦虑症,是一种对任何社交或公开场合感到强烈恐惧或忧虑的精神疾病。社交恐惧症多发生在那些自尊心很强、性格内向、遇事犹豫、缺乏主见的青少年身上。克服它最重要的是增强自信心。只要是正当的社交行为,就不怕闲言杂语,只管大胆前行。诱发社交恐惧症的不健康心理主要有:

(1)自私心理。自我中心意识较强,注重自己的情感,高兴时高谈阔论,委屈时诉说烦恼,不注意他人的感受,也不倾听他人的意见,易形成别人不愿与其交往的尴尬局面。

(2)嫉妒心理。往往表现为不能容忍别人的进步和成功,害怕别人强于自己,但自己又不愿作艰苦的努力。常常讽刺挖苦、诽谤攻击他人,以求通过别人的失误甚至伤害别人来达到自己的目的。嫉妒心理在人际关系中是非常有害的腐蚀剂,是损己害人的心理。

(3)猜疑心理。过分敏感,在与人交往中过分留意别人的脸色和言行。猜疑成癖,捕风捉影,往往节外生枝,自寻烦恼,制造隔阂。

(4)自卑心理。习惯于拿自己的短处和别人的长处比,过低地评价自己,常有"我不行""我不如他们"等消极暗示。对自己信心不足,盲目地依赖别人、取悦别人,在交往中总是表现为羞怯、忧伤、退缩。

(5)自满心理。骄傲自大、自以为是,看不起其他人,喜欢对他人吹毛求疵、品头论足。常常看不到自己的不足之处,听不进别人善意的劝告。表现为抱残守缺,不愿延伸自己认识的触角、拓展思维领域,自满心理促使其在自我封闭的狭小空间里逞能。

(6)冷漠心理。不尊重别人的人格,对同学缺乏热情、关心和帮助,言辞尖刻、态度孤傲、表情冷峻,一副事不关己高高挂起的态度。在与人的交往中,总是给人以拒绝和不可接近的感觉。

(7)胆怯心理。因缺乏社交能力而苦恼,总感觉别人在注视自己,时常过度紧张。见到陌生人脸红、心慌、紧张,不愿说话,不敢说话,眼睛不敢看人。与其交谈时常出现面红心悸、手抖出汗、言语支吾、手脚拘束,与人交往中往往采取回避、退缩等消极行为。胆怯心理容易形成自我孤立、自我封闭的状态。

(二)人际交往的法则

1.言语在人际交往中的运用

言语是人际交往的主要形式,男孩女孩要学会轻松、自然地交谈,主要是:耐心倾听别人说话,善于自我表达。

(1)交谈时态度要诚恳、适度。态度过于恭维,会给人以虚情假意之感;过于傲慢,会使人难以接近,容易伤害感情。交谈要真诚坦率,使气氛和谐一致,增加双方的心理相容度。

(2)交谈时要保持适当距离,但要看着对方的眼睛,与对方保持适当的目光接触,不要刻意避开。这是对人尊重的表现。

(3)谈话要措辞文雅、态度自然,使用的言词富于感情色彩、显示善意;不要太早对对方的话下结论,更应避免不文明的语言;用点头、微笑或简短的词句等,向对方表示你在认真地听,并鼓励对方继续说下去。

(4)交谈时注意听说结合。交谈时不要轻易打断别人的谈话,应等别人说完后再提问或表达自己的意见。交谈时不宜自己滔滔不绝地说个没完,要给对方说话的机会。如果几个人一起谈话,不要把注意力只放在个别人身上,而应兼顾其他人。交谈时不要心不在焉或东张西望,更不要随便改变话题等。

【青春小贴士】

交谈中的四点忌讳

①不去倾听对方的讲话;②从头到尾只谈自己的事情;③在对方说话时,打断并插入自己的意见;④如果对方反应慢,就在他说到一件事时毫不客气地打断。

2.人际交往的原则

(1)真诚。这是处理好人际关系的首要原则。具体表现为:真诚地表现自己,只要相信自己的观点是正确的,只要认为自己的态度、兴趣或情感是"真实自我"的反应,就要自然地表现出来。不要玩深沉、逢场作戏或让人琢磨不定、过分压抑等,真诚地对待别人。每个人都有自己的长处与不足,对他人、对朋友要热诚地赞许和善意地批评,恰当地评价。赞扬的话语要真实、确切、具体,并出自内心;批评要注意方式恰当。总之,要在善良的动机下真诚地评价别人,关心别人,理解别人,帮助别人。

(2)尊重。在人际交往中,只有先尊重自己、对自己负责的人才可能尊重别人,并受到别人的尊重。首先要尊重自己,尊重自己做人的权利和独立人格,尊重自己公开表明的做人原则,在自己的人生信念、追求和行动之间不存在背叛。其次要善于尊重别人,尊重别人的权利、名誉和利益,尊重别人的生活方式、习惯,尊重别人的个性特点,尤其是要注意不侵犯别人的心理空间等。在交往中,既要悦纳自己,又要悦纳他人;既要表现出对对方应有的尊重,又不能卑躬屈膝。

(3)平等互惠。人际交往的实质和建立人际交往的基础是人与人之间的相互需要。正所谓"礼尚往来,来而不往非礼也"。在人际交往中,凡是愿意为别人提供方便,给予别人帮助的人总是比较受欢迎的。但是人际交往从来都是双向而不是单向的。人际交往关系在平等互惠的基础上才会得以巩固和发展。

（4）宽容。宽容是一种在人际交往中以容忍和谦让对待人与人之间的差异、误会、分歧，处理或应付他人对自己感情的伤害、利益的侵犯和某种无理行为的态度。

（5）换位思考。设身处地站在别人的角度，从别人的心理需要来考虑问题，通情达理地理解或原谅别人的行为和态度，"己所不欲，勿施于人"。比如，你不希望别人在背后议论你，那你就先不要在背后说别人的坏话，也不要轻易相信他人在背后传播的谣言。人际交往中心理上的互动过程，"将心比心""以心换心"是建立亲密、融洽的人际关系的重要原则。

（6）伙伴团体是成长的平台。青春期是人生发展的一个特殊时期，青少年性心理的需求主要表现在异性之间的相互吸引，通过异性之间释放心理能量，达到性心理的成熟。校内外集体活动提供了交往机会，因此，伙伴团体是青少年成长的平台。

（三）建立良好的师生关系

教师不仅是"传道、授业、解惑"者，而且更主要的是学生走向社会、融入生活的向导者。人的一生中，至少有 15 年是在校园内度过的，良好师生关系是学业成功、个人成长的关键。

1.良好师生关系的特征

坦诚，彼此诚实不欺诈；关心，彼此都知道自己受到对方的重视；独立，一方不依赖另一方；个性，一方允许另一方发展其独特的个性与创造力；双赢，一方需求的满足不以另一方需求的牺牲为代价。

2.良好师生关系的建立

（1）平等交往。奥地利著名教育学家布贝尔说过："具有教育效果的不是教育的意图，而是师生间的相互接触。"和谐的师生关系建立在平等之上，这就要求相互理解、相互尊重、相互宽容。

（2）理解学校、教师的疏导教育。俗话说："不以规矩，不成方圆。"每个学校、课堂都会有严明的纪律，规定学生什么该做，什么不该做，该怎么做，职校学生更要从自己未来职业发展需求的角度去看待学校、教师的教育行为，这样就会把学校、教师的要求变成自己的自觉行动，师生之间的矛盾、隔阂也必将减少。

（3）理性对待老师的不足与错误。老师也是普普通通的人，有自己的喜怒哀乐，有自己的优点和缺点。正像有各种不同的学生一样，也有各种不同的老师。他们教学经验有多寡，教学水平有高低，表达能力有强弱，讲课风格也各有千秋。对教学水平令我们不满意的老师，不要埋怨和反感。学生要求老师不断提高教学水平是应该的，合理的。哪一位老师又不想提高自己的教学水平呢？但是，教学水平的提高有一个过程，由各种因素决定，不能一蹴而就。"教学相长"，学生也有责任帮助老师，要以尊敬的态度提出自己的意见和建议，帮助老师逐步提高教学质量。对老师的过失，要及时并婉转地指出（对朋友、同学也是这样）。

（4）敞开心扉多与教师交往。学生想要更快更好地发展，需要教师的指导和帮助。所以，应向教师开放锁闭的内心世界，积极主动地与教师多交往。多与教师沟通，多与教师一起参加各种体育活动及社会实践活动等。对自己的错误要勇于承认，及时改正，不能心服口不服。也不能受过教师一次批评心里就特别怕那位教师，或对那位教师有成见，从而使师生关系变僵。

(5)做个好学徒,学好技能。学徒就是从师受业的人。古代的理发、裁缝、厨师等各种手艺,无一不是从学徒开始。因为拜师学艺,学徒制都是靠教师对学生一对一的指导,每天耳提面命,切身受教。当今职业教育中的师生关系与过去的学徒制有一定区别,学徒制被赋予新的内涵,所以做个好学徒仍是融洽师生关系,顺利走向现代职场的重要途径。

二、获得诚挚的友情

(一)什么是友情

友情,是指人与人交往中,认识一致、目标相同、兴趣相投、互相尊重、互相帮助,并在此基础上产生的情感共鸣,同时伴有亲密、信任、愉快的心理体验。友情是朋友之间互相欣赏、喜欢,无论多少同性或异性在一起都觉得愉快,不具有排他性。彼此是坦然的、开放的,无地位、年龄和性别的限制,无太多的责任,更无天长地久的誓言。友情人人都需要,然而人们获得真正的友情并不容易。它需要认真分析和了解一个人,判断出此人是否可以成为朋友。

志同道合是择友的重要标准。志同道合既指有共同理想和追求,又指有相同的健康向上的爱好和兴趣。共同的理想,激起人生的共鸣;一致的追求,奏出心灵和谐的乐章;相同的兴趣爱好,引发更多的青春火花。没有共同的语言,话不投机半句多,不可能成为知己。

【拓展训练】

我的朋友圈

1.将自己的姓名写在第一个圈内。
2.将自己最亲密的朋友写在第二个圈内。
3.将自己的好朋友写在第三个圈内。
4.将自己一般的朋友写在第四个圈内。

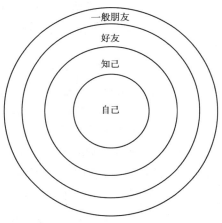

(二)交友的法则

1.交友要慎重

人们通过交往,满足各种心理需要,解决心理矛盾,缓和人际冲突,从而有利于个性的和谐发展。交友是人际交往的一种重要形式,也是社会化的一条重要途径。培根说过:“缺乏真正的朋友是最纯粹最可怜的孤独;没有友谊则斯世不过是一片荒野。”但是,朋友的种类形形色色,不胜枚举(图7-1)。有的朋友一生蒙受其益,也有的反受其累。

一般来说,遇事能开诚布公、坦诚以对、患难与共的才是真正的朋友。可选择那些品性好、上进心强的同龄人做朋友;也可根据自己的个性特点,选择性格与自己相对的做朋友。在阅历浅、社会经验不足的阶段,也要适当选择自己的父母、老师或自己熟悉、了解的年龄比自己大的人做朋友。交友的前提是安全、志趣相投,安全最重要的,所以在与人(特别是不太熟悉的人)交往时要提高自身的保护意识,防止上当受骗。

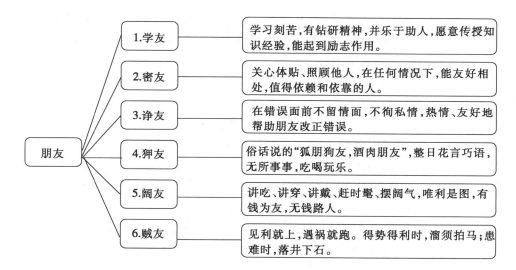

图 7-1　朋友的主要种类

友情是珍贵的,友情的力量是无穷的。真正的友情需要心理共鸣、理智介入。友情有很多种。现实生活中,下列前三种类型的朋友才是人生中应选择的朋友。

2.交友要有原则

每个人都是独立的、有理性的主体,都有自己的尊严。因此在交往中,不管种族、性别、条件、地位如何,都是平等的主体,并没有尊卑优劣之分。平等交往是正常交往产生和发展的出发点和基本要求。成熟、健康的人际交往心理态度应该是"我好——你也好""我行——你也行"。

(1)真诚地关心同伴。朋友的关心可让人产生温暖感、安全感,会让人自信而快乐。关心别人容易形成友好、亲密的关系。真诚地关心同伴,就是当同伴有求于自己时,只要是正当的,就应尽己所能满足对方的要求;当看到别人有困难时,要主动去帮助、关心和体贴。真诚地关心同伴就是尽可能避免给同伴出难题。

(2)宽容地对待同伴。理解人,但不强求人人理解我。宽容是现代人应当具有的性格特征,它表现为一个人对别人宽厚、有气量,不计小隙,能宽容异见。生活中充满了矛盾,同伴之间难免有被人误解、被人嫉妒和被人背后议论之类疙疙瘩瘩的事情发生。在交往中,应多从对方的角度考虑问题,多体谅和宽容他人,朋友之间求大同存小异。

(3)诚恳地对待同伴。每个人都希望得到别人赞扬。与人相处融洽首先要学会欣赏对方,每个人都有闪光点,关键是要善于发现。世上没有十全十美的人,不能根据自己的兴趣和爱好对他人过于苛求,要诚心地赞扬别人。

(4)主动与同伴交往。人际关系是在"互动"中发生联系和变化的。人际关系要密切,彼此的交往是其前提。交往水平越高,人际关系就越容易密切;反之亦然。因此,在紧张的学习生活之余,不妨主动地找同伴谈心,讨论某些问题,交换一些意见,互相传递信息,这都可以加深对对方的了解和信任。在交往中,难免产生摩擦和小矛盾,因而,在问题发生后应主动承认错误,这样也会感化对方认识到自己的不足,恢复原有的交往。特别指出的是,主动承认错误不但不会降低自尊,反而能增加自尊,并受到对方的敬佩。

(5)学会拒绝。在与朋友交往时,要学会拒绝。当违背了做人的准则、价值观,不符合自己的兴趣爱好,或有损人格时,要明确立场;对可能陷入的复杂的关系、庸俗的交易千万不要介入;违法犯罪的行为坚决不要参与。

【青春小贴士】

不伤和气的拒绝方法

(1)谢绝法。"对不起,谢谢,这样做可能不合适。"

(2)婉拒法。"哦,我还没想好,考虑一下再说吧。"

(3)不卑不亢法。"哦,我明白了。可是你最好问问对这件事情更感兴趣的人吧。"

(4)幽默法。"啊!对不起。今天我还有事,只好当逃兵了。"

(5)无言法。利用摆手、摇头、耸肩、皱眉、转身等身体语言表示拒绝。

(6)缓冲法。"喔。我再和朋友商量一下,你也再想想。过几天决定好吗?"

(7)回避法。"咱们今天先不谈这个,还是说说你关心的另一件事吧。"

(8)严词拒绝法。"这可不行!我已经想好了,你不用再费口舌了。"

(9)补偿法。"真对不起,这件事我实在爱莫能助了。"

(10)借力法。"你问问他,他可以证明,我从来干不了这事。"

(11)自护法。"你为我想想,我怎么能去做没有把握的事?"

3.交友要有技巧

(1)学习微笑技能。密歇根大学心理系教授詹姆斯说过:"常露笑容的人,比没有笑容的人在经营、买卖、教育等方面更有效果和成就。"交往也是如此,笑容是善意的象征,它可以使自己和对方明朗活跃起来,对对方产生很大的吸引力。否则,脸色忧郁、刻板、阴沉,别人自然会退避三舍,不愿与你交谈,更不会与你交往。因而,在交往中要面带微笑,态度和蔼,语气温和。

(2)学习倾听,掌握交谈技巧。善于交谈是增进人际交往的一个很重要的手段,交往常常从交谈开始。不善交谈的人,往往会感到难以与人交往,难以发展真诚的友谊。

(3)学习赞美技能。每个人都希望得到别人的认同和赞美,从而证明自身存在的价值。因此,在交往中,对别人的长处和优势、别人的关心和帮助要由衷地感谢和赞美。这样就能激发对方交往的热情。当然,赞美要真诚,不能虚伪。赞扬能够释放一个人身上的能量,调动人的积极性。

(4)优化个性品质,增强人际魅力。人与人交往,是一个人个性的展现、修养的亮相。要获得好的人际关系,就必须从培养良好的个性品质、改变不良个性行为着手。研究表明,一个人的个性品质往往直接影响他的交往质量。增强自知的魅力,需要合理利用自己已有的条件。利用自身已有的条件,全面发挥自己的特长,充分发扬自己各方面的优点,这样才能得到他人的喜欢。一个人虽然不能改变自己的生理和自然素质,但却可以在实践中提高修养、丰富知识、增强能力。因此,人不能老是为那些自己不能改变的因素而忧虑、悲伤,而应去努力改变那些自己可以改变的,创造那些自己可以创造的。事实证明,在人际交往中,后天培养的内在魅力,比天赋美貌的魅力作用更具持久性。

测一测：

人际交往自测

题号	自测题	A.是	B.有时是	C.从未
1	你是否经常觉得词不达意？			
2	他人是否经常曲解你的意见？			
3	当别人不明白你的言行时，你是否有强烈的挫折感？			
4	当别人不明白你的言行时，你是否不再加以解释？			
5	你是否经常避免社交场合？			
6	在社交场合，你是否不愿意与别人交谈？			
7	你是否在绝大部分时间里都喜欢一个人独处？			
8	你是否觉得难以让别人理解自己？			
9	你是否觉得在众人面前大声说话是一件很困难的事情？			
10	别人是否经常用"古怪""孤僻"等词语来形容你？			
11	你是否在人群中尽量保持不出声？			

积分与判断标准：

答 A 得 3 分，答 B 得 2 分，答 C 得 1 分，将各题得分相加计算总分。

30~38 分：你是一个不善于交往的人，应该想办法改善自己的交往能力。

19~29 分：你是一个善于交往的人。

12~18 分：你在交往方面过于积极，有时可能让人烦。

第二节　保持平常心与异性交往

【小案例】

你是否遇到下列现象：①学前教育专业的同学都是女生，平时很少接触男生，见到男生想交往，但又非常紧张胆怯。②模具、机床专业成堆的男孩，总感到生活单调，容易急躁、烦闷，想打架。③男孩打球，如果有女孩在旁观战，球员就特别起劲。④在航天事业中，有越来越多的女性参与。据报道：每次航天飞行中应该有一两名女性宇航员共同工作，这有利于"性别平衡"，发挥"异性效应"，提高工作效率，并有利于全体宇航员的身心健康。

一、异性交往准则

青春期异性交往是一个常谈的话题。职校学生已经进入心理断乳的关键期，心理上逐渐走向稳定和独立。他们很容易被自己喜欢的异性同学所吸引,希望得到与异性轻松相处和相互交流的机会,也非常需要得到异性的接纳和评价,这是一种正常的心理需求。平时校园学习生活是比较枯燥单调的,学习和考试的压力可能使人产生某些消极情绪。而与异性同学的共同活动和交往,是对学习生活的最好调剂,是医治各种精神创伤的良药,是校园中一道亮丽的风景线。

青春期青少年交友往往是凭直觉的、纯洁的。对这种友谊,老师和父母应当格外尊重和鼓励。与异性正常交往时,不要把异性视为特殊对象而感到神秘和敏感,形成一种人为的紧张和过分激动的心态;也不必因对某个异性有好感,愿意与之交谈、接触,就认为爱上了对方,或认为对方对自己有情,错把友谊当爱情来追求。家长也不要把青春期的异性交往看成是"早恋",看成是一种"错误的要求"或"闹出乱子的坏事",并想方设法去"制止""拆散"。

（一）正确利用奇妙的"异性效应"

在人际关系中,异性接触会产生一种特殊的相互吸引力和激发力,并能从中体验到难以言传的感情追求,对人的活动和学习通常起积极的影响,即所谓"男女搭配,干活不累"。这种现象称为"异性效应"。

"异性效应"是一种普遍存在的心理现象,尤以青少年为甚。其表现是:有两性共同参加的活动,较之只有同性参加的活动,参加者一般会感到更愉快,干得也更起劲、更出色。这是因为当有异性参加活动时,异性间心理接近的需要得到了满足,因而会使人获得程度不同的愉悦感,并激发起内在的积极性和创造力。异性友谊是人类友谊中不可缺少的组成部分。

"异性效应"很奇妙,但"异性效应"也是"双刃剑"。利用好"异性效应",可以促成自身素质的全面提高:

（1）取长补短,丰富与完善个性。男女同学相互交往、相互吸引,往往易于发现对方的长处和自己的不足,以利于相互学习、取长补短,丰富完善自己的个性。

（2）提高学习与活动效率。男生在思维方法上偏重于抽象化,概括能力较强;女生在思维方法上多倾向于形象化,观察细致,富有想象力。男女生在一起可以相互启发,使思路更加宽阔、思维更加活跃,容易取得明显的效果。

（3）提高自我评价的能力。男女生在评价对方的同时,一定会注意规范自己、塑造自己、完善自己,从而在评价别人中学会评价自己,使自我评价的能力得到提高。

（4）激励自己奋发向上。由于"异性效应",青春期的男女学生都希望引起异性的关注,都希望能以自己的某些特点或特长受到异性的青睐。因此,男女生在交往时,既要无拘无束、坦诚相待、相互激励、共同提高,又要注意男女有别,适当把握异性同学之间交往的"度",这样才能使异性交往健康顺畅地进行。

【青春小贴士】
青春期少男少女的交往类型

（1）健康友谊型。男生女生交往基本上是以班级和集体活动中交往为主,表现为谈学习、谈工作、表扬、批评、互相帮助。在这种正常的交往中,自己不感到拘谨、羞怯,更没有向恋爱方向发展的倾向。这是一种值得提倡的异性交往类型。

（2）害怕羞怯型。在某些青少年中,有一种见识少、封建意识较重的观念,认为男女同学交往肯定无好事,因此害怕与异性交往;另一种是内心尽管渴望与异性接近,但表现为对异性疏远、回避,在异性面前羞怯;还有一种是自卑心理导致的,认为自己长相难看,或经济拮据,或不善言谈等,害怕异性瞧不起自己,不与异性交往。前两种属于暂时性交往障碍,随着年龄的增长、知识的增加,会有所改变;属于最后一种的同学应提高自信心,大胆与异性交往,改变自卑、胆怯的状态。

(3)"过早恋爱"型。少数青少年不能控制自己的情感,在与异性的交往中格调不高,以搞对象为目的;有的产生单相思的情况。这种类型与自己的年龄、身份不相符,会影响学习成绩;有的还会导致人际交往中的矛盾。

(4)追逐骚扰型。极个别男(女)同学,对长得漂亮的女(男)同学追求、骚扰,造成不良影响,而且此类型发展下去有可能导致违法犯罪。

谈一谈:
　　请描述一下,你与异性交往时有什么感受。

(二)异性交往应恪守的准则

符合行为规范、有分寸、有原则的异性交往就是正常的异性交往。既要反对"男女授受不亲"的封建思想,打破两性交往的神秘感;又要注意到男女有别的客观事实。男生女生必须清楚地意识到异性之间的交往不同于同性之间的交往。在两小无猜的幼年时代,可以毫无顾忌地和异性同伴手拉手一起跑、跳、游戏。但进入青春期后,随着性意识的觉醒,明显感觉到性别的差异,意识到社会文化传统和行为规范的力量,就绝不能像孩提时代那样同异性同学随随便便在一起了。所以,异性交往时应恪守一定的准则,比如应自然大方地进行交往、在交往中尊重对方、注意交往的广泛性、应在公共场合交往等,才能使异性之间的相处更加和谐、健康、正常地发展,并避免一些不必要的烦恼。

1.男孩应恪守的交往准则

(1)要理解女孩的生理和心理特征。男女有别,进入青春期后,女生不仅在体型外貌上与男生迥然不同,而且在心理上也与男生大相径庭。比如,女生在异性面前常出现羞涩感;女生比较文静、温柔;女生喜欢文学著作;喜欢与性格相近的同学聚一起;喜欢遐想,富有浪漫色彩和情趣;女生希望得到男性的尊重、理解和帮助。

(2)男孩要主动关心、帮助女孩。男生因为身体强壮刚健,应主动承担强度大的、繁重的劳动;发现女生体力不支,应主动帮助,切不可将此作为傲视女生的资本。

(3)要尊重保护女孩。男女生交往中,要讲究文明礼貌,切不可出言不逊、污言秽语、对女生动手动脚、打打闹闹,甚至勾肩搭背等;当女生受到别人欺侮或威胁时,应采取必要措施,挺身而出保护女生。

(4)要有符合道德规范的自制能力。由于性意识觉醒,男生容易对女生产生好感和爱慕,期待和寻求感情交流,甚至性冲动。因此,必须加强自身修养和意志力锻炼,用理智排除非分之想,控制、调节自己的不当行为,做一个具有君子风度、品德高尚的人。

2.女孩应恪守的交往准则

(1)要稳重大方,举止端庄。"端庄自爱,洁身如玉"是我国女性的传统美德。在与男生交往时,女生一定要懂得自尊自爱。待人接物要做到语言亲切、态度诚恳、文雅庄重。不可装腔作势、扭扭捏捏,也不可随便乱开玩笑、嬉笑打闹、你推我就,更不能搔首弄姿、卖弄风情。语言幽默风趣,但要掌握分寸,不可出口伤人、傲慢无礼。

(2)要避免过分的热情和亲近。对男生的态度要适宜,过分的亲近和热情容易引起男生的误会,也往往使女生失去自矜、自爱及自尊的防线。因此,与男生相处时,一定要善于把握自己的感情;特别是与男生单独相处时,更要庄重有礼、保持距离。

(3)要理智地谢绝异性的爱慕与追求。当男生主动向女生表白爱慕之情时,女生一定要冷静、妥善地加以处理。不要伤害对方的自尊心,同时也要保全自己在他心目中的美好形象。

(4)要勇敢反击异性的挑逗和侵害。自尊自爱是女性的高尚情操,也是女性自我保护的守护神。在同异性的交往过程中,一旦发现对方有非分之举,要勇敢反击,绝不可半推半就、堕入歧途。在平时也要提高警惕,例如不要随便与男性接触,不可让男性拥抱和亲吻自己;当与男性在一间房内时,不要锁门;一个人在家时,不要随便让男性入室。要学会一些有关自我防护的措施和方法。

3.把握异性交往的"最佳"距离

在与异性朋友交往中,最佳距离是 0.75～1.5 米。这个距离既能让对方感受到你的热情、友好,又能让对方安心、放松。在交往中每个人都有自己的空间,陌生人紧挨着你坐下,你就会感到不愉快甚至会下意识地挪动一下身体。这种"自我空间感"在女生身上体现得尤为强烈。如果你想与对方建立亲密关系而破坏这种距离去主动接近对方,往往给对方带来不快,甚至让对方生出警戒心和不安感。

一般来说,女生的"自我空间"要比男生大,内向者比外向者大,而且随心情的好坏而变化。因此,在与异性交往时保持最佳距离要注意对方的情绪变化,及时掌握最佳时机,打开友谊之门。有研究表明:通常两人相距 3.7 米以上被称为公众距离,这样的距离既不会"触犯"对方,又不会"刺痛"对方,但因看不到对方的表情而不能进行有效的交流,难以建立良好的个人关系;两人相距 0.15～0.45 米被称为亲密距离,可以说悄悄话。

4.用开放性交往击溃流言蜚语

青春期少男少女交往的最大障碍,就是那些不着边际的流言蜚语。增加异性交往的开放性,是击溃流言蜚语的有效办法。面对流言蜚语,如果你顾忌退缩,承受不住压力,不敢与异性同学交往,那交际范围一下子缩小一半,也失去了许多好朋友。在公共场合交往,尽量减少与异性单独相处的时间,一切行为坦坦荡荡,表明你们的友谊是正常的。

把握异性交往的分寸的确是一件不容易的事情,"火候"把握不好,就可能犯错误。虽然单独与异性交往或许会带来某些神秘性,会使关系更为密切,但也容易超越友谊的界限,让那些流言蜚语不幸言中。从这个角度讲,增加交往的开放性是很有必要的。当然,彻底击溃流言蜚语,就必须扩大自己的交际范围,不仅与异性朋友搞好关系,还要不断加深与同性朋友之间的关系。

议一议:

异性交往是不是兄弟姐妹加朋友?为什么?

（三）塑造异性交往中受欢迎的角色

青少年在与异性交往中,都渴望赢得对方的喜欢。青少年的主要任务是学习,如果过早恋爱,就会终日沉迷于二人世界,疏远了周围的人际交往,人际关系就会逐渐淡漠起来。因此,要积极拓展自己的人际交往,不要把自己的注意力集中在某个异性身上。

1.符合期望,塑造角色

社会是一个大舞台,每个人都是舞台上的演员。只要他(她)处在某个位置,就必须遵从社会对这个角色的要求。如果他(她)的言行举止不符合社会对这个角色的要求,社会就会排斥他(她)。根据传统观点,男性应该高大英俊、体魄强健、力量过人、举止潇洒、聪明睿智、学识渊博、能力超人、正派负责等;女性应该容貌美丽、活泼开朗、温柔可人、聪明灵巧、品行端正、作风正派等。

2.对人真诚,做事坦率

无论男生还是女生,都愿意与诚实可靠的人交朋友。真诚是赢得他人喜欢、建立友谊的基石。异性同学之间完全可能建立起真正的友谊,但首先得真诚,其次得摘掉“性”的眼镜。与异性同学轻松自在地看一场电影、跳一跳舞、去郊游一次,在学习中相互关心、相互帮助,都有助于友谊的培养。

3.学会微笑,充满自信

有些学生把男生的横眉怒目视为“酷”,把女生的冷若冰霜看作“靓”,是对“酷”和“靓”的最大误解。男生的微笑使人感到友好、自信,女生的微笑使人感到温暖、真诚。微笑是欢迎的表示、友好的表现,它可以使人放弃警惕、戒备,让人感到温暖,使两个不相识的人一见如故。

4.充满同情,善解人意

任何人之间的交往都不是一帆风顺的,都会出现一些波折,发生一些误会。这就要求交往中的个人要善解人意,多设身处地地替他人着想。这样就可以获得他人的理解与接纳,从而化解矛盾,消除误会,赢得广泛的尊敬和喜爱。只有善解人意的人,才能使双方的心理得到沟通。

5.注意穿着,打扮得体

个人的衣着打扮常常给人形成第一印象,长时间影响着别人的看法,并决定了别人是否与之继续交往。男女生的打扮要符合学生身份和年龄特点:男生的打扮应健康向上、整洁美观、充满朝气,女生的打扮应活泼健康、恬淡优美、洁净爽快。一个经常不修边幅、衣着随便的青少年,是不会受到异性喜欢的。

【拓展训练】

(1)请两人一组进行训练:男女同学不同场景相遇如何对话。
(2)组织一次班会,进行男女同学间的诚恳交流。

（四）慎交网友

网络正在全面改变人类的生产方式、生活方式、思维方式及价值观念。网络的高速、自由、时尚也极大地吸引着人们参与其中,网络人际关系也是青春期人际交往的一个重要方面。

1.理性看待网络对人际交往的影响

网络提供了一种全新的人际交往环境和人际交流方式,它给人际交往带来便利,大大丰富了交往内容。当我们受到方方面面的刺激产生不良情绪,需要适度适时地转移、倾诉与宣泄时,网络的隐匿性、开放性、便捷性恰恰提供了这样一个机会。同时,网络给人际交往带来很多负面影响。

2.学会自我保护,慎交网友

(1)加强自身的防范意识。与网友聊天要多个心眼,不要将自己的照片、地址、电话、身份证等资料在网络上泄露给任何人。

(2)网络交友时不单独与网友见面,见面约会要采取切实的安全措施。对"网友"的盛情邀请,要保持警觉,尽量回避,以免上当。为了达到罪恶目的,有的"网友"会对你海誓山盟,抛出各种诱惑,诱使你与他直接交往。见面后"网友"就会露出狰狞面目,对你进行偷骗或敲诈勒索,甚至是更严重的性侵害、抢劫。

【小案例】

相识容易"分手"难

某职校 19 岁女生,通过上网聊天与一外地男子在网上聊得很投缘。网络相处半年后,该男子从外地来昆明,女生如期赴约。可见面后女生发现该男子与网络上的"好友"大相径庭,于是在几次见面后,便拒绝了该男子提出的再见面要求。可该男子不愿接受现实,三番五次到校纠缠,甚至用短信、电话威胁,弄得该女生惶惶不可终日,严重影响了正常的生活与学习。

---

(3)不对网络交友存有过多幻想。尽可能同时在多人场合下聊天交流,而不个别私下交往,以保持自己的清醒状态。莫把网络交友当作自己的唯一希望,学会把对网友的幻想拉回到现实中来。如:减少与网友聊天的频率和时间;将上网由聊天交友,扩展到了解信息、听音乐、查找资料等多种用途;制订计划保证学习时间等。在现实生活中学会如何交际并寻求快乐,以消除网络交友带来的负面影响。

(4)拒绝可能带来危害的邀请。要充分认识网络世界的虚拟性、游戏性和危险性,对网络恋情要多一分清醒、少一分沉醉。时刻保持高度警惕,不要把网络当作逃避现实生活的避风港。网络生活只是现实生活的一部分,它不可能代替现实生活。生活中无论遇到什么困难,都应该采取积极的态度去面对、去解决。不道德的、违法的行为绝对不能参与。对于违法违纪、违背自己原则的事情,一定要果断拒绝;对于违背自己意愿的事情,自己实在不感兴趣,也要学会说"不";为了所谓的义气也不能做让双方犯错、自己后悔的事。当然也可提出可行的、合情合理合法的替代办法,建议网友尝试,如果对方不接受,自己就离开。

查一查:

请调查一下,本班同学中有网友的同学占多少? 同学们是怎样看待网恋的?

二、爱情与婚姻

（一）神秘的爱情

【小案例】

前不久我们班新来了一位男同学,他酷毙了! 我相信,绝不仅仅我一个人爱恋着他,但我不敢和他说话。最近他居然向我眨眼示意,但我非常紧张,脸马上红了,赶紧将目光投向别处。从那以后我在路上遇到他都很难为情,膝盖都会颤抖。这是爱情吗?

1.什么是爱情

（1）爱情的含义。爱情是指一对男女在交往中产生的一种经过慎重思考而选择的、以相互倾心爱慕为基础的牢固深厚的感情,是渴望对方成为自己终身伴侣和事业支持者的一种强烈情感。爱情是以真诚相爱为基础、以平等和自愿承担相应义务为前提,按照一定社会道德原则和规范,自主地构成一种具有排他性、独立性和持久性的特殊社会关系。

爱情这个美妙的词,是每个青年人在人生道路上迟早要去追求与体验的。对于情窦初开、处于爱的朦胧期的学生,每当听到"爱情"这个迷人动听的字眼时,心理就会有一股暖流涌入。

爱情是对所爱者的生命及其成长的始终关怀,是自己努力去达到双方人格完善的长远目标。爱不只是一种感觉,也不只是一种需要,不是弱者对强者的依赖,更不是私欲的满足或个人利益的追求。真正的爱情应具备无私、关怀、信赖、尊重、接纳、恒久等特征。爱情不容骄傲和粗鲁,爱情拒绝嫉妒和猜疑。爱情是心甘情愿的等待,爱情是深沉的善意,爱情是鼓励与希望,爱情是真诚和谦虚,爱情是牺牲和奉献,爱情是忘记受伤的回忆……

爱情是人世间最美好的感情,每个人都有爱和被爱的权利。爱实在珍贵,需要对自己有足够的了解,对他人能够负责任,对未来有真实的承诺和可以实现的能力。为了自己一生的幸福,不要着急,让自己在学习中成熟起来吧。

（2）爱情必备的心理品质:

①相对稳定的人格。真正的爱,包括正视两个人不同的性格,彼此不同的需求、价值观、生活方式和利益。为了能够在两个成熟的人之间建立幸福的关系,双方需要具有相对的般配性,太大的差距迟早会给人不平衡的心理感受。

②心理上的独立性。健康的爱情关系,不是一方在心理上依赖另一方,而是双方都有能力去栽培自己和对方,需要彼此的真心付出。

③能体察他人的感受。具有对他人的敏感性,知晓别人的需求、利益、观点和风格,从而尊重他人,做到体谅他人和谦让,并能承担起世态中风风雨雨的情感磨练,能忍受独处的寂寞与经济上的拮据。

④关怀和尊重他人的能力。爱不仅意味着获得安慰和满足自己的需求,而且还应具备关怀、照顾和尊重对方的能力。其实许多时候,当最初的浪漫过后,恋爱的一方会看到很多出乎想象的事情发生。倒不一定是因为彼此故意欺骗,而是双方都太想把自己最好的一面展现给对方。但时间久了,终要还原于真实,于是会发现许多令人失望的地方。这时候,需要足够的宽容、忍让,要懂得主动去理解和适应对方。

想一想：

你理想中的爱人是怎样的？友情和爱情有哪些区别？

2.不摘人生的"青苹果"

在青春期出现两性情感的萌芽是正常的人生成长经历。但处在长知识、长身体的青少年阶段，应学会正确地对待两性情感的发展。如果过早地迈入爱情世界，一般是得不到家长、老师和社会支持的。青少年朋友跨入这个门槛，要十分慎重。

【小案例】

一位女生的来信：我发现自己慢慢喜欢上了一个人。我一见到他和别的女生在一起，就有一种不爽的感觉，甚至是嫉妒。一看见他就激动，有时用不着回头就能感觉到他走在自己身后。他也极力找机会接近我，多次写"小纸条"给我，表示"爱意"。有次课余时间，他还当众宣布喜欢我。我被他感动了，开始和他偷偷地约会、接吻。我们真的在恋爱吗？

阅读上面这封来信，可以断定这位女生已经迈进了幼稚的爱情世界。人们常常把成熟的爱情比作"红苹果"。在苹果还未熟的季节里，就悄悄去品尝，只能是苦涩滋味。

当"爱"来临时，不要惊慌，也不要感到羞耻。但也要提醒自己，这其中的"喜欢"并不是真正的"丘比特之箭"，它没有成熟爱情那种沉甸甸的分量。此时给你递纸条、写情书的男孩（女孩），还不懂得爱的真正含义，更无能力去承担爱的深远义务与责任。面对送给自己的红玫瑰，应当理性地拒绝。

青春期学生谈恋爱的心态主要有：一是渴望纯真友情和爱情；二是非理性的竞争心理，比如，由于虚荣心驱使，认为有人追求就表明自己漂亮或潇洒；三是炫耀心理；四是从众心理。以上几种心态，除了第一种是正常心理外，其余都是不健康的。过早恋爱主要是由生理发育、大众传媒的影响、老师和家长教育不当等原因造成的，通常具有快乐喜悦感、痴迷陶醉感、羞涩不安感、疑惑戒备感等心理特征。

从心理学的角度看，青春期学生恋爱是一个较为复杂的问题，一方面感情纯真而敏感，另一方面又不得不承受着较大的社会和心理压力，结果很容易造成伤害。当爱情来临时，该怎样正确处理爱情与学习、成长的关系呢？

（1）要从爱情中汲取进步的力量。由于初涉爱河，青少年会有一段时间痴迷陶醉，甚至陷入单恋（即单相思），是可以理解的。但如果因此而荒废了学业，疏远了亲朋，就与爱的本义背道而驰、得不偿失了。人生不应该只有爱情一个支点，还有事业，对青少年来说就是学习。所以，青少年朋友应从爱情中汲取奋发向上的激情、奋勇拼搏的力量，把自己和对方的进步作为爱的信心。

（2）将恋情暂时"冻结"起来。青少年的个性还没有定型，生活、事业不稳定，思想更是不成熟，没有什么社会阅历，对异性的爱慕往往是凭印象或一时的热情。有的是被异性好奇心和神秘感所驱使；有的是羡慕对方的知识和才干；有的是以貌取人，被对方的风度外表所折服……由于沉浸在甜蜜和激动的情境中，很难分辨对方的优缺点，也很难冷静理智地比较彼此各方面条件的异同、说出彼此相爱的较为充足的理由。因此，青少年要学会控制自己的情感,不要陷入"盲目迷恋"。将恋情暂时"冻结"起来,既不让它泛滥,也不是硬性地终止。

(3)自觉地把握好"恋爱"分寸。由于缺乏责任感和伦理道德观念的约束,青春期学生恋爱极易发生性行为。过早的性行为,会对青少年的身心健康产生难以估量的伤害,尤其是对女生。事实上,这是长辈们反对青少年谈恋爱的主要原因之一。所以,青少年要树立正确的性道德观念,把握住自己。

【青春小贴士】
青春期少女过早性生活的坏处

(1)过早的性生活可造成生殖管道的损伤。青春期少女的生殖管道发育尚不成熟,外阴及阴道均很娇嫩,阴道较短且阴道表面组织薄弱。如有性生活,可能造成处女膜的严重撕裂及阴道裂伤而发生大出血。

(2)过早性生活造成妊娠会带来许多不良后果。青春期少女常常缺乏避孕知识,在没有结婚的情况下,一旦怀孕,必须做人工流产。这时的人工手术,一定会给少女的思想增加压力,对手术后的恢复不利。有时人工流产后月经不规则或永久不再生育,会造成终身遗憾。如果为了终止妊娠而用偏方打胎或到私人诊所堕胎,都是很危险的。

(3)过早的性生活必然影响学习。

因此,老师、家长反对过早恋爱,是对青少年的最大爱护。每个年轻的女子都应该十分珍惜自己的青春与身体。

(4)协调好人际关系。职校学生应与更多的、不同类型的异性同学、伙伴交往,使自己心胸开阔,避免过早陷入"恋爱死党",否则减少了自己与他人交往的机会,也就减少了今后就业和创业可以利用的人脉资源,对自己长远发展不利。

谈一谈:
如何正确看待同学中出现的恋爱现象?他们为未来的婚姻做好了准备吗?

3.理智地择偶

择偶是婚姻的起点,择偶对婚姻成败起着重要的作用。当今社会,没有了"父母之命,媒妁之言",青年人的择偶观已经发生了很大变化。男孩喜欢言谈举止得体、有修养、高素质的女孩;女孩则心仪能力强、有事业心、为人正直的男孩。谈恋爱要在接触中细心考察对方的人品、个性、价值观、学历、家庭环境、生活习惯、健康状况等,不要被一时的激情或华丽的外表冲昏了头脑。

(1)择偶要把志同道合放在首位,理性进行选择。所谓志同道合,是指双方理想一致,价值观相同,学习工作中互帮互助、相互促进、取长补短,生活上相互关心、互相谅解。在恋爱期间,人们择偶方式尽管各不相同,但大致可以分为直觉方式和理性方式。直觉(如一见钟情)的恋爱方式,一般偏重于对方的生理条件和外在形象,比如体态、相貌、言谈、举止等方面的吸引力。而理性的方式,是一种深思熟虑、冷静分析和全面衡量对方各种条件后而作出选择的方式,它不仅考虑对方的仪表、风度、气质、举止,还要考虑对方的家庭出身、社会地位、经济状况、文化程度、职业性质、品德学识、身体健康状况等条件。

（2）择偶要彼此情投意合。择偶不仅要看双方是否在思想上志同道合，而且要看双方在性格、志趣、爱好、气质等方面是否情投意合。在现实生活中，只有双方思想上一致、情感上交融，个性合得来，兴趣能激起共鸣，才能形成亲密无间的爱情，才能产生强烈的、持久的吸引力，使将来的婚姻家庭生活更加幸福。

（3）择偶要反对以钱取人。经济状况的好坏虽然对婚后的家庭生活有一定的影响，但不是决定性条件。金钱不等于爱情，爱情的核心在于爱人，在于对方的人品和才干。当然，择偶时不可能不考虑对方的经济条件，但问题的关键在于要适度，不能过于强调金钱，或者把爱情当作交易。否则是没有真正幸福可言的。

（4）择偶要反对以貌取人。爱美是人的天性。美既有外在的，也有内在的，但更要看重内在的美。外在美会随着年龄的增长而逐渐减退，只有心灵美才是可靠的、长久稳固的。

（二）神圣的婚姻

恋爱要对自己负责，爱情的归宿是婚姻。许多热恋中的男女，渴望能天天见面接触，渴望通过肌肤相亲来体验爱的快乐。所以，婚姻从心理深层讲是一个归属需求。婚姻不等于爱情。爱情是种子撒到地里，互相辛勤浇灌；种子发芽了，结出来的果实就是婚姻。因此，只有爱情是不够的，婚姻更是一种生存的方式。

婚姻是一种由法律约束的一男一女以终身共同生活为目的的合法关系。它不单是个人的行为，也是一种社会行为。结婚要符合法律规定，要履行法律规定的程序，承担法律责任。当然，婚姻也不一定"从一而终"。当婚姻丧失了爱的基础时，离婚也是一种合法的行为。

1. 作好婚姻的准备

（1）必要的生活条件与个人准备。婚姻要求夫妻双方有高度的义务感，有坚实的思想基础，同时要有必需的生活保障。步入婚姻殿堂的男女，不仅要有独立的人格，还要有自己的职业、事业和维持家庭生活的必要的经济条件。

（2）共同生活的准备。主要内容有：独立生活，当家理财，处理家务，遵守婚姻家庭生活中的道德规范等。

（3）必要的婚姻知识和性科学知识的准备。必要的知识准备包括：最佳婚龄的确定、婚前检查、婚期的选择，以及性生理、性心理、性道德、避孕、妊娠等相关知识。婚前检查，是指男女青年在婚姻登记时所进行的身体健康检查。青年人结婚不宜过早，男性法定结婚年龄是 22 岁，女性是 20 岁。

想一想：
结婚登记时，为什么要进行婚前检查？

2. 维护婚姻的和谐

要使爱情保持永远的魅力，需要夫妻双方有意识地培植，不断地在爱情生活中注入大量新鲜的、具有活力的东西。

首先，要让生活情趣丰富多彩。夫妻双方可以有自己相对独立的生活情趣，但别忘了让对方分享其中的甘甜。倘若在婚姻中淹没了自我，不能保持自己独特的价值，那么就失去了被爱的吸引力；倘若在婚姻中过分强调自我和个性自由，就会失去爱的亲和力。爱是在不断完善自我中影响对方,在不断欣赏对方中修正自己、完善人格,融合双方的高尚品质。

其次,要不断更新自己。彼此经常进行感情的交流,促进了解和沟通,不断增强亲密感与满意感。同时,还要保持良好的体态形象,增强性吸引的魅力。

尽管婚姻的道路并不平坦,但每个人的内心始终希望自己的婚姻能使爱情到永远。这就要求我们善待自己的婚姻,精心呵护,随时加固婚姻。

【青春小贴士】

婚姻裂变的现象

一些人由于过分追求个人的情感满足,或者向婚外寻求情感满足和性的满足,淡化了婚姻的义务与责任,致使婚姻发生了异变。①凑合婚姻。是指真爱已经悄然逝去,但为了孩子或为了面子或为了经济上的原因等,继续凑合生活的婚姻。凑合婚姻给家庭成员带来的心理伤害无异于慢性自杀。②未婚同居。随着社会的开放,各种婚外同居的性行为逐渐多起来,反映了一些人对性行为的草率与不负责任。"试婚"就是较为普遍的一种。未婚同居不符合我们主流社会的道德规范,也得不到法律的保护,是对婚姻没有信心的表现,容易产生感情纠纷和伤害。至于怀孕流产给女性带来的身体损害,非婚生育带来的各种社会及心理问题,更是人所皆知。③离婚。离婚虽然给不幸家庭带来解脱,但对当事人和孩子来说,带来的心灵创伤更严重。夫妻冲突离异大多发生在婚后10年以内,这一时间正好是孩子们从幼年到青少年成长的关键时期,父母彼此的长期怨恨争斗,使孩子终日生活在一个没有安全感的家庭氛围中,使孩子的身心健康和人格发展受到很大影响。

3.夫妻的责任和义务

爱情意味着一种神圣的责任和义务。因此,在恋爱过程中,多一些理智,少一些浪漫;多一些思考,少一些冲动;多一些真诚,少一些"包装";多一些忧患,少一些盲目……会对恋爱与婚姻的成功更具现实意义。

在现代信息社会,当一个人学业未完成、经济未独立时,谈情说爱只是人生游戏。缺乏知识含量和经济基础的"爱",多是出于本能的冲动,是短暂的、无根基的、不可取的。古人尚且有"举案齐眉,相敬如宾",现代青年更应对婚姻家庭的责任与义务有崭新的理解和科学的诠释。

夫妻关系是家庭关系的核心。在家庭关系中,按家庭成员关系亲密程度来排列:一是夫妻,二是子女,三是父母。一对男女,一旦结为夫妻,就意味着下列的责任和义务:

(1)爱情关系。这是建立和维系夫妻关系的基础。夫妻要对爱情忠贞不渝,保持始终,并不断更新和发展,与时俱进。

(2)经济关系。夫妻要靠诚实劳动谋生,建立共同的经济基础。要有足够的经济能力维系家庭生活,解决吃饭、穿衣、住房、生活消费、教育子女、赡养父母等一系列问题。夫妻的共同收入是共有财产,对家庭也具有平等的经济责任。

(3)性关系。性关系是爱情发展的必然结果,又起着巩固爱情的作用,同时是夫妻间的专利,是他人不可侵犯的神圣权益。

(4)法律关系。这是上述三种关系的法制化,是夫妻关系得到社会承认的必经程序,是婚姻家庭关系的法律保障。

"男大当婚,女大当嫁",这是数千年流传的观念。但人们一旦进入婚姻,承担自己应有的责任和义务。如果你还没有做好承担以上责任和义务的准备,就不要匆忙进入婚姻。否则,婚姻家庭的不和谐,往往酿成人生的悲剧,或是将家庭的某些责任义务推给社会,都是与现代人的道德文明背道而驰的。

为了维护家庭的幸福美满,进入婚姻的人需要形成快乐健全的人格,学会享受生活。家庭的和睦,取决于家庭中人际关系的和谐。家庭以夫妻关系为核心。有婚姻家庭专家提出夫妻之间的"六处"原则,即:赞扬长处,包容短处;想着好处,忘掉欠处;理解难处,宽容错处。

【拓展训练】

家庭角色扮演

请创编一个简单的心理剧,体验男女(夫妻)在家庭中的角色:

(1)学习处理矛盾冲突的正确方法;

(2)学习夫妻之间相互关爱的技巧;

(3)学习和体验为人父母的角色,包括如何养育孩子。

4.温馨的家园

家庭是社会生活的最基本的单位,是由婚姻关系、血缘关系或领养关系而结合在一起的群体。家永远是人生之旅中一个温馨安详的港湾,是每个在外奔波的人身心向往的地方,是工作环境以外实现自己生活的另一个舞台。越是洋溢着亲情的家,越能吸引每个人对家的依恋。每个家庭成员必须明确各自的家庭角色,履行各自的责任和义务,遵守一些共同的原则,相互理解、相互信任,用自己的爱心、热情、勤劳将家庭打造成一个和谐温馨的地方。

由于自我意识的增强,很多在校学生突然感觉,以前无比依恋的父母,现在离自己越来越远,感到他们还不如同学、朋友,总是理解不了自己的想法;感到父母很保守,整天唠唠叨叨,矛盾越来越多,逆反心理很重;感到父母虽近在咫尺,却心隔天涯,出现了"代沟"……实际上,这是成长过程中的正常现象,关键是自己要主动改变与父母产生矛盾的僵局。否则,任其发展就不正常了。

(1)父母是我们生命中的重要人物。应该承认,是父母将我们带到这个世界上来的;我们的生命是父母爱情的结晶,是父母共同创造的一个生命。我们的成长发育离不开父母的关心和爱护,在生活、学习中也时时需要父母的指导和帮助。因此,羽翼逐渐丰满、翅膀逐渐变硬的青春期学生不应忘记父母的养育之恩。

有些父母对子女的爱心令人深深感动,为了子女的生命与健康,可以毫不犹豫地将自己的肝脏、肾脏、骨髓等移植给孩子。这种血缘亲情的爱,是他人不可替代的。当我们经济上不能自立时,是父母节衣缩食,尽自己的抚养责任与义务,用辛勤劳动所得提供子女生活和学习的费用;当我们精神上需要支持时,是父母伸出援助之手,给我们疼爱、接纳和安全感。在父母的爱和保护下,我们才有面对生活的信心和在世界上奋斗的勇气。然而,随着年龄的增长,我们会看到父母身上的种种不足和不完美之处。父母在家教中某些不适宜的做法,也令人反感。但是,我们永远不要忘记,父母是我们生命中的重要人物。

作为子女的青春期学生,是家庭中重要的一员,应该关注和孝敬父母、长辈。要对家庭有责任感,为家庭作出自己的努力;有勤俭节约的意识和融洽父母关系的协调意识;给父母以力所能及的帮助,如主动帮助父母做家务劳动、修理东西、购买物品,父母生病时照顾、问候他们等。这种帮助不仅会得到他们的赞赏,还会加深彼此间的理解和沟通,为家庭增添欢乐的气氛。

（2）了解父母的个性和婚姻。家庭是男女结合的产物。青少年对婚姻家庭的理解,最早就是观察和体味自己父母的个性和婚姻。每个人都不能选择父母和家庭,所以必须以正确的态度对待父母的婚姻。

社会的改革开放和迅速发展,也使人们的家庭婚姻观念进入多元化时代。无论父母婚姻现状如何,作为子女都应该心平气和地正视现实。有的父母的婚姻幸福美满,可以作为子女的榜样;有的父母的婚姻平平淡淡,质量有待提高;也有的父母的婚姻经历了挫折和失败,成为单亲家庭;还有的父母离异后,可能再婚重组家庭。作为子女,要努力了解父母的婚姻经历,尊重父母的合法权益和选择。一个婚姻家庭的变迁可能是社会的缩影,所以,应以宽容、理解之心,正确对待父母的婚姻,为家庭奉献自己的爱心。

（3）亲子关系是分离之爱。青春期学生正处于"心理断乳期",逐步摆脱对父母的依赖,走向独立,并成为一个独立人。父母与子女之间的亲子关系应是"分离之爱"。因此,要努力增强自我意识,锻炼独立性,学会独立生存和待人处世的本领。

【青春小贴士】

独生子女家庭亲子关系的常见问题

恋父或恋母情结。在情感上过分依赖父母,可能妨碍其正常的异性交往。有的甚至一直与父或母同居一室、同睡一床,易产生性心理问题和个性方面的幼稚与缺陷。

生活自理能力较差,不会做家务事,生活秩序混乱。

人际交往能力欠缺,缺乏主动交往的勇气,对处理人际关系恐惧、紧张,对环境适应性较差。

缺乏经济头脑,不会管理钱物,消费观念不科学、不健康,价值观扭曲。

自我控制能力薄弱,言行不一,意志力较差,可能表现在生活、交往、行为习惯和学习等方面。

自信心不足,对未来发展感到迷茫,存在自卑心理,回避现实,有各种退缩行为。

为了自己未来能更好地实习、就业和创业,青春期学生应给自己制定走向独立的目标,争取更多机会独立处理身边的事情,锻炼自己的个性。要敢于剖析自己,勇于面对社会、学校,直面各方面的挑战,自觉行动,积极进取,走好跨入青年和成人行列的第一步。

（4）与父母沟通的正确方法。经历了不同时代的人,社会阅历不同,人生体验各异,在观点、信念、个性、行为方式、生活方式等方面会有很大的差异,这就是通常所说的"代沟"。掌握与父母主动沟通的正确方法,有助于跨越"代沟"。

①主动表达对父母的爱。父母也需要子女的关心和爱护,感恩父母、孝敬父母其实是一

种态度。天下的父母不会在意儿女在物质方面回报了他们多少，而是在意儿女的态度。在生活上多关心、多体贴，使父母感到自己的子女很孝顺，心情愉快；多帮父母做点家务，减轻父母的体力劳动，使父母少感到身体的疲惫；有空的时候，多陪父母散步、散心，让父母享受大自然的美丽，多呼吸新鲜空气；时时了解父母的身体状况，有病要及时陪父母就医，保持父母身体健康；记得在父母生日的时候，带点小礼物给他们。

②主动向父母表达自己的意愿和想法，消除潜在的误解；选择适当的时间和地点与父母交谈，不要在父母心情不好，或很劳累时打扰父母。

③对父母态度要谦恭，不要无理取闹，任性发脾气，或用不当的语气与父母顶撞。

④尊重父母的建议和指导，若无法接受父母意见，应说明理由，寻求父母的谅解；当父母错怪你的时候，不要急于顶撞、反驳。

⑤当与父母的冲突无法避免时，不妨请其他长辈、邻里朋友等帮助，避免事情闹僵，伤害亲子关系。

⑥若发现父母缺点和错误时，正确的做法应当是开诚布公地指出。一方面，耐心说看法；另一方面，若自己的劝告不能奏效，则应理解，要允许父母保留自己的意见。

⑦控制情绪，学会道歉。随着年龄的增长，自我意识也在增强，青春期学生会认为自己是个大人了。但如果明知是自己错了，就是不肯"服软"，这会让父母很恼火。如果错了，就不要逃避，更不能对父母"沉默是金"。主动道歉，很快会得到父母的谅解。父母发脾气，自己躲着点；自己情绪不好，找点高兴的事情做……学会控制情绪，避免顶嘴、发脾气。

与父母坦诚交流，是少男少女走向成熟的重要环节，也是适应社会和学习人际交往的一种最具体的实践，也为未来更好地与领导、与年长同事相处打下基础。如果与自己的父母都相处不好，今后还怎样与社会上其他人相处呢？如果能够与父母和睦相处，你会真正体验到自己已经长大成人了！

【青春小贴士】
儿子眼中的爸爸

7 岁："爸爸真了不起，什么都懂！"

14 岁："好像有时说的也不对……"

20 岁："爸爸有点儿落伍了，他的理论和时代格格不入。"

25 岁："老头子一无所知，陈腐不堪。"

35 岁："假如爸爸当年像我这样老练，他今天肯定是个百万富翁了。"

45 岁："我不知道是否该和'老头'商量商量，或许他能帮我出出主意。"

55 岁："真可惜！说实话，他的看法相当高明。"

60 岁："您简直是位无所不知的学者！遗憾的是，我了解您太晚了！"

议一议：
你是怎么处理与父母等长辈关系的？平时在家时，你帮助父母做了哪些家务？

第三篇

青春期自我防护

第八章　性道德与性法律

学会控制性欲,做欲望的主人,而不是欲望的奴隶。歌德曾说:"哪个青年男子不善钟情,哪个妙龄少女不善怀春,这是人性中的至善至纯。"青春期男女学生之间的爱慕之情,是性心理发展的正常表现。由于它是以两性间的自然吸引为基础而产生的最纯洁、最真挚的感情,因而是高尚的、美好的。但是,如果不善于自我控制情感,过早地陷入与异性的特殊亲密关系,就会作茧自缚、后悔莫及。所以有人说,青春期是花团锦簇的沼泽地。

本章主要讲述性道德的原则、性罪错的预防,以及培养健康性道德情感和良好性道德行为的方法,帮助青少年自觉预防青春期性失误和性犯罪。

第一节　性道德

一、性道德的原则

(一)性与性道德

性既是一种自然现象,更是每个人都必须面对的一种社会现象。它贯穿着人类发展的全过程,使人类种族得以延续,对人的行为和社会生活有着十分重要的影响。

性道德是指人类调整两性关系的行为规范的总和,是一种特殊的规范调节方式,通过社会舆论、传统习俗和人们的内心信念来维系并发挥作用的性行为原则和规范的总和。性道德实际上就是社会道德渗透到两性生活方面的行为规范,是调节生理机能和社会文明之间矛盾时人类行为的标准。

【青春小贴士】

"性"在《现代汉语词典》中有6种释义;在性教育中"性"的解释为"有关生物的生殖或性欲",例如性器官,性行为,性活动。科索列夫在《青春期的生理和性教育》一书中指出:"性概念是一个极为丰富的概念,不仅有生物学方面的含义,也有社会学方面的含义。"

(二)性道德原则

性道德的基本原则是某种性道德体系对人们性意识、性行为最基本、最概括的要求,是调整男女两性利益关系的根本出发点与准则,也是某种性道德体系的社会本质和阶级属性

图 8-1　性道德原则

最集中的反映。性道德原则具有概括性、稳定性、一贯性的特点,它是某种性道德体系的核心,贯穿于某种性道德体系的各种一般原则和具体准则中。性道德原则主要包括四个方面(图 8-1)。

1.双方自愿的原则

人们要进行性行为,必然有其目的性。如对异性形体外貌的美的追求,或企图通过肉体的接触、生殖器官的摩擦获得快感,或是为了传宗接代、获得生育子嗣的结果。为达到这些目的,就必须由一个主体影响另一个主体,成为一种社会性行为。这样就会有双方主动或仅仅一方主动,双方愿意或仅仅一方愿意的区别。那么,性道德的标准之一,就应该是建立在自愿原则上,即双方自愿的原则上。

当然,在实际性活动中,所谓自愿,主要指女方自愿。无论从生物性性质或社会性性质上看,在性交过程中,一般说男性多是处在主动和进攻的地位。所以,在性行为中,作为男方,不仅要满足自己生理和心理上性的需要,也应顾及女方的意愿。细说起来,自愿的原则有其重要意义。首先,没有恋爱、婚姻关系的双方,如违反自愿原则,就构成了强奸行为;其次,包办婚姻、买卖婚姻产生的性行为之所以不道德,也因为违反了自愿原则。就是自由恋爱而结成的夫妻,以现行的道德标准来说,如果妻子不愿进行性交活动,而丈夫加以强迫,也是违反道德的,一般认为是"婚内强奸",在一些国家也构成犯罪。

2.彼此"无伤"的原则

假如只片面强调"自愿"原则,只要两性同意,就可以随时随地地发生性关系,显然也是不道德的。这里还有个"无伤"的原则。"无伤"主要指两人之间的性行为不会伤害其他人的幸福,不会伤害后代的健康,不会伤害社会的安定发展。另外,还要讲究性卫生,使性交行为不会损害自己或对方的身心健康。

无论用什么样的辩辞,婚外性行为都是不道德的,在婚前与某人山盟海誓的同时又"脚踩两只船"去欺骗另一人也是不道德的。婚外性行为,无论他(她)与"第三者"的"爱情"如何真挚,尽管符合"自愿"原则,但违背了"无伤"原则,伤害了自己的妻子或丈夫,伤害了孩子,给社会安定团结也带来不良影响。除非履行法律程序,经法院裁决或协议离婚,再结婚,否则,婚外性行为是一种违背"无伤"原则的行为。至于其他的婚外性行为,如嫖妓、宿娼、卖淫,导致感染与传播性病,连自己的配偶或子女也成为性传播疾病的无辜受害者,更是与"无伤"原则背道而驰。

婚前性行为虽然符合"自愿"原则,也没有伤害他人,但实际上若形成风气,无疑是对社会的一大危害。同时,这样的青年男女本身由于经常处在性兴奋、紧张、担忧、沮丧等心理交替中,也妨碍自身身心健康的发展。何况若未婚先孕,对自己、对孩子都是极大的危害。所以,"无伤"的原则应从各方面广义理解,以保持性行为的道德准则。

3.情、爱、性交融的原则

恩格斯在《家庭、私有制和国家的起源》中曾指出:"对于性交关系的评价,产生了一种新的道德标准,即不仅要问:它是结婚的还是私通的,而且要问:是不是由于爱情、由于相互的爱而发生的？"

性道德的标准，只有自愿和无伤也是不够的。在人类社会中，区别于动物的性活动，就在于人类具有超乎于动物界的思想与情感，因之在性活动中具有对异性的，尤其对特定的"某一个"异性的爱情，就成为人类性道德的重要原则。

单纯的"自愿"，可能是没有爱情的自愿。卖淫与嫖妓，双方均出于自愿，但这是不符合人类性道德原则的性行为。出于某种原因，如抵偿债务、报恩，或为了某种不正当的目的，也是在"自愿"基础上，也谈不上爱情，是不道德的。

单纯的"无伤"，在缺乏情爱的性行为中，尽管没有造成明显的伤害，然而这只是一种低级的、冲动型的、没有真正情爱的性行为而已。只有具有爱情的性行为，才符合性道德原则。性爱不是单指性交，它是性行为中躯体的感受与内心的感觉有机的融合。为求单纯肉体上的一夜之欢的性交，很难说是存在着什么情爱的，只是为了满足性欲而已。

4.婚姻法律缔约的原则

人类社会的性道德具有明显的社会性。而社会又是充满各种规范的，性行为同样须由道德规范和法律来制约。婚姻缔约，就是道德规范在法律上的表现。两个异性之间产生爱情，而这爱情又是自愿与无伤的，也必须经过法律程序予以认可，即结婚后，其性行为才是符合道德原则的。

婚姻缔约的原则，是法律形式上的，实质上还是爱的原则。因为没有爱情的婚姻也是存在的，如包办婚姻、买卖婚姻等。所以，婚姻法律缔约原则应与情爱性交融原则有机地结合起来，并与双方自愿原则和彼此无伤原则统一起来，综合评价，才能完整准确地表达出性道德的基本原则。

爱本身就是一种美德。单单有性吸引的内容不足以完善，必须有精神的、智慧的因素，才能完美地表达出爱的真、善、美。人对两性生活的追求，应该通过婚姻这条途径去实现和得到满足，而不是其他。因此，性行为是婚姻的目的，婚姻是性行为的前提、手段和过程，是满足性生活中古今中外最普遍、最规范化的方式。

议一议：
　　做第三者或情人，符合性道德原则吗？为什么？

二、性道德观念的自我调节

正确的性道德观就是要懂得人类的欲望行为与动物有着本质的区别，它受到社会规范的约束，哪些可以做，哪些不可以做，都有明确的道德尺度。鲁迅先生曾说："不能只为了爱——盲目的爱，而将别的人生的意义全盘疏忽了。"青少年为了保证学业的顺利完成，健康圆满地踏上社会工作岗位，必须具备正确的性道德观念。

（一）为什么要具备性道德观念

首先，具备了正确的性道德观念，就可以理性地控制生理本能表现出的性的要求，使之不造成对他人的骚扰和对社会的不良影响。少数青少年在学习期间，由于不具备起码的性道德观念，对于表现出的性爱及两性之间的爱情不能很好地驾驭，贪图一时强烈而集中的冲动快感、短时间的兴奋和满足、感官上的快乐和生理上的享受,而做出"一失足成千古恨"的憾事。具备了性道德的观念,就可以用理性的力量控制和压抑感性的冲动,避免做出不理智的性行为。对他人不形成骚扰和伤害的性行为(如性自慰),对社会不造成劣性影响,是情有可原的。

其次,具备了正确的性道德观念,可以使青少年以后的恋爱及家庭的组成沿着健康的方向发展。性道德观念对性心理活动,可以形成约束作用。青少年具备了性道德观念,在以后的恋爱过程中用道德规范约束自己的行为,使对方对自己有良好的印象,有利于促成双方感情建立在道德原则基础上,从而获得稳固的、长远结合的保证。

再次,具备正确的性道德观念,可使青少年以后的性行为趋于完善,达到美好升华的境界。性行为本身具有相当程度的生物性和本能冲动性,某些情况下,性激素的作用可发挥强烈作用,影响人的神经和心理活动。这时,社会的、后天的道德观念具有重要作用。人类具有的性道德观念可以使人类性行为趋于完善,达到美好升华的境界,即用社会的、道德的、理性的力量来掌握、驾驭生物的、本能的、感性的力量。

青少年只有具备良好的性道德观念,才能正确对待有关性的各种行为,并保证自己在生理、心理和社会各方面均能健康成长,才能正确对待和处理恋爱、婚姻,为今后建立一个美满幸福的家庭奠定思想基础。

(二)性道德观念的自我调节

1.性道德观念的自我调控

(1)责任感。责任感是指男女双方对性所带来的社会后果的认识和愿意担当责任的心理态度,不仅要相互负责,还要对家庭、社会负责。

越早体验性生活的人,对性行为社会效果的认识就越差,相应地就越缺乏性责任感。恋爱期间发生性行为,多数人并没有想到会造成婚前怀孕、非婚生子女等一系列后患无穷、无力承担的严重后果,没有考虑将要履行的社会责任。这是对自己名誉、对父母与他人、对社会良好风气与秩序稳定的伤害和不负责任的表现。

(2)贞洁感。贞洁感是男女双方对爱情的忠贞不二和坚贞不移的节操。对爱情朝三暮四、见异思迁是缺乏贞洁感的表现。在恋爱过程中,这种道德调节手段相当重要。如果失去贞洁感,无论是男方还是女方,必将自食其果、后悔莫及。

贞操是人类历史发展到一定阶段的产物,属于历史的范畴。封建社会的贞操观具有巨大的局限性,因为它仅仅针对妇女而言。所以,要反对这种残害妇女身心,败坏男人灵魂的旧贞操观;同时要强调社会主义贞操观的建立,它既区别于封建的贞操观,又区别于性解放、性自由。新的贞操观应该是,在男女平等的社会主义制度下,在一夫一妻制的基础上,提倡夫妻间的相互忠贞,即夫妇双方共守贞操,洁身自爱。婚前保持童贞,婚后互敬互爱;对家庭子女,双方都负有强烈的责任感;不断巩固深化爱情,使家庭成为永远幸福的乐园,真正实现"白头偕老"。

对青春期学生而言,贞操观意味着学会用理智驾驭自己的感情,自尊自爱,克己自律。一个人想要得到别人的尊重,首先必须尊重自己。对于一个在性方面放纵自己的人,是没有人会尊重他(她)的。自爱则要学会爱护自己,爱惜自己的名誉。对女子来说,珍惜自己的贞操是自尊自爱的表现,无自尊的女性往往会成为男性猎取的对象。异性交往中性行为的偏差很大程度上取决于女性的自尊程度和自律能力。对男子来说,珍惜女子的贞操是对她负责和尊重的体现;自己也同样要自尊自重,保持自己的童贞。

【青春小贴士】

要学会对不合理的性要求说"NO!"

一个人如果滥用他的性爱,只会使这种所谓的爱变得低廉和下贱。很多男生和女生发生了性关系,反而很容易疏远和分手,因为他们忽视了界限和距离产生的吸引力。轻易地失去贞操,也就失去了自尊、自重和自爱。所以,恋爱期间,不可轻易用性行为来表达爱,要保持性的纯洁性,对不合理的性要求坚决地说"NO!"。在日常生活中,拒绝别人的要求并不容易,在拒绝时态度要明确、语气要坚定、理由要充分。

下面"女孩可以这样对他说"的对话可能对我们有所启示。

男:你知道,我实在非常需要你。就这一次,你在安全期,不会怀孕的。如果你不愿意,我会去找别人!

女:我说不愿意,你就不要勉强我。你要去找别人,那是你自己的事,只要你认为值得,你就去找吧!

男:你不知道你错过的是什么。

女:是的,我知道。我可以错过艾滋病、未婚先孕、堕胎和担忧、焦虑。

男:我无法控制自己,我早就想这么做了!

女:但是,我不想这么做,我可以控制自己。

男:很多人都这样做。我的朋友大多有了这种经历,而我没有。

女:正因为这样,我才爱你!可是我们可以不像他们那样做。

男:你可以信任我,就这一次,我会永远对你负责!

女:我可以信任你。如果你对我负责,就不要给我压力。

男:我永远爱你,难道你不爱我了吗?

女:让时间来证明我对你的爱。正因为我爱你,才不应该在婚前这样做。我说话算话,今后你再提这个要求,我们就分手!

(3)羞耻感。羞耻感是指两性活动中个体或异性之间的一种道德情感。瓦西列夫认为:"羞耻感往往表现为谈论两性关系时的拘谨,是一种道德和审美的反射,它担负着特定的文化功能,是人的道德观念对性裸露所持的批判态度,是人高于动物的特写形式,是心灵对肉体的超越。这种羞耻感不是天生的,乃是文化修养的结果,特别是性文化修养的结果,是文明社会所固有的一种情感。"

羞耻感是人类所特有的,动物是没有羞耻感的。人类对性器官有一种隐私和隐藏的要求,对性行为有一种自私和个人的认识,是羞耻感的具体表现。正因为有羞耻感,才使得性活动在一个特定的、安全的、隐蔽的、个人的场所中进行;同时,也正因为在性实践中有羞耻感的存在,才有人的尊严和人类文化的发展。否则,人类无异于动物了。

(4)良心感。良心感是个人道德意识最基本的调节手段。它可以衡量自己的性行为是否符合道德要求,可以控制自己的性欲在一定程度和范围内伸展,以抵御色情的、利己的性动机。

青春期学生涉世不深,生活阅历浅,辨别是非、善恶、美丑的能力还不够强,难以抵御不良性信息的侵袭。而面对纷繁复杂的世界,良心也是对异性关系进行正确处理的自我道德调节器,是个人性道德健康的捍卫者。良心的完善程度取决于青少年所受的家庭、学校、社区和社会的性伦理道德教育。

(5)嫉妒感。嫉妒感在两性生活中适当出现,可使男女两性关系向更深方向发展,使爱情维系在特定的两性之间,而不能有第三者插入。若有任何第三者插入会导致其中一方强烈妒忌心的产生,这种妒忌心会促使其采取行动维护自己的爱情。因而,积极的妒忌感是衡量爱情的标尺。爱得越深,嫉妒得越厉害;反之,若发现自己对所爱的异性失去嫉妒感,那意味着对他(她)的爱也就消失了。

(6)义务感。义务感是指婚姻双方分别具有对对方在性生活、家庭生活和社会生活应尽义务的自觉性。义务感包括性生活的相互满足,夫妻生活的相对稳定,在经济、疾病、灾害方面的相互扶持等。性的义务感必须建立在性爱的基础上,以婚姻为标志。没有性爱的义务感,不是性的义务感,而是普通的义务感;没有婚姻缔约的义务感,失去法律与道德维系,这种义务感是脆弱的、不可靠的,难以持久。

2.性道德行为习惯的养成

养成良好的性道德行为习惯是青春期性道德培养的出发点和最终目的。性道德观念是否正确,性道德情感是否健康,主要是看他的性道德行为是否文明。道德具有自觉的特点,良好的道德行为是自知、自觉的。

(1)将性道德规范的要求自觉地见之于行动。青春期性道德规范有:男女平等,尊重女性;男女之间交往,要互相爱护,讲文明,讲礼貌,不讲粗话;男女之间相处行为要端庄稳重,自尊自爱,特别是学会自我爱护与珍惜贞操。例如,不用污言秽语辱骂异性同学,不轻易接受异性同学馈赠的礼物,不议论有关男女关系的传闻,不给异性同学起绰号,不与异性同学打打闹闹、开过分的玩笑,去异性同学家或有异性同学来访要穿着整齐,杜绝婚前性行为等。尤其是女孩子,不要让母亲或姐妹以外的人随意抚触自己的身体,同性也不可以;不要单独跟男士到僻静处去,如果对方说要跟自己谈要紧事,地点要由自己来定,要选择在自己熟悉的环境中。

另外,与异性交往还要注意:既要反对"男女授受不亲"的封建观念,又要注意"男女有别"的基本事实;既可亲密交往,又不要套上成年人的恋爱模式;既可个别交往,更要群体交往。

(2)要把主要精力投入学习和身体锻炼,提高自己的文化和身体素质。要丰富自己的精神生活,认真学习,积极参加科技、文体等活动,使自己旺盛的精力有地方发挥,使性的能量得到置换、转移和排遣。

(3)遇到身体变化和发育方面的问题时,应多向父母或老师求教,也可以求助热线电话,或向专门的咨询机构求教,及早寻找一个科学的答案。

做一做:
组织一场以"要不要性贞洁"为主题的辩论赛。

第二节　性法律

一、性罪错的法律处罚依据

有关资料显示,由于性罪错导致的犯罪占青少年犯罪的 10% 以上。许多社会学者形象地将青少年性成熟阶段称为"性危险期",而将处于这一年龄段的青少年称为"危险少年"。

(一)性罪错

性罪错是指处于性成熟期的青少年,由于性知识的贫乏或对性行为的社会意义不甚明了,为满足自身生理的需要而实施的有关性方面的错误行为或者违法犯罪行为。从青少年性罪错的程度来分,大致有以下三种类型:性越轨、性违法和性犯罪三种。

性越轨,也称性过失,是指违反社会道德与文明准则的性行为,包括青少年因年幼无知、自控能力差,一时冲动而发生的不正当的两性关系,主要表现为婚前性行为、未婚同居、通奸等。严重的性过失行为可触犯法律,甚至构成犯罪。性过失是一种不良行为,一种错误的性行为。

> **议一议:**
> 有人认为,性越轨行为是你情我愿,又没有违法,有啥关系? 这种说法对吗?

性违法,是指为达到个人性需要的满足,不择手段地侵犯他人的人身权利、危害社会秩序、破坏人与人之间关系的情节轻微、尚未构成犯罪的行为。例如,卖淫嫖娼、侮辱猥亵妇女、性骚扰等还没有构成犯罪的一般违法行为。

性犯罪,是指青少年的性行为违反了刑法的有关规定,构成犯罪的严重违法行为。性犯罪主要有强奸妇女罪、奸淫幼女罪、聚众淫乱罪、侮辱猥亵妇女罪、重婚罪、组织卖淫罪、传播淫秽物品罪等。根据罪刑法定原则,对已构成犯罪的青少年,应根据其犯罪行为的类型、程度的轻重,给予相应的刑法惩罚。

(二)性罪错的法律处罚依据

【小案例】

广州有位 17 岁男生,因为看了色情读物,与初中女生发生性关系,后被女方父母告发。虽然女生是自愿的,但未满 14 周岁。《中华人民共和国刑法》规定:以暴力胁迫或者其他手段强奸妇女的处 3 年以上 10 年以下有期徒刑;奸淫不满 14 周岁幼女的,以强奸论,从重处罚。根据最高人民法院、最高人民检察院、公安部《关于当前办理强奸案件中具体应用法律的若干问题的解答》,奸淫幼女罪是指与不满 14 周岁幼女发生性行为,以性器官接触为既遂,就构成犯罪。故该男生以强奸罪论处。

性法律是调整人们在性活动过程中的权利与义务关系的行为规范的总称,是由国家制定的、体现国家意志并由国家强制力保证实施的行为规范。它从社会整体意志出发,规定了人们在两性关系方面"可以做什么"和"不准做什么",以及违反了这些规范将要受到的法律惩罚。

1.《中华人民共和国治安管理处罚法》的有关规定

第四十二条 有下列行为之一的,处五日以下拘留或者五百元以下罚款;情节较重的,处五日以上十日以下拘留,可以并处五百元以下罚款:

(五)多次发送淫秽、侮辱、恐吓或者其他信息,干扰他人正常生活的;

(六)偷窥、偷拍、窃听、散布他人隐私的。

第四十四条 猥亵他人的,或者在公共场所故意裸露身体,情节恶劣的,处五日以上十日以下拘留;猥亵智力残疾人、精神病人、不满十四周岁的人或者有其他严重情节的,处十日以上十五日以下拘留。

第六十六条 卖淫、嫖娼的,处十日以上十五日以下拘留,可以并处五千元以下罚款;情节较轻的,处五日以下拘留或者五百元以下罚款。

在公共场所拉客招嫖的,处五日以下拘留或者五百元以下罚款。

第六十七条 引诱、容留、介绍他人卖淫的,处十日以上十五日以下拘留,可以并处五千元以下罚款;情节较轻的,处五日以下拘留或者五百元以下罚款。

第六十八条 制作、运输、复制、出售、出租淫秽的书刊、图片、影片、音像制品等淫秽物品或者利用计算机信息网络、电话以及其他通信工具传播淫秽信息的,处十日以上十五日以下拘留,可以并处三千元以下罚款;情节较轻的,处五日以下拘留或者五百元以下罚款。

第六十九条 有下列行为之一的,处十日以上十五日以下拘留,并处五百元以上一千元以下罚款:

(一)组织播放淫秽音像的;

(二)组织或者进行淫秽表演的;

(三)参与聚众淫乱活动的。

明知他人从事前款活动,为其提供条件的,依照前款的规定处罚。

2.《中华人民共和国刑法》的有关规定

第十七条:"已满十二周岁不满十四周岁的人,犯故意杀人、故意伤害罪,致人死亡或者以特别残忍的手段致人重伤造成严重残疾,情节恶劣,经最高人民检察院核准追诉的,应当负刑事责任。""已满十六周岁的人犯罪,应当负刑事责任。""已满十四周岁不满十六周岁的人,犯故意杀人、故意伤害致人重伤或者死亡、强奸、抢劫、贩卖毒品、放火、爆炸、投毒罪的,应当负刑事责任。"

侵犯有关性权利的犯罪主要有:强奸罪、暴力干涉婚姻自由罪、重婚罪、破坏军婚罪;组织、强迫、引诱、容留、介绍卖淫罪;制作、贩卖、传播淫秽物品罪;强制猥亵、侮辱罪等。

3.《中华人民共和国民法典》有关婚姻的一些规定

第一千零四十二条:禁止包办、买卖婚姻和其他干涉婚姻自由的行为。禁止借婚姻索取财物。禁止重婚。禁止有配偶者与他人同居。禁止家庭暴力。禁止家庭成员间的虐待和遗弃。

第一千零四十六条:结婚应当男女双方完全自愿,禁止任何一方对另一方加以强迫或者任何组织、个人加以干涉。

第一千零四十七条:结婚年龄,男不得早于二十二周岁,女不得早于二十周岁。

第一千零四十八条:直系血亲或者三代以内的旁系血亲禁止结婚。

第一千零四十九条:要求结婚的男女双方应当亲自到婚姻登记机关申请结婚登记。符合本法规定的,予以登记,发给结婚证。完成结婚登记,即确立婚姻关系。未办理结婚登记的,应当补办登记。

4.《中华人民共和国未成年人保护法》的有关规定

第六条:保护未成年人,是国家机关、武装力量、政党、人民团体、企业事业单位、社会组织、城乡基层群众性自治组织、未成年人的监护人以及其他成年人的共同责任。国家、社会、学校和家庭应当教育和帮助未成年人维护自身合法权益,增强自我保护的意识和能力。

5.《中华人民共和国预防未成年人犯罪法》的有关规定

第四条:预防未成年人犯罪,在各级人民政府组织下,实行综合治理。国家机关、人民团体、社会组织、企业事业单位、居民委员会、村民委员会、学校、家庭等各负其责、相互配合,共同做好预防未成年人犯罪工作,及时消除滋生未成年人违法犯罪行为的各种消极因素,为未成年人身心健康发展创造良好的社会环境。

第二十八条:本法所称不良行为,是指未成年人实施的不利于其健康成长的下列行为:(一)吸烟、饮酒;(二)多次旷课、逃学;(三)无故夜不归宿、离家出走;(四)沉迷网络;(五)与社会上具有不良习性的人交往,组织或者参加实施不良行为的团伙;(六)进入法律法规规定未成年人不宜进入的场所;(七)参与赌博、变相赌博,或者参加封建迷信、邪教等活动;(八)阅览、观看或者收听宣扬淫秽、色情、暴力、恐怖、极端等内容的读物、音像制品或者网络信息等;(九)其他不利于未成年人身心健康成长的不良行为。

第三十八条:本法所称严重不良行为,是指未成年人实施的有刑法规定、因不满法定刑事责任年龄不予刑事处罚的行为,以及严重危害社会的下列行为:(一)结伙斗殴,追逐、拦截他人,强拿硬要或者任意损毁、占用公私财物等寻衅滋事行为;(二)非法携带枪支、弹药或者弩、匕首等国家规定的管制器具;(三)殴打、辱骂、恐吓,或者故意伤害他人身体;(四)盗窃、哄抢、抢夺或者故意损毁公私财物;(五)传播淫秽的读物、音像制品或者信息等;(六)卖淫、嫖娼,或者进行淫秽表演;(七)吸食、注射毒品,或者向他人提供毒品;(八)参与赌博赌资较大;(九)其他严重危害社会的行为。

想一想:
　嫖娼、卖淫行为有哪些社会危害?

二、性罪错的预防

(一)青少年性罪错产生的原因

1.青少年性罪错现象的外部因素

社会、学校和家庭组成青少年生活的整个外部环境,外部环境的变化会影响行为主体。

具体而言,引发青少年性罪错行为产生的外因主要有以下几点:

(1)我国性教育仍处于"慢车道",导致"性观念开放,性教育滞后"的现象。有关调查显示,在中国,青少年的性知识主要来源于网络;而来自母亲的只有3%,来自父亲的只有1%;中小学教育中,性教育只是掺杂在生理卫生课中;社会相关部门、组织也缺乏对广大青少年进行性知识、性道德的宣传和普及。由于来自网络性信息的混乱、不科学,加上青少年辨别能力较差,极易使青少年产生神秘感和逆反心理,青少年在性意识方面陷入盲目无知的状态,性意识产生严重偏差。而青少年性生理的提前成熟使他们对性的内心渴求与外界的禁锢产生了尖锐的矛盾与冲突。

(2)不良性文化的传播。宣扬性暴力、色情的不良性文化通过多种渠道和形式进行传播。性罪错行为正是与这些社会上大量存在的不良性刺激、性信息、性诱惑有着密切的联系。这种"精神鸦片"很容易使一些缺乏正确性意识、性道德以及法治观念的青少年发生性罪错行为。

(3)法治教育的缺乏。由于对青少年的法治教育未能落实到位,容易造成青少年的法治观念淡薄。

2.青少年性罪错现象的自身原因

(1)性道德观念错位,法律意识淡薄。性道德观念的匮乏以及法律意识的淡漠,是青少年性罪错行为的根本原因。一方面,青少年极易产生自卑感,缺乏自我认同,滋生叛逆心理,背离道德和法律要求;另一方面,青少年面对着越来越多的新事物,在追求个性化生活、崇尚自我的同时,也极易把道德和法律抛在脑后。道德、法律的虚无以及传统文化的缺失导致对青少年性约束力减弱。

(2)缺乏对性欲望的调节和控制能力。人的性活动是人的情感、道德、责任等完美结合的过程。在性罪错青少年中,有很大一部分是因为性好奇和性欲望的驱使造成的;还有一部分是因为满足虚荣心或"享乐主义"的心理需要,放纵欲望,为所欲为,发生性侵害行为。

(3)不求上进或迷恋淫秽物品。出现性罪错的青少年,大多不求上进,学习落后,行为习惯差,自私,缺乏自尊、自重,自由放任,而且具有很多不良的习惯和兴趣。因此,为排遣青春期能量,有的就迷恋上淫秽物品(是指具体描绘性行为或者露骨宣扬色情的淫秽性的书刊、影片、光碟、图片等),不能自拔,从而诱发性犯罪。

(4)过早恋爱。青春期学生经济上尚未独立(或未完全独立),人生观、爱情观没有形成,与法定婚龄相差甚远,还不适宜谈情说爱。过早恋爱会导致偷食禁果、发生性越轨等行为。

(二)青少年性罪错的预防

青年时代是人生的黄金时代,不应在花前月下、卿卿我我的缠绵中蹉跎岁月;更不能在声色犬马、灯红酒绿中糟蹋青春。职校学生要树立"人人有技能、人人强技能、个个能就业"的目标,具备"职业人"意识,主动学好专业知识,拥有一技之长,培养自己多方面的兴趣和爱好,积极参加文体活动,促进德、智、体、美全面发展,不断提高自己的综合职业素养。

要认真学习相关法律法规,能分辨是非曲直,抵制多种不良影响,自觉约束自己的言行,养成良好的学习习惯和生活习惯,提高自身"抗病毒的免疫力",筑起一道防御性罪错的"防火墙"。另外,要主动锻炼自己的性意志。性意志是对性行为、性活动的控制和调节,良好的性意识能避免性罪错的发生。

　　总之,全社会都应该共同关注青少年的健康成长,营造良好的青少年成长成才的外部环境,净化青少年的心灵,规范青少年的行为。同时,青少年应通过自身努力养成良好的性道德行为习惯和法律意识,为今后美满的生活、顺利的就业和未来事业的成功,做一个脱离了低级趣味的人,做一个遵纪守法、志趣高尚的人,做一名合格的公民和高技能、高素质的劳动者。

【拓展训练】

　　请将前排与后排相对应的内容画上连线。

性过失		强奸妇女
性违法		未婚同居
性犯罪		一般性骚扰行为

第九章　性侵害的自我防护

政府、社会、家庭、学校等共同呵护着青少年。但是,天有不测风云,人有旦夕祸福,多彩而又复杂的社会总是伴随着各种意外伤害的发生,给青少年未来的人生、婚姻和家庭,留下难以抹去的阴影。

面对意外伤害,我们切不可掉以轻心,应该为自己构筑起青春的防线;当意外来临时,学会拿起法律的武器,保护自己,维护自己的合法权益,保卫自己的健康和生命,平安、快乐地度过自己的青春岁月。

对于拥有思想的人而言,有了欲望便有了诱惑的存在,如美酒、香烟、网游、色情、赌博、毒品等。青少年心理发育尚未成熟,人格机制不健全,缺乏准确的判断能力和坚强的意志,是不良诱惑的易感人群。

第一节　性侵害的预防

一、性侵害的表现与预防

(一)什么是性侵害

性侵害是指违背他人意愿的性接触、性挑逗或用暴力威胁、欺骗引诱的手段,对他人身心造成不同程序的性伤害。随着青春期生理、心理的发育,性侵害所造成的伤害在青少年意外伤害事件中显得非常突出。

我们每个人的身体都有一些隐私部位,包括腹部、臀部、大腿内侧、外阴部和女性的胸部等。保护我们的隐私部位不被他人随便看和摸(除了在我们身体不适时父母照顾我们或是医生检查身体)是我们每个人的权利。当然,我们也不应该随便向别人暴露自己的身体。如果有人违背我们的意愿,不合理地看或触摸身体的隐私部位,或要求我们看或触摸对方的隐私部位,他们的行为就构成性侵犯。

性侵犯包括侵犯者只是向受害者暴露自己的生殖器、而没有任何身体接触的性骚扰,以及迫使受害者与其发生身体接触的性侵犯。这种身体接触包括触摸受害者的外阴部或性器官,或者迫使受害者触摸性侵犯者的性器官,以达到性挑逗的目的。严重的性侵犯是强奸。

1.性侵害的分类及表现

性侵害的实质是对受害者人格权的严重侵害。人格权是指每个人所必备的生命健康、人格尊严、人身自由以及姓名、肖像、名誉、隐私等权利。在法律上人格权人人平等。

根据情节严重程度,性侵害一般分为两类:一是调戏、侮辱、猥亵,通常称为性骚扰,它造成的结果相对较轻;二是强奸、轮奸、强制猥亵,是性质严重的性侵害,属于刑事犯罪行为。

【青春小贴士】

什么是性骚扰

性骚扰,是性侵犯的表现形式之一,是指一种不受欢迎或不被接受的语言并带有性挑逗的骚扰行为。换句话说,若一方用各种方法去接近或尝试接近另一方,而另一方没有兴趣、不喜欢、不愿意或不想要这些带有性意识的接近,便可说是性骚扰。

据调查发现,青少年学生中也存在性骚扰的现象,5.9%的女孩子报告曾受到被迫的亲吻、拥抱、抚摸等性行为的骚扰。性骚扰不但在很多地方发生,而且有不同的形式:

语言性骚扰:不必要或故意谈论有关性的话题,询问个人的性隐私,对别人的衣着、外表和身材给予有关性方面的评语,故意讲述色情笑话、故事等。这是当前性骚扰的主要形式。

行为性骚扰:故意碰撞、触摸、挤捏异性的隐私部位;强吻、搂抱或用性器官顶触异性,做出猥亵姿势;诱导或强迫异性看黄色录像。这是危害最大的性骚扰。

信息性骚扰:通过黄色短信、色情电话、网络聊天、电子邮件,以及赠送、邮寄黄色书籍、黄色视频或展示黄色图片骚扰异性。这是近几年出现的新的性骚扰方式。

根据侵害方式、程度,性侵害大致可分为以下五类。

(1)暴力型性侵害。暴力型性侵害是指犯罪分子使用暴力和野蛮的手段,如携带凶器威胁、劫持,或以暴力威胁加上言语恐吓,实施强奸、轮奸或调戏、猥亵等。

【青春小贴士】

强奸,是指没有经过受害人的同意,通过暴力或暴力威胁的手段而发生的性交,或受害者由于智力低下、(酒精)中毒等而没有能力做出承诺情况下所发生的性交。强奸是一种暴力活动,是一个人强迫另一人进行的性活动。强奸是犯罪行为。受害者通常是女性,男孩也可被性侵犯、性骚扰,严重的也会被强奸。

(2)胁迫型性侵害。胁迫型性侵害是指利用权势、地位、职务之便,对有求于自己的受害人加以利诱或威胁,从而强迫受害人与其发生非暴力型的性行为。

(3)社交型性侵害。社交型性侵害是指在自己的生活圈子里发生的性侵害。与受害人约会的大多是熟人、同学、同乡,甚至是男朋友。受害人身心受到伤害以后,往往出于各种考虑而不敢加以揭发。

(4)诱惑型性侵害。诱惑型性侵害是指利用受害人追求享乐、贪图钱财的心理,诱惑受害人而使其受到的性侵害。

(5)滋扰型性侵害。滋扰型性侵害的主要形式:一是利用靠近女性的机会,有意识地接触女性的胸部,摸、捏其躯体和大腿等处,在公共汽车、商店等公共场所有意识地挤碰女性等;二是暴露生殖器等变态式性滋扰;三是向女性寻衅滋事,无理纠缠,用污言秽语进行挑逗,或者做出下流举动对女性进行调戏、侮辱。

【小案例】

16 岁的小燕,某天早上去上学的时候,看到一个老头向她走来。当他走近了,她才看见他的"小弟弟"在他的裤子外面。她大声尖叫,很想跑开,可她手脚发软动弹不得。到学校后她还全身发抖,而且整天不舒服。最后老师发现她不对劲,她才将遇到暴露狂的事情告诉老师,并向校方报告,还报了警。

2.性侵害对受害者的伤害

青少年时代正处于一个既充满希望又蕴含危机,既洋溢着欢笑又掺和着困惑的时期。他们还未真正独立地走入社会,属于社会的弱势群体,心理防线薄弱,缺乏社会经验,反抗能力较差,自然就成了性侵害者首选的"猎物"。就像动物世界残酷的追杀、捕猎场面一样,那些成年狮、虎总是选择未成年的弱小动物下口。

【小案例】

兰莘年方 17,是在校学生,一次在网吧聊天时,结识了袁某。一通天南地北胡侃之后,凭着三寸不烂之舌,没几个回合,袁某便"掳获"了兰莘的"芳心"。声称欲将她作为最好的朋友,并热情邀请兰莘到商贸城见面。

不谙世事的兰莘信以为真,欣然应允赴约。双方见面后,袁某惊呼"相见恨晚",用摩托车载着她前往附近某茶庄喝酒。席间,袁某频频向她敬酒,至次日凌晨 1 时许,兰莘已喝得醉醺醺的。此时,袁某装出热情关照的样子,将她带到约 5 千米外的城北一家旅社开房,并将其奸淫……

强奸对青少年来讲是一种可怕的经历,并时常伴有受伤、感染疾病,导致少女怀孕,甚至死亡。

性强暴所导致的伤害不仅有身体上的,还有心理上的。心理上的创伤是很严重的。这种创伤可以持续很长时间,导致被害人对未来感到绝望,失去安全感,滥用药物,人际交往障碍,过早性行为等;严重者可导致自杀意念、自杀企图和自杀行为。被害人在事件发生后经常会有一种自责感或有罪感,会情不自禁地在心里说:"我真不该……如果我不……"这种心理反应是十分有害的,使受害者很难恢复正常生活,精神萎靡,甚至崩溃。

应该让受害者明白:她们是没有任何过错的,对此事是不负任何责任的。这时的受害者急需别人的帮助和理解。受害者被救之时要迅速采取措施,给予充分的劝慰和支持,尽量减少她与外界的接触,使受害者感到自己已处于绝对安全的环境中。事件之后,要对受害者进行支持性心理治疗,帮助她摆脱抑郁情绪,提高自尊与自信,建立安全感,提高精神生活质量。老师、同学、医生以及身边的亲人对受害者应尽可能地给予悉心的关怀、帮助和支持,不应该歧视受害者。

(二)性侵害的预防

青少年学生要时刻具有防范和自我保护的意识。从外表上看,坏人与常人没有什么区别,他的长相可能很凶恶,也可能很和善;可能是陌生人,也可能是非常熟悉的人;可能是男性,也可能是女性。在你没有任何戒备的情况下,甚至采用迷奸药等麻醉类药物,诱骗你,借机伤害你。所以,要时刻提防坏人,小心上当受骗。

【青春小贴士】

迷奸药

　　迷奸药,即氯胺酮,也称"强奸药",经常被作为犯罪工具,属于严格管制的危险药物,速溶,无色无味,很容易溶于饮料,还可以掺和在饼干中,不易发觉。饮(食)用者有头晕感觉后 2~3 分钟就失去知觉。它能使人精神恍惚、产生幻觉,让人意识不清或晕厥,影响判断力。受害者清醒后,一般记不起昏迷期间发生的事情。通常这种药物还可以激发受害者的性欲,使受害者不能自控。这些药物非常危险,当它们与酒、毒品等混合饮用时,就有可能置人于死地。

　　1.性侵害的预防方法

　　(1)要珍惜自己的身体。性器官是身体非常隐私的部位,平时遮盖起来,不能随便在别人面前裸露,更不能轻易让人触摸。

　　(2)穿着得体,举止端庄。夏天不要穿得过紧、过透、过露,言谈举止不要轻浮、随便、不检点,避免引起异性的非分之想,招致性侵害。

　　(3)尽量不要单独待在僻静的地方,尽可能避免黑夜单独外出。不要独自去偏远的地方,不要独自通过昏暗的地下通道,不要随便出入电子游戏机房、台球厅、歌舞厅、酒吧、网吧等活动场所。因为这些场所常常是性侵害者的"聚集地"和"狩猎场"。

　　(4)不要轻易相信陌生人。不要吃陌生人递过来的食物、饮料;不要接受陌生人送的钱财、礼物、玩具,不要搭乘陌生人的便车;遇有驾车的陌生人问路,要与车身保持一定的距离。

　　(5)当独自在街上或其他地方行走,发现被坏人盯上时,要设法迅速摆脱坏人。除非迫不得已,要尽量避免与坏人正面对抗。这时,重要的是保持头脑冷静,要根据当时的环境和自己的身心状态迅速思考对策。

　　(6)一个人在家时要把门窗关好。在开门前应问清来人是谁;不要轻易让外人进屋,即使是比较熟悉的人。

　　(7)不饮酒。因为饮酒过量会影响人们作出正确的判断。

　　(8)对一些不合理的、违背个人意愿的请求,要敢于说"不",坚决拒绝。

　　(9)与异性朋友相处时,彼此之间要说明自己的需要和限制,对不想要的行为要直截了当地指出。

　　(10)性侵犯者并不局限于陌生人。许多性侵犯者是受害者熟悉的人,他们可能是邻居、朋友、同学、老师、父母的朋友或其他熟悉的人,甚至是自己的亲戚和家人。然而,无论侵犯者是谁,无论以什么理由进行,都是错误的、不合理的行为。

【青春小贴士】

　　夏天是强奸案案发最多的时候。气温每升高两度,强奸案就会上升 1%。为什么夏天的性侵害案件多呢?

(1)女孩子穿的衣服紧、露、短、透。

(2)睡觉的时候不关窗户、不关门,甚至露宿街头。

(3)日照时间长。夜长的时候,人们往往很早就回家了。但到了夏天,晚上七八点的时候很多女孩还在外面,这就增加了她们的危险性。

一年12个月,性侵害案件的高发时间段是在8月;一天24小时,性侵害案件的高发时段是晚上7点到第二天早晨6点。那么8月份的晚上7点到早上6点,则是双重高发时段,应引起我们的高度警觉。

查一查:

请查阅有关资料:什么是"约会强暴"? 跟朋友约会时应注意哪些问题?

2.自我防卫的方法

万一遇到坏人时,千万不要失去信心,要尽量想办法摆脱困境。自信和积极的心态在保护自己时是最重要的。要摆出自信的身体语言——"少来惹我,我不是省油的灯",可以免掉很多麻烦。

学会一些防身的技巧,在情况发生时可以给自己一个更好的逃脱机会。当然,防身自卫,既要有一定的防卫技巧,更要具备良好的心理素质,树立邪不压正的信心和勇气,时时警醒自己,做好对付突发事件的准备。不少青少年遭遇歹徒时,惊慌失措,吓得全身发抖、瘫软,甚至失语、昏厥,这是性侵害者屡屡得逞的一个重要原因。而大胆地运用防卫技术进行正当防卫,"以智取胜",通常情况下是能够抵抗性侵害的。

(1)呼叫法。适时大声呼救求得他人的援助,可"借势化力",避免灾难。

(2)周旋法。假装恐惧,隐藏自己的真实意图,巧妙周旋,使歹徒产生错觉、放松警惕,抓住时机逃脱。

(3)击腹法。遇到脖子被歹徒勒住,速用拳头或肘猛击歹徒的腹部,可使其松手;或者用手或脚抓、捏、掐、扭、踢、击其睾丸。

(4)蹬踩法。用鞋跟部猛蹬歹徒的胫骨前部或用力踩歹徒的足部。

(5)扭指法。遇到歹徒将自己勒住或抱住时,速将其小指捏住,用力向外侧扳,使之剧痛或折断其手指。

(6)戳喉法。五指合拢并伸直,以指尖或掌侧猛戳歹徒的喉头。

(7)提膝法。靠近歹徒时,提膝向其胯下或裆部、小腹部猛撞。

(8)击眼法。用两指叉开成"V"形,使劲插戳歹徒的眼睛;或者用沙子、石灰等撒过去。

(9)口咬法。尤其是女性被歹徒抓住后,在不得已时,可用口咬歹徒的舌头、鼻子、耳朵或手指等。

(10)头撞法。与歹徒靠近时,可用头部撞击歹徒的胸、腹和头等要害部位;用头从下往上,突然顶其下巴,使其失去重心。

当然,在做这些反击时,不仅要使出吃奶的力气,还要加上自己全部的身体重量。因为,这可能是唯一的机会了。

3.如果不幸被强奸了怎么办

在当今社会,贞操仍然被看得非常重要,尤其是对女孩子。因此,强奸给受害者特别是女性带来的伤害远远超出我们的想象。尽管平时已经很努力,已经倍加小心,充分运用自己的能力和常识来避免受到伤害,但有时仍然可能遭遇厄运。万一不幸被强暴了,该怎么办?

(1)要努力使自己镇静下来,不要感到羞耻,更不要自责。要尽快将发生的一切告诉亲人或最信赖的人。及时求助会帮助你卸下沉重的心理负担,使你得到最需要的温暖和情感上的支持。

(2)在亲人的帮助下去找医生(之前不要洗澡),因为你要取证。取证的内容包括毛发、精斑、体液、抓痕、现场遗留物等。

(3)报警。求助专业人士给你法律帮助,指导你怎么报案。关于性侵害的案件,在整个审理过程中是有严格保密规定的。也就是说,你的姓名、你的档案,包括你的真实身份是不允许向外界透露的。最好事后立即拨打 110 报警,因为那时你能最好地回忆起被伤害的细节,这样有利于警方根据你所提供的信息缉拿凶犯。

(4)如受害人身体受到了重伤,报案与急救要同步进行。除治疗内伤、外伤和紧急避孕外,还要采取必要的措施防止性病、艾滋病的感染,尽全力把伤害降到最低。

(5)积极寻求心理救助。强奸是一种非常恐惧、极具伤害性的经历,事发后一系列的负面情绪如害怕、焦虑等会折磨你。因此,要积极向父母、亲人、心理救助机构或充满同情心的朋友倾诉,有助于尽早从痛苦中解脱出来。当然,深爱你的父母对你被强暴这件事反应也会很强烈,他们有时也需要心理医生的帮助。

【拓展训练】

一天晚上,16 岁的女生小 A 的父母有事外出,就她一人在家。晚上 9 点多,她父亲的一个好朋友 B 叔叔按响门铃,想进来。

问题:

(1)如果你是小 A,你该怎么办?

(2)针对这一问题,想出尽可能多的办法。可能的办法有:

①不出声,让他以为家里没有人。

②打开门,让他进来。

(3)每一种办法都可能造成好和不好的结果。举例:

办法	好的结果	不好的结果
①		
②		
……	……	……

然后,比较各种办法,从中挑选出你认为的最好的办法＿＿＿＿＿＿＿＿＿＿。

(三)其他意外伤害的自我防护

1.在日常生活中,培养自我保护的能力

如今的绝大部分家庭中,父母都极其疼爱孩子。绝大多数的孩子自己无须担忧任何变化，几乎没有受挫的体验，也缺乏独立作判断和作决策的机会。因此，如果不从日常生活开始就培养自我保护能力，以后将很难独立立足于充满竞争的社会和从容应对生活中的挫折和意外。

(1)家庭生活安全方面。出门前要关好门窗，检查煤(燃)气灶是否关闭，电源是否拔掉，水龙头是否拧紧，以免无人在家时造成不必要的意外等。

【青春小贴士】

当遇到小偷入室偷盗时，应怎么办？

①进门前如果觉得有任何可疑的地方(例如大门被打开，看起来好像有人侵入)，立刻离开，打电话报警。

②进家门后发现有人入侵时，最重要的是保护自己。不管歹徒是不是使用暴力，你都不要冒险去攻击他。先进入一间有锁的房间，然后赶快打电话报警。留在房间里，确定歹徒走了以后才能出来。

③进入家里的人可能有武器，甚至可能吸毒，所以更不能预料他会做出什么事。因此，千万不要和他发生正面冲突。

(2)校园安全方面。校园是青少年健康成长的美好乐园，但校园里也会发生暴力事件，比如打(群)架、斗殴、以大欺小、“揺肥”等现象。校园暴力多与某些学生的生活环境和所形成的不健康心理有关，由于对家长、老师、同学不满，以盲目反抗的情绪和攻击的态度对待别人。

【青春小贴士】

校园安全注意事项

①尽量不要与“小霸王们”发生正面冲突。“惹不起躲得起”。

②如果对方力量过于强大，可以先把钱物给他们，然后报告老师、家长。“好汉不吃眼前亏”。

③在劫持者经常出没的地方，可以请警察出面干预。

④在上下学时最好结伴同行。

(3)社会安全方面。青少年外出游玩、办事期间，应时刻保持警惕，切不可随便轻信他人，更不可随意跟陌生人走。因此，要减少伤害事件的发生，青少年平时要多关心周围发生的事情。发生在别人身上的事情应引以为戒，别人好的经验应注意吸取；尽量不单独或晚上外出，要时刻让周围的人或家人知道你的行踪。

2.突发情况的安全处置

(1)陌生人搭讪。当陌生人问路时，用常识进行判断就能知道。如果是个精神怪异的人上前问路，应该有戒心，最好一边走路，一边抱歉地说：“我不熟悉这里的路。”如果有人从后面叫住：“小姐，你东西掉了。”“小姐，我好像在哪儿见过你。”或是其他恭维、赞美的语言，你应该明白马路上不是交朋友的地方。

当被人吹口哨、叫嚣或品头论足时（社会上确实存在只要见到女孩就肆无忌惮地狼嚎鬼叫的人），不论你觉得是赞美还是骚扰，最好视若无睹、充耳不闻，尽快离开。如果作出回应，那样只会招惹来更讨厌的反应。

当遭到羞辱或谩骂时，比如走在路上无缘无故被一群人批评长相、生理特征，最好"无动于衷"，仍然保持你的尊严，不要跟他们一般见识。因为无论你做出什么反应，都会被视为一种挑衅，正好给他们一个一哄而上的理由。

（2）被人跟踪。一个人走路时，要知道路线；对周围发生的事情多留心，千万不要耳挂随身听或脑做白日梦，要多环顾四周；从主干道转入小道时，注意看有没有人跟踪。一旦确定被人跟踪，不要慌张，应积极采取措施：

①加快脚步。

②将手机拿在手上，随时准备报警。报警时脚步也不要慢下来。

③把耳机拔掉，以免妨碍视听。

④找到一家仍然在营业的商店、饭店、小摊，或是派出所、有人群的地方，赶快走过去，向人求救。

⑤当四下无人、也无处可去时，只有继续快步走，直到看见有灯亮的人家，好像回家一样自然地走到门前按铃，并且大喊："翔翔、彤彤、骁骁……我回来啦！快开门！"

⑥在到达安全地点前，仔细听身后的脚步，也可由路旁的停车、商店的玻璃窗察看对方是否加快脚步。

⑦当对方迈开脚步跑起来时，你就应该拼命奔跑了。逃跑时要做到：尽可能快跑；把身上妨碍行动的重物丢掉；挥动双臂大声喊叫引起别人注意；启动随身报警器；触发沿街停放的汽车的报警器；万不得已时，在尽可能不被撞倒的情况下，引起快车道上人员的注意。

3.学校意外情况的安全处置

学校是教育人的圣地，但这里也有意外情况发生。面对"校园恶霸"找茬时，应该让他知道你不是个默默忍受别人欺负的"软脚虾"。因为所谓恶霸总是找些看起来软弱的人欺负，以增加他们的自信心。遇到校园恶霸，要向老师、主任或校长告发他们，还要主动告诉父母。

同学间的性骚扰，不包括未侵害人的玩笑和恶作剧，也有可能发生。因为旺盛荷尔蒙会使年轻人做些傻事。任何牵涉性的言论，不论情节如何，只要你感觉不自在，就可视为骚扰。对付同学间的言语骚扰，通常不要理会他，他看不到预期的难为情的反应，就无趣了。

个别老师也会说些或做些让学生难为情的事情。对这些不足以为人师表、利用"特权"骚扰学生的人，学生应该勇敢地告诉他："你这不是身为老师该对学生说的话……我会把事情告诉主任或校长的……"

想一想：

只有女孩子才会遭受性侵害吗？

二、远离校园暴力

校园暴力是指发生在校园或主要发生在校园中，由同学或校外人员针对学生身体和精神所实施的、造成某种伤害和欺凌的侵害行为。这里所谈的是指学生之间的暴力现象。

在学生人际关系方面,校园暴力是一颗毒瘤,深深危害着同学们的身心安全。据报道:在上海,一个中学女生助跑10米飞踹她的同学;在西安,一个16岁的新生,被七八个同学强行扒光拍裸照;在福州,四女一男在众目睽睽之下暴打一名女生……这些真实发生的暴力事件让人触目惊心。

校园暴力的形式多种多样,主要有以下几种:一是索要钱物,不给就软硬兼施、威逼利诱;二是以大欺小、以众欺寡;三是为了一点小事大打出手,伤害他人身体,侮辱他人人格;四是同学间因"义气"之争,用暴力手段争短论长;五是不堪长期受辱,以暴制暴,冲动报复;六是侮辱女同学;七是侮辱、恐吓、殴打;八是网络暴力,即随着网络应用的进一步扩大,不少喜好欺小凌弱的人开始上网作案,在网络中恐吓、欺凌同学。

校园暴力还可分为硬暴力和软暴力。拳打脚踢、拔刀相向等是硬暴力,乱起绰号、推举"最差生"等就是软暴力。软暴力对学生心灵的伤害甚至超过了硬暴力,同样可以置人于死地。

(一)校园暴力产生的原因

(1)社会原因。生存的压力,生活腐化的现象,影视充斥的色情、凶杀、暴力镜头,给青春期学生带来许多负面影响;"老实人吃亏""弱肉强食"等思想的过分强化;网络游戏中的打打杀杀、随心所欲,使得暴力正在从虚拟的游戏世界向真实的校园蔓延等。

(2)家庭原因。孤独的成长环境:独生子、单元房、家长忙于工作、从小没有伙伴分享快乐,家庭教育功能的不健全和缺失,使孩子养成了"我行我素""唯我独尊"的性格,一遇到不符合自己意愿的问题就会走向极端。另外,这些学生本身就有可能是家庭暴力的受害者。

(3)个体原因。产生暴力的主要诱因之一是青少年的个体攻击性太强。根据心理专家的研究,当一个人受到挫折时,容易引起情绪上的冲动和愤怒,因而产生对一定对象的报复和攻击的行为。各种导致挫折感的动因,如受欺辱、遗弃、排挤,以及自卑等都容易引发攻击性的行为。所以在学校学习和日常生活中,一遇冲突就会把这种不良的心理带出来,酿成校园暴力。另外,还有经济原因、情感困惑、欺负弱小(无法真正变得强大时,有的人选择在弱者面前逞强),甚至无理由(青春期的孩子也渐渐把无理由当作"酷"和与众不同)等。

(二)校园暴力是违法行为

18岁以下未成年人实施校园暴力行为违反法律规定,也应承担相应的民事侵权责任、违法责任甚至刑事责任。

1.民事侵权责任

校园暴力行为直接对受害人造成人身伤害的,属于侵权行为。加害人应向被害人承担下列赔偿责任:支付医疗费、护理费、残疾补偿金、残疾辅助器具、丧葬费与死亡赔偿金、精神抚慰金以及其他经济损失。

2.违法责任

校园暴力行为若属于扰乱公共场所秩序行为,应当承担相应的行政责任。根据《中华人民共和国治安管理处罚法》相关规定,扰乱公共场所秩序的行为:对参与人,将处以警告或者二百元以下罚款;情节较重的,处五日以上十日以下拘留,可以并处五百元以下罚款。对已满十四周岁、不满十八周岁的人违反治安管理的,从轻或者减轻处罚;不满十四周岁的人违反治安管理的,不予处罚,但是应当责令其监护人严加管教。

3.刑事责任

对于校园暴力行为,如果情节、后果严重,应按照"故意伤害罪"定罪量刑。如果有聚众斗殴行为,还将构成聚众斗殴罪。

查一查:

《中华人民共和国刑法》对刑事责任年龄有哪些规定? 对"聚众斗殴罪"如何量刑?

(三)正确应对校园暴力

针对校园暴力,无论是已经受过伤害的学生,还是正在遭受或即将遭受伤害的学生,都可以在学校、警方、家长的帮助与配合下,与施暴者来一场斗智斗勇的周旋,而不要逆来顺受或以暴易暴。否则,不但不能阻止暴力对自己的伤害,还会使其对自己的伤害越来越大。绝不旁观别人受欺凌,不要庆幸他们没有找上你,要"见义智为",要有胆量去"告发"他们。

与校园暴力作斗争一定要讲策略,要学会具体情况具体分析,特别是要尽可能避免正面的直接搏斗,以免引起不必要的伤亡。只要能想办法达到使施暴者受到合法惩罚这个目的,就是勇敢的表现,并不是只有正面的直接搏斗才算勇敢。在自己势单力薄、不满足施暴者的某些欲望便不能脱身,甚至还要受皮肉之苦时,给予物质金钱也是一种缓兵之计。但一定要把对方的体貌特征看清楚,以便协助学校、家长或警方把他们抓获。当有人尤其是陌生人约自己到较偏僻的地方去时,一定要坚决拒绝;当侵害到来时,一定要想办法逃脱,并积极寻求帮助。同时,还要自觉增强法制意识。在侵害发生后,要能够勇敢站出来,用法律的武器保护自己的正当权益,绝不让欺凌你的人逍遥法外。

想一想:

你身边发生过"被洗钱"的经历吗? 发生过暴力现象吗? 应该怎样应对?

第二节　拒绝不良诱惑

一、常见的不良诱惑

测一测:

里面是什么?

在讲台上放置三个空碗或类似的不透明容器,其中两个敞开,一个盖上。请问:当第一眼看到这三个碗时,我们的注意力会集中在哪一个上?

(一)吸烟

目前,我国青少年吸烟呈现低龄化趋势,并且女学生尝试吸烟率和正在吸烟率均有上升趋势。

1.吸烟对青少年的危害更大

众所周知,吸烟不仅对成年人的危害很大,对正处于生长发育期的青少年来说更大。青少年正处在生长发育时期,各生理系统、器官尚未完全成熟,对外界环境有害因素的抵抗力较成人弱,易吸收毒物,损害身体的正常生长。吸烟开始年龄越早,肺癌发生率与死亡率越高。平均来看,若吸烟者从青少年时开始吸烟,并持续下去,就会有50%的概率死于与烟草相关的疾病。其中半数将死于中年或70岁之前,损失大约22年的正常期望寿命。由于长期吸烟,从青年时期开始的任何年龄段的吸烟者都比不吸烟者的死亡率高约3倍。对未成年人来讲,烟草中的尼古丁是一种神经毒素,主要侵害人的神经系统。一些青少年在主观上感觉吸烟可以解除疲劳、振作精神等,这是神经系统的一次性兴奋。实际上尼古丁引起的快感是短暂的,兴奋后的神经系统会出现抑制。所以,吸烟后神经肌肉反应的灵敏度和精确度均下降。

【青春小贴士】

烟草中的有害成分

焦油:俗称"烟油子",每支烟卷含20～30毫克,其中含有多种致癌、促癌物质。

一氧化碳:每支卷烟可产生一氧化碳20～30毫升。一氧化碳在体内与血红蛋白结合的能力比氧高260倍,极易导致人体尤其是大脑缺氧,还能促进胆固醇贮量增多,加速动脉粥样硬化。

尼古丁:一种神经毒素和剧毒物质,具有成瘾性。对一个成人来说,尼古丁的致死量为40～60毫克,相当于27～60支香烟中所含的尼古丁。

刺激性化合物:燃烧香烟产生的烟雾中含有多种刺激性化合物,例如甲醛、氰化钾等,可严重破坏支气管黏膜,使肺和支气管发生感染。

有害金属:烟草中含有砷、汞、镉、镍等有害金属,是强烈的致癌物质,引发肺气肿、哮喘、肺癌等;甚至杀死精子,导致不育症。

2.青少年吸烟的原因分析

首先是虚荣心。好面子,不好意思拒绝朋友递过来的香烟。当人们彼此相遇时,相互敬烟已成了一种社会习俗,用敬烟来表达尊重与热情。在熟人和朋友当中,敬烟不但流行而且非常重要,能起到加强友谊的作用。对于那些不吸烟的人来说,他们经常遭受拒绝别人敬烟后所带来的苦恼,甚至觉得很丢脸,这是因为中国的文化把接受对方的敬烟看作一种好客和热情的表现。

青少年长期在这种社会环境的影响下,就不好意思拒绝朋友第一次递过来的第一支烟。他们认为如果拒绝的话,就是不够哥们儿姐们儿,就是不讲义气的表现。正是在这种思想的潜移默化下,他们开始了人生的第一支烟。

其次,烟草广告等的误导。烟草广告、促销和赞助,将烟草和运动、成功、独立、性感等相联系,美化了烟草形象,对青少年吸烟有极强的诱导作用。在花样翻新的烟草广告前,青少年往往高估同伴和成人的吸烟率。那些打着预防青少年吸烟旗号诱导青少年吸烟的行为尤其恶劣。比如宣传"吸烟是成年人的选择",暗示吸烟是成熟的标志。影视作品中的吸烟镜头,特别是青少年偶像型人物的吸烟形象,对人们尤其是青少年群体的行为产生了不可忽视的影响。大量的烟草镜头大大提高了青少年尝试吸烟的可能性。即便不吸烟的青少年,如果其崇拜的偶像吸烟,他们对吸烟行为认同的可能性就会提高很多。

再次,零花钱增多和香烟的获取渠道增多。随着社会的发展,人们生活水平的提高,家长给孩子的零花钱也变得越来越多了,这无形中也给了青少年接触香烟的机会。吸烟学生获得香烟的途径主要包括自己购买、向别人要以及从比自己年龄大的人手中得到。尽管中国的预防未成年人犯罪法禁止任何经营场所向未成年人出售烟酒,但83%的吸烟学生说,没有遇到因年龄太小而买不到烟的情况。这种情况的出现还是有关部门执法力度不够造成的。

3.创造无烟环境,使自己健康快乐地成长

(1)避免参与吸烟的场所或活动,将大部分时间花在学校或其他不准抽烟的地方。

(2)鼓励和提倡同伴间劝说戒烟,对吸烟行为进行互相监督。面对同龄人相互递烟的情况,要学会善意地拒绝,并试着劝诫朋友不要去吸烟。这样既不会让自己没有面子,同样也不会破坏友谊。

(3)应合理支配、管理好家长给自己的零花钱。如果觉得自己自控能力差,少拿零花钱。家长给孩子零花钱原本是出于爱孩子,所以应合理支配自己的零花钱,买一些必需的生活用品、学习用品等。

(4)餐后刷牙、漱口、喝水或散步,摆脱饭后一支烟的想法。

(二)酗酒

【小案例】

中央电视台的新闻社区节目曾报道了这样一条啼笑皆非的消息。最近,青岛市的两个上高中的孩子,比试到底谁的酒量大,结果两个孩子一口气喝下了4斤38度的白酒。晚上七点多,记者在青岛海慈医院见到了这两名高中生,重度酒精中毒的小姜已经躺在急诊室里一动不动,门外凳子上的小赵也是神志不清、语无伦次。半小时后,有些清醒的小赵给记者讲述了事情的经过。原来小赵一直对小姜的酒量很不服气,于是他找到小姜决定跟他一拼高下。他们喝下一斤白酒后又要了三瓶38度白酒,两人一饮而尽。年轻的豪情何必要以这种方式进行比拼?

1.酗酒的原因

(1)基因可能是导致人们酗酒的因素之一。研究表明,酗酒者的孩子成为酗酒者的可能性是正常人的4倍。虽然这与环境因素没有必然的联系,但科学家将尽力找出哪些基因会增加酗酒的风险,从而开发出治疗酗酒的新药。

(2)在生理方面,酒精会改变大脑内化学物质的平衡。酒精会影响大脑中枢内的化学物质,如多巴胺,最终导致人体渴望酒精,以恢复愉悦的感觉,避免消极感受。如果当事人本来就压力很大,或有自卑及抑郁等心理问题,则更容易形成酗酒。

(3)社会因素也是导致酗酒的重要原因,如同伴的压力、广告和环境等。青少年开始喝酒的原因往往是效仿朋友。电视上播放的啤酒和酒精饮料广告,也往往将喝酒表现为迷人、愉快的消遣活动。

(4)家庭环境是导致酗酒的重要原因,希望青少年的家庭要引起高度重视。

2.酗酒的危害

(1)酒作为一种刺激性物质、一种麻醉剂,可以刺激胃壁,造成恶心、呕吐等症状。严重者神经兴奋过度,胡言乱语,倒在地上不省人事。若进一步发展,可引起细胞失水,神经中枢麻醉,严重时就会死亡。

(2)酗酒对社会也具有极大危害,因为酗酒是一种病态或异常行为,酗酒者常常通过酗酒来消除烦恼,减轻空虚、胆怯、内疚、失败等心理感受。当他们酗酒发泄时,就有可能出现醉驾、偷盗、车祸、杀人、家庭暴力等行为。

酒精对青少年大脑造成的伤害远远超过对成人大脑的伤害。过早大量饮酒可能对人的神经功能造成损害,甚至带来成年后的一系列健康问题。因此,青少年无论在何种场合,都应该学会自我控制,切忌饮酒过量。

【青春小贴士】

大量的临床试验证实:酒精中的乙醇对肝脏的伤害是最直接,也是最大的。它能使肝细胞发生变性和坏死。一次大量饮酒,会杀伤大量的肝细胞,引起转氨酶急剧升高;如果长期饮酒,还容易导致酒精性脂肪肝、酒精性肝炎,甚至酒精性肝硬化。上海环境经济研究所灾害预防研究室的一项科研报告披露:近七年间,因大量长期饮烈性白酒造成酒精中毒的患者上升28.5倍,死亡人数上升30.6倍。大量饮酒会对身体健康造成下列危害:

(1)酒精中毒。据测定,饮下白酒约5分钟后,酒精就会进入血液,随血液在全身流动,人的组织器官和各个系统都要受到酒精的毒害。短时间大量饮酒,可导致酒精中毒。中毒后首先影响大脑皮质,使神经有一个短暂的兴奋期,胡言乱语;继之大脑皮质处于麻醉状态,言行失常,昏昏沉沉不省人事。若进一步发展,神经中枢麻痹,心跳呼吸停止以致死亡。

(2)损害食管和胃黏膜。酒精对食管和胃的黏膜损害很大,会引起黏膜充血、肿胀和糜烂,导致食管炎、胃炎、溃疡病。酒精主要在肝内代谢,对肝脏的损害特别大,肝癌的发病与长期酗酒有直接关系。研究表明,平均每天饮白酒160克,有75%的人在15年内会出现严重的肝脏损害,还会诱发急性胆囊炎和急性胰腺炎。

(3)诱发脑卒中。酒精影响脂肪代谢,升高血胆固醇和甘油三酯。大量饮酒会使心率增快,血压急剧上升,极易诱发脑卒中。长期饮酒还会使心脏发生脂肪变性,严重影响心脏的正常功能。

(4)酒精中毒性精神病。当血液中的酒精浓度达到0.1%时,会使人感情冲动;达到0.2%~0.3%时,会使人行为失常;长期酗酒,会导致酒精中毒性精神病。

(5)营养失调。长期酗酒还会造成身体中营养失调和引起多种维生素缺乏症。因为酒精中不含营养素,经常饮酒者会食欲下降,进食减少,势必造成多种营养素的缺乏,特别是维生素 B_1、维生素 B_2、维生素 B_{12} 的缺乏,还影响叶酸的吸收。

想一想:

有人说:男性不抽烟,走路打偏偏;男性不喝酒,枉在世上走。对吗?为什么?

（三）色情

【小案例】

　　沈阳市某学校 19 岁的李某,向一个"哥们儿"借了一本手抄小说。其中内容淫秽、不堪入目的情节像幽灵一样迷惑了他。小小年纪就不思读书,还交了女朋友。父母上班后,他便把女友领到家中,品尝"禁果"。后来,这个女孩又与另一男孩交往,于是两个男孩发生争执,李某将对方扎伤,犯了伤害罪被判刑。

　　青少年好奇心强、分析能力差,很容易受淫秽文字、图片、视频和黄色书刊的诱惑而导致犯罪。比如黄色小说、色情网站、色情游戏、黄色录像等在社会上还存在,而课堂、书本、公益广告等正统的性教育方式却处于尴尬的边缘地位。在当代青少年中,网络以及同学或同辈群体之间的口头传播是了解性知识的最主要途径。色情的传播腐化了社会风气,误导了青少年,扭曲了他们的性观念。其结果是,轻者影响学业,重者走上犯罪的道路。

　　1.媒体色情信息的诱惑

　　媒体中的色情内容主要指,大众媒体报道的性信息、明星的花边新闻、模特以暴露的身体做广告、电影或电视剧中渲染暴力色情的不良镜头、性药广告等。

【青春小贴士】

　　中宣部、广电总局近年连续推出多道禁令,以净化荧屏和网络。这些禁令主要涉及四大内容:一是涉案剧从电视台黄金时间撤出。不健康的涉性内容、封建迷信和伪科学,浮华媚俗、低级无聊等内容都被禁止。二是网络游戏节目遭到禁播。三是不得展示未成年人犯罪案件及其犯罪细节、作案方式。四是对电视真人秀节目内容、节目主持人的着装、语言等作出规范。

　　2.色情游戏

　　色情游戏对青少年的影响主要体现在人格和行为方面。青少年正处于人格形成的关键时期,色情游戏会削弱青少年的意志力,让他们控制力下降,轻易受到诱惑,从而导致学习成绩下降。在色情游戏的潜移默化下,青少年的心理健康也会受到严重的影响,影响正确审美观的建立。

　　3.黄色出版物

　　黄色出版物主要指将青少年作为读者对象,内容涉及描写色情、凶杀、暴力的漫画、性爱小说和画册等出版物,尤其以"口袋书"为多。"口袋书"是一种能装在口袋里、随身携带的图书,其内容也多为服务性,如英语、旅游、漫画等。近年来盗版"口袋书"的出现,对青少年的精神危害极大,如不及时制止,必将产生难以想象的恶果。

　　4.网络色情

　　互联网络技术的发展,移动终端的普及,一方面极大地丰富了普通网络用户对资讯的需求,另一方面也为色情制造者、传播者提供了更为先进的传播手段与渠道。各种各样的色情内容都可以通过网络以低廉的成本向全世界倾销。

（1）网络色情的特点。

①广泛性与集中性。在网络这个虚拟空间，储藏着海量的色情内容，既有文字的信息，也有图片、视频信息。各种色情站点或网页之间存在千丝万缕的联系，链接非常方便。

②匿名性。网络的匿名性仅仅是相对而言的，实际上连接网络的任何一台终端都可以通过 IP 地址找到使用者。只是实际做起来比较困难，因为要通过各种相关部门甚至跨国界的配合才可能成功。在现实生活中，可能迫于道德或法律的威慑，一些人对色情内容或色情服务会有所顾忌。但网络的匿名性，使一些网民尤其是青少年网民禁不住网络色情的诱惑，铤而走险，或者向他人提供色情服务，或者迫使他人为自己提供色情服务。网络的匿名性一方面为各种提供色情服务的个人或团伙提供了极大的便利，另一方面也为一些涉世不深的青少年网民提供了一副面具，做出各种在现实生活中不可能做出的举动。可以说，正是网络的匿名性使得网络色情得以繁衍、传播。

③开放性与互动性。网络是跨地域、国界的，不受时空阻隔。网络的互动性、参与性非常强。只要连接网络，用手机随时随地就可以阅读到各种各样的色情文字，欣赏形形色色的色情图片、电影，参与各种怪异的性游戏。网络的开放性与互动性意味着网络色情不再是一种单纯的性幻想，在很多方面与真实的性交往具有相似性。

④监管的困难性。互联网自诞生之初就缺乏一个强有力的机构对它所提供的信息进行有效的监督。加上由于各国文化、法律的差异，对色情内容的界定存在很大的不同，使得网络色情的监管非常困难。

（2）网络色情的传播方式。

①色情图片。这是网上最常见，也是最猖獗的色情传播方式。这些色情图片是网络上人们接触到的最多的、刺激最强的色情内容。一些网民除正常地使用网络技术、信息外，一个主要的目的就是浏览这类色情图片。

②色情文字。一些网站或网页以大量的露骨的性描述作为主要的内容。这些内容在成年人看来都会眼红耳热。而且这类以色情文字为主要内容的网站，在设计网页方面非常老道，网站上的内容、文件下载起来非常方便。

③色情视频。随着视音频技术的发展，色情录像、现场直播成为网络色情传播的重要方式。这些色情视频以数字化压缩的方式将动态画面和声音以数百倍的效率压缩到很小的存储字节，可以方便地从网上直接在线播放或下载后以离线的方式播放。

④网上色情交流。这种网上色情交流对一些网民可能更具有吸引力。主要在于这种交流具有很高的互动性、不可预知性及神秘性。网上色情交流的场所是以性爱话题为主的网上聊天室、视频直播间。在国内很多的网站（包括一些个人网站），不管是有名还是无名的，都可以发现以性爱为主题的聊天室。直播室交流的内容充斥着性的挑逗与肮脏的性交易。

⑤网上色情广告。这种传播方式主要是通过网络推销性用品。

（3）网络色情的危害。

①影响学业或工作。迷恋网络色情对网民们最直接、最明显的影响是荒废他们正常的学业或工作。个人的精力、时间是有限的，把大量的精力、时间浪费在网络聊天上，必然会影响网民的学业或工作。

②扭曲青少年的身心健康甚至走向性犯罪。网络色情提供大量的色情视频、图片与文

字,而其中的很多图片与文字宣扬的是各种畸形的性行为如性变态、同性恋、恋童癖、乱伦等。不论是青少年主动寻求还是被动接收这类信息,对他们形成正确的性观念、性行为都会产生冲击。更为严重的是,一些打着"健康"旗号的网站传授的所谓"性知识"错误百出,根本就不具有科学性与严谨性。长期接收这些畸形的、错误的信息,对青少年的身心健康的塑造、发展会产生破坏性的影响。一些自制力差、意志薄弱的青少年禁不住诱惑,铤而走险,从此走向性犯罪的深渊。

③危及网民的人身安全甚至性命。一些有组织的色情制造、传播者利用网络聊天室诱骗一些网民提供各种有偿的性服务,不仅是明目张胆的犯罪,而且对网民的人身安全甚至是性命构成了直接的威胁。而一些犯罪分子则利用聊天室与网友进行"网恋""网婚",时机成熟时约请见面,对网民的人身安全构成了直接的威胁,一些网民甚至付出了生命的代价。

(4)网络色情的防范对策。

①政府职能部门要加强对网络色情的监督与打击的力度。政府职能部门一定要把监督与打击网络色情作为一项长期的工作来抓,对色情制造、传播团伙及个人进行严厉的惩罚。

②整个社会必须联合起来,共同打击网络色情。打击网络色情绝不仅仅是政府职能部门的事情,它和每一个人都息息相关。网络色情的跨时空特点可能使得各级政府职能部门顾此失彼,穷于应付。因此,要发挥整个社会的力量,尤其是依靠广大网民的力量,建立多渠道的网络犯罪报案系统,完善网络行为的监管机制,营造一个使网络色情无处容身的健康的网络世界。

③要不断提高自身素质,坚决抵制网络色情的诱惑。网络色情的制造者、传播者固然可恶,应受到严厉惩罚;但众多网民尤其是青少年网民对网络色情信息、色情服务的狂热追逐,则说明了青少年网民自身素质有待于提高。

【青春小贴士】

作为新时期的青少年,要自觉遵守"网络文明公约",不断加强自身素质的培养,形成良好的上网习惯,坚决抵制网络色情的诱惑。《全国青少年网络文明公约》内容:

要善于网上学习,不浏览不良信息;

要诚实友好交流,不侮辱欺诈他人;

要增强自护意识,不随意约会网友;

要维护网络安全,不破坏网络秩序;

要有益身心健康,不沉溺虚拟时空。

④家庭要负起监督的责任。一些父母对子女缺乏必要的监督是导致青少年沉溺在色情网络的一个重要原因。没有出事前对孩子在网络上从事些什么活动一概不知或知之甚少;一旦出事,才发现孩子在网上的所作所为。父母一定要对孩子的上网行为进行监督与引导,忙于工作或对网络不了解不能作为缺乏对孩子进行监督的借口。对待孩子的上网行为不能放任自流,适当的监督和了解、谈心、观察、必要的检查应该是家庭、父母的责任。

总之,抵制网络色情,为青少年提供一个良好的、健康的网络环境是一个系统的工程,需要依靠社会各方面共同的努力,仅靠单一的力量是难以取得成效的。

5.手机色情

当下手机已成为人们生活中不可或缺的组成部分。手机色情是网络色情入侵手机WAP的结果,也称"口袋色情",更让人防不胜防。

手机传播的低成本、私密性和易用性,使个人用户非常容易就可以通过QQ、微信等方式将色情内容与他人分享,手机色情内容传播的广泛性远远超出想象。

学生群体成最大受害者,监管学生用手机上网的难度要远远超过用电脑上网的。有不少学生通过手机浏览色情网站,甚至去一些专门的色情网站下载色情影片观看。手机媒体上各种"擦边球"的方式比比皆是,最常见的是存在于一些网站的图片频道、女性频道、情感频道中,以极其露骨的文字标题吸引用户点击,链接内容则多是普通的模特泳装照或并无详细性描写的文字,对于思想和心理尚未成熟的青少年来说除了诱惑还是诱惑。

2021年1月,教育部办公厅印发了关于加强中小学生手机管理工作的通知,强调"有限带入校园,禁止带入课堂",就是为保护学生视力,让学生在学校专心学习,防止沉迷网络和游戏,促进学生身心健康发展。

【拓展训练】

出难题

要求大家用左手写一句话(左撇子用右手),或者闭着眼睛走路(在教室里,从教室后面绕过障碍物走到前面)等违反习惯或常规的做法。谈谈改变习惯或行为方式的体验。

(四)网络沉迷

【青春小贴士】

网络文明是新形势下社会文明的重要内容,是建设网络强国的重要领域。近年来,我国积极推进互联网内容建设,弘扬新风正气,深化网络生态治理,网络文明建设取得明显成效。要坚持发展和治理相统一、网上和网下相融合,广泛汇聚向上向善力量。各级党委和政府要担当责任,网络平台、社会组织、广大网民等要发挥积极作用,共同推进文明办网、文明用网、文明上网,以时代新风塑造和净化网络空间,共建网上美好精神家园。

现代社会,生活节奏越来越快,人们面对面的交流愈发减少。沉浸在网络世界中,尤其是休闲娱乐之中,可放松身心,一次次体验沉浸的快感,在入迷的过程中,寄托情感,放松心灵,缓解或逃避现实压力。但无节制地使用网络,强烈地渴望使用网络,即沉迷网络,受困或受控于网络,就会造成一定的身体、心理损伤和痛苦。青少年是更易受到沉迷侵害的高风险群体,一旦形成网络沉迷,负面影响更甚。

1.网络沉迷的主要原因

现代青少年是网络原住民,互联网深刻地契合了青少年成长的一些心理需求,他们越来越多地依靠媒介感知周围世界。首先,网络使用满足了青少年自我认同的心理需求。例如,青少年热衷"迷"明星偶像,形成饭圈文化。他们以共同爱好、经历为基础,组成一个个相对小众的群体,组成"迷"群。迷群流行自己的小圈子交流符号和话语体系,形成一套社交文化,从而实现群体身份的认同。其次,网络使用满足并拓展了青少年的社会交往需求。网络游戏、饭圈等网络活动均具有排他性的内部社交语言和公共关系。他们逐渐演变成互相取暖的"灰色文化"群体,消解青少年个体的孤独感,对抗学校的严肃、学业的压力,并满足社交的需求。近年来,快速发展的短视频也深度契合青少年的娱乐、自我表达、社交互动的心理需求。第三,青少年主要的生活场景、时间安排都具有高度规制化特征。网络使用可以突破时空限制,脱离自我情绪。

2.网络沉迷的主要表现

(1)视听沉迷。网络上有许多诸如"音乐在线""在线影院"等网站,它们利用自身便利优势,吸引青少年沉溺于网络音乐、电影、短视频等的视听。

(2)游戏沉迷。

(3)交际沉迷。是指青少年利用各种社交软件或 APP 进行虚拟的人际交流。如不可自控地上网聊天、刷朋友圈、刷短视频、网上购物等

(4)色情沉迷。

3.解决网络沉迷的方法

在信息技术和数字媒体盛行的当下,解决青少年的网络沉迷问题需要充分的耐心和社会各方面协同配合。家庭教育是青少年防网络沉迷的第一道防火线,学校应重视青少年的心理健康教育与网络素养教育,互联网企业平台要在源头把好关。青少年自身要学会一些自我疗法:

在上网时间上要自我约束,特别在夜间上网时间不宜过长。

白天不要去上网,一天最好只上一小时。

不要在网上玩游戏,想戒网瘾首先一定要戒掉网游。

注意操作姿势。荧光屏应在与双眼水平或稍下位置,与眼睛的距离应在 60 厘米左右。敲击键盘的前臂呈 90 度,光线柔和不可太暗,手敲键盘的频率不宜太快。

丰富业余生活,比如外出旅游、和朋友聊天、散步、参加一些体育锻炼等。

出现早期症状应及时停止操作并休息。

一旦出现网瘾,不要紧张,要尽早到医院诊治,必要时可安排心理治疗。

逐步戒除,常想想自己还有好多事情没办呢,先去做其他事情。

在饮食上要注意多吃一些胡萝卜、荠菜、苦瓜、动物肝脏、豆芽、瘦肉等含丰富维生素和蛋白质的食物。

(五)赌博

赌博是一种拿有价值的东西做筹码来赌输赢的游戏,是人类的一种娱乐方式。任何赌博在不同的文化和历史背景有不同的意义。赌博是一种贻害身心的不良行为,一旦染上这种恶习,不仅自己的人生从此走入黑色陷阱,甚至会造成家破人亡的人生悲剧。

1.赌博的危害

作为一种用财物争输赢的行为,赌博在现实生活中很常见。《中华人民共和国刑法》第三百零三条明文规定了"赌博罪"和"开设赌场罪":以营利为目的,聚众赌博或者以赌博为业的,处三年以下有期徒刑、拘役或者管制,并处罚金;开设赌场的,处三年以下有期徒刑、拘

役或者管制,并处罚金;情节严重的,处三年以上十年以下有期徒刑,并处罚金。

青少年赌博可分为校园赌博和校外赌博。校园赌博一般是在课间休息、中午休息、自习课等时间发生;校外赌博往往涉及一些赌博场所,并且会有成年人参加。除了麻将、扑克、色子、牌九等手段外,社会上一些不法经营者在游戏厅、溜冰场等娱乐场所设有赌博机、跑马机等,以新奇方式吸引青少年,从中牟利。

赌博毒害身心,害人害己,是滋生犯罪的温床,是青少年违法犯罪的一个重要诱发因素。有的青少年从玩扑克、打麻将等变相赌博活动开始,逐渐堕入骗钱、偷钱、抢钱、大赌的深渊。一旦参与赌博,很容易上瘾,轻则分散他们的精力,影响他们的学习、就业和将来的职业发展;重则负债累累,打架斗殴,走上违法犯罪的道路。

2.青少年参与赌博的动机

(1)好奇心。这往往是青少年开始赌博的动机。

(2)寻求刺激。赌博对青少年来说不仅是物质刺激,而且是精神刺激,对青少年参赌者具有磁铁般的吸引力。

(3)逃避和消遣的需要。有些青少年不爱好学习或者学习压力大,空虚无聊,就会热衷于赌博。

(4)竞争心。赌博是一种比输赢的带有智力性的游戏行为,充满竞争性。争高低、图输赢是青少年陷入赌博不能自拔的一个重要原因。

3.戒除赌博的方法

一方面,父母及学校、教师要主动关心他们,多付出一点时间和耐心,帮助他们建立一个健康的成长环境,尽量发展他们的兴趣、潜能和品格;另一方面,青少年自己要做到以下几点:

(1)树立自信心和正确的人生观;

(2)充分了解赌博的危害,剖析自己沉迷赌博的原因,并请家人、朋友帮助自己一起克制;

(3)树立正确的金钱和时间观念;

(4)参加一些兴趣班或特长班;

(5)学会合理地宣泄情绪和舒缓压力;

(6)多和家人进行沟通;

(7)远离不良朋友。

(六)拒绝毒品

【小案例】

长沙某职校学生小军,在父母和邻居眼中一直是个乖孩子。10月17日是小军17岁生日,小军提出要和自己的好友一起过生日,父母答应了。他们做梦也不会想到,儿子当天晚上竟与12名同学、好友一起吸毒。长沙市公安局戒毒所有关负责人说,无知好奇、追求刺激是青少年染上毒品的两大主因。

1.毒品的种类

毒品是指鸦片、海洛因、甲基苯丙胺(冰毒)、吗啡、大麻、可卡因以及国家规定管制的其他能够使人形成瘾癖的麻醉药品和精神药品。《麻醉药品及精神药品品种目录》中列明了121种麻醉药品和130种精神药品。根据中国禁毒网权威发布,毒品分为传统毒品、合成毒品、新精神活性物质(新型毒品)。其中最常见的主要是麻醉药品类中的大麻类、鸦片类和可卡因类。

成瘾性是毒品的主要特征。毒品作用于人的中枢神经,具有麻醉性和毒性副作用,吸食或注射后能使人成瘾,并产生顽固的心理依赖和生理依赖。

2.毒品的危害

毒品的危害非常大,概括起来可以用12个字来形容,"毁灭自己,祸及家庭,危害社会"。因为,吸毒是触犯全国人民代表大会《关于禁毒的决定》和《中华人民共和国治安管理处罚法》的违法行为。吸毒是一种丑恶的社会现象,又是一个严重的社会问题和政治问题。

吸毒虽然能获得一时的快感,但它带给人体的长久肉体伤害和难以解脱的折磨,无异于慢性自杀。如果一个人走上了吸毒的道路,那么他的结局不外乎以下几种情况:一是戒毒成功,走向新生活;二是毒品服用过量而引起中毒死亡;三是因并发症而致残或致死;四是在吸毒、犯罪、判刑之间循环往复。

毒品最大的危害就在于它的成瘾性。毒品进入人体,很快使人对它产生适应性和依赖性,一旦停用会出现焦虑、流涕、腹痛、腹泻、体内瘙痒难忍等人体功能紊乱的症状,医学上称之为戒断症状。

戒除毒品最大的障碍就在于人对它的依赖性,表现为生理依赖和心理依赖。戒断症状的出现标志着生理依赖的形成。心理依赖是指对毒品强烈的心理渴求,俗称"心瘾"。心理依赖比生理依赖更顽固、更持久,往往是吸毒者多次戒毒失败的原因。

议一议:

毒品对个人、家庭、社会有哪些危害?

3.青少年易涉毒的原因

【小案例】

据统计,在我国的吸毒者中,35岁以下的占85%左右。青少年思想较幼稚,好奇心强,对毒品危害认识不足,抵御毒品快感的能力较差;尤其是一些青少年的某种逆反心理——越是危险的事,越是家长、老师谆谆嘱咐不可以做的事,他越想去试试!这一切就给了毒贩可乘之机,致使青少年吸毒现象蔓延。

(1)目前毒品扩散的趋势还在持续。一些毒品贩子利用青少年的好奇心理,采取多种手段引诱青少年上钩,致使染上毒瘾、难以戒断,有些被送进劳教所劳教。据北京某劳教所统计,吸毒的成因,38%是好奇,12%是受亲友影响,26%是精神空虚、追逐时髦,24%是被引诱上钩。

(2)社会、学校对毒品危害的宣传力度不够,政府有关部门采取的预防措施力度不够。毒品对青少年的诱惑是相当大的。当前一些不法分子往往采取在饮料、啤酒中投放冰毒或摇头丸的手段引诱青少年上钩。加上某些娱乐场所管理混乱,易让犯罪分子有机可乘。

(3)受毒品暴利引诱,毒品犯罪活动猖獗。国内一些不法分子为牟取暴利,与境外贩毒分子勾结,致使毒品犯罪呈现职业化、扩展化、武装化、国际化的趋势。毒品滥用多样化和制贩吸毒一体化,加大了禁毒工作的难度。毒品犯罪分子的手段之一,是利用一些社会经验少、辨别能力差的青少年为他们走私贩运毒品,以他们年龄小、处于无刑事责任和只承担相对刑事责任及减轻刑事责任的年龄段可以逃脱罪行为诱因,引诱他们参与犯罪活动。

4.拒绝毒品,做到"十不要"

(1)不要因为遇到不顺心的事而以吸毒消愁解闷。要勇敢面对失学、失恋等人生挫折。

(2)不要放任好奇心。如果因好奇心以身试毒,一试必付出惨痛代价。

(3)不要抱侥幸心理。吸毒极易成瘾,试一下将会悔恨终生。

(4)不要结交有吸毒、贩毒行为的人。遇有亲友吸毒,一要劝阻,二要回避,三要举报。

(5)不要在吸毒场所停留。身处毒雾缭绕的地方实际是不自觉吸毒,万万不可停留。

(6)不要听信吸毒是"高级享受"的谣言,吸毒一口,痛苦一生。

(7)不要接受吸毒人员的香烟或饮料,因为他们可能诱骗你吸毒。

(8)不要听信毒品能治病的谎言,吸毒摧残身体,根本不可能治病。

(9)不要虚荣,以为有钱人才吸得起来。吸毒是一种愚昧可耻的行为。

(10)不要仿效吸毒者,也不要崇拜吸毒的"偶像",这种赶时髦的心理既幼稚又糊涂。

【青春小贴士】

常见毒品知识

毒品名称	特　　性	长期吸食后果
摇头丸	安非他明类衍生物,是亚甲二氧甲基苯丙胺的片剂,属中枢神经兴奋剂	有很强的成瘾性。服用后表现为:活动过度、感情冲动、性欲亢进、嗜舞、偏执、妄想、自我约束力下降以及出现幻觉和暴力倾向等
鸦片	罂粟汁干燥而生,又称乌烟、大烟土、大烟	导致人体器官功能衰退,先天免疫功能受损,易患多种疾病,尤其是破坏胃、肝、心、脑等器官功能,超剂量吸食会导致人死亡
吗啡	从鸦片中提取的生物碱,是鸦片中起主要药理作用的成分。具有很强的成瘾性	可造成人注意力、思维和记忆性能的衰退,长期大剂量地使用吗啡,会引起精神失常的症状,出现谵妄和幻觉;在呼吸系统方面,大剂量的吗啡会导致呼吸停止而死亡
海洛因	吗啡与乙酐加热化合后得到的一种白色结晶粉末,是非医疗用毒品,具有很强的成瘾性	便秘,肺部受损,记忆力差,性欲降低,月经不正常,可过量死亡
大麻	一年生草本植物,大麻中的酚性成分具有精神活性作用,易被滥用,目前已成为毒品植物中最大众、最具有世界危害性的一种	肺部受损,记忆力差,免疫力低下,精子数减少,月经不正常

续表

毒品名称	特　　性	长期吸食后果
可卡因	从古柯树中提炼出来的白色结晶状细微粉末,属中枢神经兴奋剂,药性猛、成瘾快,国际上称之为"百毒之王"	心脏问题,癫痫发作,肺部受损,皮肤溃疡及感染;偏执狂,暴力个性,沮丧
冰毒	即甲基苯丙胺,又称甲基安非他命、去氧麻黄素,为纯白色晶体,晶莹剔透,外观似冰,俗称"冰毒"。它是一种强烈的中枢神经兴奋剂	使用过量会产生急性中毒,有的会产生自杀或杀人倾向。可出现心血管病症状如头痛、心绞痛;还可出现肠胃功能障碍。严重的可产生惊厥、脑出血、昏迷致死。慢性中毒可造成体重减轻和精神异常

二、提高自身防范能力,拒绝不良诱惑

(一)青少年易受诱惑的心理原因

青春期学生正处于情绪情感的"暴风骤雨"阶段,个体心理具有起伏跌宕、充满矛盾与冲突的发展特点。从生理上来说,正处于青春发育阶段,神经和内分泌系统变化剧烈,心理状态不稳定,自控能力较差,容易受到外界不良因素的影响。与成年人相比,他们的社会经验相对较少,缺乏辨别能力,因而容易上当受骗。从心理上来看,青少年的自我意识不断增强,有自我实现的欲望,求知欲、好奇心强,情绪热烈而冲动,习惯于感性思维,敢于冒险和挑战,模仿力、吸收能力强,而辨别力、判断力和自制力弱。因此更易受到"黄、赌、毒"等不良诱惑的毒害。

1.好奇心理

青春期学生的好奇心强,对什么都有着想试一试的冲动。尤其是面对性、毒品以及迷信活动等不良诱惑时,由于获得正确知识教育的渠道暂时不畅,会产生强烈的好奇心理。甚至他们明明知道这是不对的,甚至有害,却往往难以控制自己要试一试的欲望。

2.虚荣心理

青春期学生的自尊心、好胜心强,希望自己成为被大家所喜欢、尊敬或崇拜的人。因此,往往希望借助学习、服装、物品以及做一些特别的举动来赢取旁人(特别是异性)关注的目光。

3.模仿心理

青春期学生开始将注意力集中到发展自我、关心自我的存在上来。可是理想自我和现实自我的矛盾又给他们带来了不少困惑,便下意识地把自我实现的需要投射到一些自己喜欢和崇拜的人身上,如影视明星、作家、老师、父母、具有权威的同伴等等。而在此过程中,又缺乏较强的是非判断能力,很容易受到不良诱惑的影响。

4.消遣心理

一些学生由于精神的空虚,便试图向外寻求寄托,将那些不良诱惑作为消遣的途径。还有一些由于学业的压力和生活上的不顺利,也容易将这些视为发泄的出口。

5.从众心理

青春期学生"发展最迅猛的社会需要是受人尊重的需要、友谊的需要和交往的需要",他们开始疏远成人而热衷于同伴交往,对同伴倾注越来越多的感情。因此,青春期存在显著的"同伴导向"——个体对于影响有着很强的感受性,同时更多地向同伴寻求支持、指导。从众行为是青少年"同伴导向"的突出表现。

6.逆反心理

青春期学生自我意识强,又处于逆反期,对家长、老师的训斥不敢当面顶撞,心里抵触但无法发泄,便容易沉溺于一些不良诱惑,作为一种反抗手段。

(二)拒绝不良诱惑的方法

1.拒绝不良诱惑,让心灵充满阳光

为了身心健康发展,青春期学生需要提高自身心理素质和自我控制能力,以便提高抵抗外部不良诱惑的能力。与好书为伴,拓宽兴趣,让心灵与阳光相约。

(1)从好书中汲取力量。书是人类经验的结晶,是知识的源泉。读书能陶冶人的性情,能够激励人的斗志,能够培养积极健康的生活态度。读书会使人找到解决问题的钥匙,使人从寂寞和空虚中解脱出来。读书越多,人的心灵就越充实,生活也就越丰富多彩。

(2)拓宽兴趣。兴趣是保持良好心理状态的重要条件。在学习之余,可以通过看好书、写作、画画、听音乐、参与运动等方式健全个性,陶冶情操。有了健康的兴趣和爱好,心灵就会充实,生命也会因此显得鲜活和阳光。一个人的兴趣越广泛,走上社会后的适应能力就越强。

2.拒绝不良诱惑,让目标引领人生

(1)要有目标。无论是学习、生活,还是工作,都要有目标。"没有目标就一定没有成功"这一"铁律"不仅适合成人,也同样适合学生。有什么样的目标,就会有什么样的人生。目标比幻想好得多,因为它可以实现。正如空气对于生命一样,目标对于成功也非常必要。如果没有空气,没有人能够生存;如果没有目标,没有人能够成功。没有目标的人生,就像一叶无人驾驶的小舟,漫无目标地随风飘荡,遇到不良诱惑时完全没有了防范能力。

【青春小贴士】
制订目标的要素

(1)时间性:制订的目标既要有相对长期的远景目标,又要有相对较短的近期目标。"穷人精算眼前,富人规划未来。"

(2)特定性:目标要相对稳定;一旦确定,不要随便更改。

(3)具体性:目标要具体化,避免太笼统。不要将想法当目标。

(4)远大性:目标一定要远大,要让人心热,让人激动,这样才能激发潜能,才会有成就感,才会不平凡,才有价值。

(5)可实现性:目标一定是可以实现的,有现实可行性,而不是空想。

(2)重视行动。"种瓜得瓜,种豆得豆。"只要付诸行动,就一定会有所收获;如果坐着不动的话,就一定会一无所获。在制定目标后的行动中,还要不断地自我鞭策,决不能半途而废。目标设计得再完美,不行动,也只能是空想。空想家永远不可能成功。

3.拒绝不良诱惑,谨慎交友

有的青少年认为抽烟、酗酒、吸毒等是时髦和气派,可以在同龄人或异性面前"显摆",是高档消费和富有的象征。于是,"没关系,吸就吸吧,喝就喝吧,玩就玩吧,也不枉来人世""人生在世,吃喝玩乐"……最终陷入不良诱惑,轻则学业受挫、违法犯罪,重则家业、事业尽毁,甚至搭上性命。

4.拒绝不良诱惑,让毅力勇往直前

人们事业成功与否,在很大程度上并不取决于人的智力水平和客观条件,而取决于是否有坚强的意志。在困难挫折面前,如果你不用坚强的意志救自己,那谁也救不了你。事实上,意志力并不是生来就有或者不可能改变,它是一种能够培养和发展的技能。意志品质主要在实践行动中培养。

人立于天地之间,要有"不败、自强"的精神,不要有依赖他人的习惯和推卸责任的卑怯、软弱想法。将一切烦恼当作成长的跳板,沉着忍耐,以"有朝一日"来勉励自己前进,默默地吃苦耐劳,在自己应走的轨道上前进。实践证明,每一次成功都将使意志力进一步增强。如果你用顽强的意志克服了一种不良习惯,拒绝了一种不良诱惑,那么你就能获取与另一次挑战决斗并且获胜的信心。

5.拒绝不良诱惑,与法律并肩而行

(1)认真学习法律知识。法律就像社会生活中的"指南针",指引着生活的方向;就像竞赛规则,评判着每个人行为的优劣对错;就像巨大的"保护伞",保护着我们每个人享有自己的合法权益,对一切违法犯罪行为给予公平而严厉的惩处和制裁。

(2)提高辨别是非的能力。青少年在课堂上掌握的法律知识,只有经过对社会现实的剖析和自己的切身感受,才能转化为社会认知能力,成为法律意识。在法律知识的学习中应当树立以下五种观念:

①公共秩序不容扰乱;

②不义之财不可贪;

③"物"的禁区不能闯:如危险物类,枪支、弹药、管制刀具等;公用物类,交通、消防、用电等公用设施;违禁物类,毒品、黄色书画、音像制品等;赃物类,发现是偷、抢来的赃物绝不可以去贪图便宜;

④哥们儿义气要不得;

⑤以牙还牙不可取。

在社会生活中,要通过法律这面镜子来透视社会现象的本质,分清社会现象合法与违法的界限;要通过法律来规范自身的日常行为,做一个遵纪守法的公民;在遭遇不法侵害时,通过法律来维护自己的合法权益。

总之,现代社会有太多诱惑,它们总是展示迷人的一面,引诱我们渐渐远离自己的理想与目标。每个人都会面对种种诱惑:接触网络,会受到光怪陆离的画面、情节和场面的诱惑;接触社会,会看见生活很仁厚,像天使,赋予阳光、水与爱,以滋润我们健康成长;生活也很严酷,像恶魔,扑灭燃烧的思想,消耗生命的热情,把我们拖入看不见底的深渊。当然,生活可以剥夺我们的一切,也可以使我们拥有一切,就看我们是否能与生活展开战斗,和生活争夺

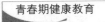

自己、争夺自由、争夺思想、争夺权利、争夺职责。

【拓展训练】

1.分小组进行讨论,遇到以下情况,该怎样做?

(1)朋友邀请你一起观看黄色视频。

_____

(2)某同学的生日聚会上,有人怂恿你尝尝"摇头丸"。

_____

(3)同学们业余时间玩点"带彩"的麻将,调节一下紧张的学习生活。

_____

2.围绕"为什么说选择毒品就是自我毁灭? 怎样向毒品说'不'"的主题,组织一场辩论赛,学会在挫折、压力和诱惑面前正确选择。

_____

_____

_____

_____

_____

第十章　洁身自好　远离性病

人的生命是很顽强的,可以在各种恶劣的环境中生存。但同时,人的生命也是很脆弱的,容易受周围环境中各种有害因素的侵袭,发生疾病甚至死亡。其中性传播疾病,如淋病、梅毒等就可以直接威胁人的健康,青春期学生应具备防范这类疾病的知识。

艾滋病自 1981 年由美国首次报告以来,已经成为医学及公共卫生领域的梦魇。21 世纪初,艾滋病在世界各地以惊人的速度流行蔓延,成为人类的新杀手。

第一节　性传播疾病的危害与预防

一、性传播疾病的危害

(一)什么是性传播疾病

性传播疾病,英文名 Sexually Transmitted Disease(或 Diseases),缩写 STD 或 STDS,俗称性病,过去也叫“花柳病”,是通过性行为感染导致性器官损害的传染性疾病。1975 年,世界卫生组织决定以“性传播疾病”这一新概念取代性病这一旧称。

目前,已有 20 余种疾病被列入性传播疾病,其中最严重的是艾滋病。世界卫生组织(WHO)将性传播疾病分类为四级:

一级性病:艾滋病。

二级性病:梅毒、淋病、软下疳、性病性淋巴肉芽肿、腹股沟肉芽肿、非淋菌性尿道炎、性病性衣原体病、泌尿生殖道支原体病、滴虫性阴道炎、细菌性阴道炎、性病性阴道炎、性病性盆腔炎。

三级性病:尖锐湿疣、生殖器疱疹、阴部念珠菌病、传染性软疣、阴部单纯疱疹、加特纳菌阴道炎、性病性肝周炎、瑞特氏综合征、B 群佐球菌病、乙型肝炎、疥疮、阴虱病、人巨细胞病毒病。

四级性病:梨形鞭毛虫病、弯曲杆菌病、阿米巴病、沙门氏菌病、志贺氏菌病、甲型肝炎。

我国重点监测防治的性传播疾病为:淋病、梅毒、艾滋病、尖锐湿疣、生殖器疱疹、非淋菌性尿道炎、软下疳、性病性淋巴肉芽肿。

性传播疾病是人们违背自然规律,不慎重对待性行为,无节制地单纯追求性享乐的后果。

(二)性传播疾病的传染途径(图 10-1)

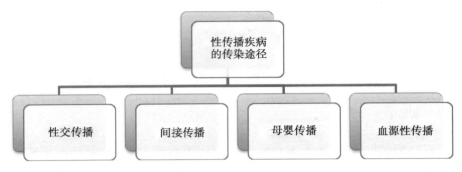

图 10-1　性传播疾病的传染途径

1.性交传播

不洁性交或非传统性交(如口交、肛交、同性恋),是绝大多数患者感染性传播疾病的基本方式。性放纵、性乱交、婚外性关系等非道德性交是性传播疾病传染的主要途径。

一般来说,约 95% 的性传播疾病均通过此种方式传播。生殖器部位的皮肤黏膜薄,血管丰富,性交时处于极度充血状态,性交摩擦可造成细微的损伤,为病原体的入侵创造了条件。

不洁性交是指性行为的一方患有性传播疾病或带有性传播疾病的病原体,在性交或性接触时,患者的唾液、精液或分泌物中的病原体通过男女之间的亲吻、拥抱、抚摸,由皮肤、黏膜侵入人体,致使对方被传染而患病。在现实生活中,不洁性关系主要指卖淫、嫖娼、多个性伴侣、性滥交等。正常性行为是人类繁衍后代的方式,是异性间感情交流的主要手段之一。只有不洁性交和不正当性行为才会传播疾病。卖淫者大多数感染一种或数种性传播疾病,与其性交一次平均受感染率为 30%,二次为 60%,三次为 90%,这是性传播疾病传播蔓延的主要原因。

2.间接传播

日常生活如与患者接吻、握手,或接触患者使用过的衣服、被褥、物品、用具、便器、马桶和浴巾等,均可能被病人的分泌物感染而带上病菌。与性传播疾病的病人密切生活在一起的健康人,当轻微的伤口接触到这些沾有病菌的物品时,就容易被感染。另外,浴室尤其是公共浴池有可能是一个传染性病的场所。

3.母婴传播

孕妇患有性传播疾病,未及时发现和治疗,或治疗不彻底,病原体可通过妊娠过程、分娩过程以及产后哺乳等途径传染给胎儿或婴儿,如梅毒、艾滋病等。

4.血源性传播

输入了被感染的血液或血液制品而被传染;使用被患者血液污染而未经严格消毒的医疗器具,在输血、输液、预防接种、手术、拔牙等过程中被传染;使用带病原体的器官移植、人工受精被传染;医务人员在临床工作中可能因伤口接触到患者血液而被传染。在文化、卫生水平比较低的地区,这种传播方式时常发生,但比直接接触机会少得多。

(三)常见的性传播疾病

1.淋病

淋病是由淋球菌引起的泌尿生殖器官传染病。它是当今世界上发病最广泛的性传播疾病。淋病多发于青年男女。男性多由性交接触感染;女性既可由性交直接感染,也可因使用污染的生活用品间接感染;小儿可能经由接触含菌分泌物而受到感染;儿童性虐待有传播淋病的可能。

成人感染淋球菌后的潜伏期:男性为 3~14 天(平均 3~5 天),女性为 10 天左右。男性淋菌性尿道炎表现尿道分泌物增多,开始为浆液性,逐渐转为黄色脓性,特别是晨起排出最多,常封住尿道口,呈"糊口"现象。患者尿道口红肿、刺痒,有尿痛和排尿困难。少数病例有疲乏等症状,两侧腹股沟淋巴结也可受到感染而引起红肿疼痛,甚至化脓。1%~5%的患者无症状,因而不求医,成为继续传播淋病的病源。

女性感染症状不如男性有特异性。感染部位不同,表现的症状也不同。如为尿道感染,则有尿频、尿痛及排尿烧灼感,尿道口红肿,可见少量脓性分泌物;如为宫颈红肿糜烂,有分泌物,有触痛,性交时疼痛;前庭大腺感染,腺开口部红肿、疼痛、严重者形成脓肿。与男性淋病患者相比,80%的女性患者症状轻微或无症状,但她们是淋病的传染源。

值得警惕的是淋病在男性身上发病明显,治疗后症状消失得快;但女性受感染后常因症状不明显而延误治疗,以至于盆腔感染而带来不孕不育等严重后果。在淋病的预防上,避免"多重性伴侣"是最有效的途径。

2.梅毒

梅毒是由梅毒螺旋体引起的慢性性传播疾病。临床表现多种多样,且时隐时现,病程可持续很长,几乎可侵犯全身器官,是一种全身性疾病。其危害健康远比其他性病严重,仅次于艾滋病。

梅毒的主要感染和发病过程分为三期。一期梅毒主要表现是"硬下疳",在生殖器部位的皮肤、黏膜上会出现一个个小红点,以后慢慢增大成纽扣大小的红斑,很硬。此时的梅毒传染性最强,但如果在这一时期内抓紧治疗,能痊愈。二期梅毒主要表现为发烧、呕吐、头痛头晕、全身无力。全身皮肤上都会出现斑丘样的疹子,不痛也不痒;肛门、外阴处有菜花样的湿疹隆起,叫扁平湿疣,头发像被虫蛀似的脱落,许多浅表部位的淋巴结肿大。身体内部,心血管、神经和骨骼都逐步受到侵犯。一期、二期梅毒经历四年左右。如果进行彻底治疗,还有可能痊愈。三期梅毒为树胶样肿,没有传染性,但已"病入膏肓"。皮肤、黏膜上梅毒疹子会发展成为结痂状,有的变成梅毒瘤,严重毁坏面容,全身组织也严重损毁。再发展下去,心血管和脑组织也受破坏,出现主动脉瓣闭锁不全、主动脉瘤、梅毒性脑膜炎、脊髓痨和麻痹性痴呆等,随时威胁生命。

3.尖锐湿疣

尖锐湿疣是由乳头瘤病毒引起的以皮肤、黏膜增殖为主的性传播疾病。本病潜伏期长,平均潜伏期 3 个月。传播途径主要是性接触传染,也可由母婴传播,少数人可通过日常生活用品如内裤、浴巾、浴盆等传染。

女性患者易发于大小阴唇、阴蒂、阴道和宫颈,多数有外阴瘙痒、白带增多等症状;男性多发于冠状沟、龟头、包皮等处,其次为尿道口、阴茎、阴囊。肥胖病人的臀间隙是易发生的部位。同性恋者可发生于肛周及直肠。皮肤损害为淡红至淡褐,根部有深褐色带蒂的突起,可为乳头状、鸡冠状或融合成菜花状;表面湿润柔软,可有轻度糜烂。

通常性生活愈活跃、性伙伴愈多的人,愈容易感染。预防本病的关键在于防止性乱交,另外注意外阴、肛门周围卫生,保持外阴干燥。

4.生殖器疱疹

生殖器疱疹是由单纯疱疹病毒引起的常见性传播疾病。初发感染指患者第一次感染单纯疱疹病毒,分为原发感染和非原发感染两种。原发感染是指从无单纯疱疹感染史,血清中抗单纯疱疹抗体阴性,此种感染症状最重,病程长,排毒时间长,伴有全身症状如发热、头痛、不适和肌病,在生殖器或肛周部位出现7~8个或10余个小丘疹,很快变成小水痘和脓疱,继而出现糜烂或溃疡,伴有局部疼痛,可合并出现排尿困难,女性白带增多,腹股沟淋巴结肿大。一般经过发疹、溃破、结痂、愈合、消退等过程,历时3~4周。非原发感染是指有以前曾感染过单纯疱疹的血清学的证据,此次发病表现基本与原发相同,但症状轻,病程短,全身表现少。

该病传染性极强,从性接触到发病2~7天。疱疹病毒主要存在于女性宫颈、阴道、外阴皮肤及男性阴茎、尿道等处。男性好发于龟头、冠状沟、尿道及阴茎等处,可并发前列腺炎、尿道炎等;女性则多见于阴阜、阴蒂、阴唇和阴道等处,可引起宫颈炎和子宫炎。

5.阴道滴虫病

阴道滴虫病是由阴道毛滴虫引起阴道和宫颈等处病变的性传播疾病,又称滴虫性阴道炎。

传染途径:①性接触直接传播。毛滴虫主要寄生于女性阴道、宫颈、子宫和尿道,也可寄生于男性的尿道、前列腺、睾丸、附睾及包皮等处,通过性交可互相直接传染。男性亦可患滴虫病。②间接传播。通过污染的浴盆、浴巾、马桶、衣物等传染。症状主要表现为白带增多,呈乳白或黄色,脓性、泡沫状或乳酪样,有恶臭。严重病例由于分泌物刺激,在外阴、阴道及大腿内侧有痛痒及烧灼感,有尿频、尿痛、性交痛,甚至血尿。阴道检查,可见阴道及宫颈黏膜红肿,散布的红色斑点呈特征性的草莓样外观,后穹隆有多量脓性泡沫状分泌物。

(四)性传播疾病的危害

性病是一种严重危害人类、发病广泛的传染病,它不仅危害个人健康,也殃及家庭,贻害后代,同时还危害社会。

1.危害人的身心健康

性病对人体健康的损害是多方面的。感染性病后如果不能及时发现并彻底治疗,不仅损害人的生殖器官,导致不育,有些性病还会损害心脏、脑等人体的重要器官,甚至导致死亡。有些性病一旦染上是难以治愈的,如尖锐湿疣、生殖器疱疹。有相当一部分的性病患者症状较轻或没有任何明显的症状,但却可以通过各种性病传播途径传给其他健康人。

性传播疾病的病变主要涉及生殖器、皮肤、黏膜等部位;同时,部分性传播疾病还可侵犯心血管系统、神经系统、血液系统以及骨骼系统。另外,一些患者由于社会舆论、家庭和良心的压力,造成沉重的精神负担和心理伤害,表现为抑郁、焦虑、恐惧、失眠、自卑、自暴自弃等;严重者有自杀倾向。

2.危及妊娠及胎儿、新生儿的安全

某些性传播疾病可导致子宫炎及子宫附件炎,造成生殖道异常出血、子宫内膜炎、宫颈癌等,致使妇女终生不育。怀孕妇女在孕期患有性传播疾病可能引起死胎、流产、早产等现象;还可引起新生儿发育不良及新生儿感染等情况。

3.破坏家庭和睦

性传播疾病最容易传给配偶、子女,造成家庭内感染,导致家庭矛盾,破坏家庭的稳定与幸福。那些能够改变生殖道黏膜完整性的生殖道感染,如梅毒、软下疳、单纯疱疹等,可增加两性间艾滋病病毒传播的危险性,导致家庭的不幸。

4.影响社会稳定和经济发展

性传播疾病的发生往往伴随着复杂的社会问题,使犯罪率提高。如卖淫、嫖娼、贩毒、吸毒等行为的产生与其密切相关,这些都成为社会的不安定因素,影响极其严重。我国中央财政每年用于艾滋病、性病防治等专项经费达1亿元人民币,各国用于控制性传播疾病的预算都是一笔很大的开支,要耗掉国家许多财力、物力,影响经济建设。

想一想:

有人认为,我只和我的男朋友/丈夫,或女朋友/妻子发生性关系行为,我是不会感染性病的,我是绝对安全的。参照下面的性关系网络图,是否真的是这样的呢?

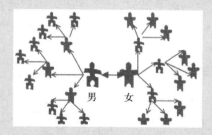

男　女

二、性传播疾病的预防

(一)性传播疾病的预防方法

性传播疾病虽然种类繁多,症状较为复杂,但共同的传播途径是通过性接触感染。对青春期学生而言关键是预防,不要因为自己的疏忽、不慎而患上性传播疾病。预防性传播疾病首先是避免不洁性行为或不安全的性行为。树立良好的性道德观,坚决杜绝婚前性行为,这是预防性病、艾滋病的根本措施。

要遵纪守法,洁身自爱,自觉抵制性犯罪活动。注意个人卫生,勤洗澡,勤换衣裤,勤晒被褥,经常保持生活用具清洁、干燥,即可消除病原体存活的条件,避免传染。使用公共用具如浴盆、马桶等要注意先清洁后使用。去公共浴室洗澡或去游泳池游泳要注意卫生,衣物包好后存放在清洁干燥处,以免污染。

对儿童,尤其是幼女要加强保护。因为幼女的阴道上皮发育不全,防御功能差,较易受细菌侵袭。因此儿童生活用具最好与成人分开使用,如专用一盆、一被等。一旦发现小孩内裤有结痂,应及时带其到医院检查。

家中有了性病病人,不能歧视,应劝其及时到医院治疗,并帮其打消顾虑如实向医生反映病情。在家庭内部要做好隔离与消毒,可暂时避免性生活,对污染的用物,采用肥皂水冲洗、开水煮烫、阳光暴晒等方法即可达到清洁与消毒的目的。有条件时喷洒消毒液效果更好。

【青春小贴士】
女性预防滴虫性病、霉菌感染的措施

(1)不要用普通肥皂清洗阴部,不要用阴部清洗液或喷雾剂,使用专用肥皂或 pH 值为中性的产品。

(2)用手清洗下体,而不要用布或毛巾,因为这些东西里面细菌很多。

(3)避免用水直接冲洗阴道,虽然这样可以洗得很干净,但细菌也会随着水进入阴道,对一些健康的组织造成损坏。

(4)在海里或游泳池中游完泳后,应立即脱下比基尼或泳衣,换上干净衣服。不要一直穿着湿泳装,因为在湿衣服上细菌和霉菌会得到很好的繁殖,并进入阴道。

(5)如果你觉得你的男伴阴茎不清洁,那么在没有避孕套的情况下,无论如何不要和他做爱。如有可能,可以在做爱前一起去淋浴,这不失为一个好的解决方法。

(6)尽量穿棉质内裤,不要过多使用内裤衬垫,尽量少穿尼龙连裤袜。

(二)性传播疾病的症状与治疗

【小案例】

某天,一位男孩遭受了猥亵。当晚,他彻夜未眠,恐惧、忧虑侵蚀着他年幼的心。次日,承受不住沉重心理压力的他,向母亲哭诉了前夜发生的事情,并提出想去医院检查,看一看他是否得了性传播疾病。

1.性传播疾病的主要症状

男性常见的性病症状表现为:排尿频繁,排尿疼痛,尿道烧灼感,尿道口红肿,有脓液流出。女性常见的性病症状表现为:白带增多有臭味,排尿疼痛,性交时疼痛。

男女两性都可在生殖器附近出现疱疹、硬结、溃疡、疣状物等。但是,不是所有性病都能见到这些症状。有些人,特别是一些女性,得了性病后症状很不明显,有些人发生的疱疹、溃疡是在隐蔽的部位,如女性阴道内,男性阴茎包皮内等;有的性病(如梅毒)可以首先表现在身体的其他部位,如唇、咽等部位。因此,没有生殖器部位的症状,不一定就表明没有性病,看不出明显症状的人仍然可能传播性病。

因此,还要看是否曾经与不了解的人发生过性行为,是否曾经与性病患者有过非性行为的直接接触或间接接触。例如,与梅毒患者接吻。梅毒患者病变除发生在生殖器和会阴部外,还可以发生在口唇或舌部,这些病变部位有大量的梅毒螺旋体存在,与这样的病人接吻

就很有可能染上梅毒。或曾接触过患者的分泌物,而这些分泌物中含有可导致性病的病原体,如淋病就可通过间接接触传播。

如果发生上述行为,都应该到医院做检查,即使是没有任何症状。因为有相当一部分性病感染者没有明显的异常症状,但他(她)却可以将病原体传给他人。同时也损害自己的健康,产生合并症,甚至危害后代。

2.得了性传播疾病怎么办

尽早到正规的医院就诊治疗。得了性病并不可怕,因为大多数性病是可以治愈的。可怕的是得了性病不及时到正规医院就医,延误治疗时机,加重病情;或去找非法行医者,许多江湖医生不能治疗性病,而是利用病人怕向外张扬的特点,来骗取病人的钱财,从而延误了治疗时机,把病情搞得更加复杂、严重。

与医生配合,实事求是地向医生提供病史,以利于医生做出正确的诊断。一旦确诊是性病,应进行彻底治疗。患病期间注意不要将性病传染给他人。不使用公共场所容易被污染的用具,家庭中的生活用具要注意分开、消毒。

总之,担心自己是否感染了性病,去医院进行检查是解除忧虑的最好办法。

议一议:

青春期学生应该怎样预防性病?

第二节　认识与预防艾滋病

一、认识艾滋病

(一)什么是艾滋病

艾滋病(AIDS)的全称是获得性免疫缺陷综合征,它是由感染了艾滋病毒(HIV)后引起的一种致死性传染病。艾滋病病毒侵入人体后,破坏人的免疫功能,使人体易发生多种感染和肿瘤,最终导致死亡。

现在,艾滋病已变成人类前所未有的最具毁灭性的疾病。艾滋病自从1981年被发现以来,就以惊人的速度传播着。现在每天接近有1.7万人被发现感染艾滋病病毒,全球患病总人数更达数亿。目前艾滋病是撒哈拉沙漠以南非洲地区的第一死因。在全球范围内,它是排在第四位的杀手。为提高人们对艾滋病的认识,世界卫生组织于1988年1月将每年的12月1日定为世界艾滋病日,号召世界各国和国际组织在这一天举办相关活动,宣传和普及预防艾滋病的知识。虽然艾滋病是一种危害大、病死率高的严重传染病,目前尚无有效疫苗和治愈药物,但可以预防,已有较好的治疗方法,可以延长生命,改善生活质量。

(二)病程与症状

1.潜伏期

当一个人不幸感染了艾滋病病毒,并不意味着他是艾滋病病人,医学上称其为"艾滋病病毒感染者"。因为艾滋病病毒在人体内的复制过程中，人体的抵抗能力也一直与之对抗，只有当艾滋病病毒复制增多，人体中的免疫功能受到全面破坏时，才发展成为艾滋病。因此，从艾滋病病毒感染者到艾滋病病人有一个间隔时间，这就是医学上的潜伏期。

潜伏期有多长，不同感染者差异很大，短的数月，长的可达 10 年甚至更长。通过母婴途径感染的婴儿，病程进展较成人快。艾滋病病毒对外界环境的抵抗力较弱，离开人体后，常温下可存活数小时到数天。100 ℃温度下 20 分钟可将其完全灭活，干燥以及常用消毒物品也可以杀灭这种病毒。

2.艾滋病病毒感染者

艾滋病病毒感染者早期无任何特殊症状，外表与常人一样。部分人感染艾滋病病毒后 1~6 周就有发热、出汗、乏力、肌肉酸痛、恶心、呕吐等症状，一般不引起人们的特别注意。

3.艾滋病病人

在潜伏期内，艾滋病病毒感染者的免疫力出现障碍，逐渐失去抵抗各种疾病侵犯的能力，发展到后来，平时并不能致病的某些细菌、病毒、真菌等微生物也乘虚而入，致使多种疾病的发生，这时的艾滋病病毒感染者就发展成了艾滋病病人。

艾滋病的症状主要表现为全身各系统、多部位、多器官的严重损害，如全身淋巴结肿大、反复发作的顽固性口腔炎、严重腹泻、难治性皮肤感染或溃疡、肺部感染、神经系统感染、各种肿瘤等。最后多因反复发作的各种感染或由于恶性肿瘤侵入而使病人备受折磨，机体不堪一击，病人往往死于全身衰竭。

（三）艾滋病的危害

1.艾滋病对个人的影响

艾滋病病毒感染者容易受到社会上的各种歧视，很难得到朋友的关心和照顾。因为目前尚无治愈艾滋病的方法，所以患者一旦知道自己感染了，就会产生巨大的心理压力。倘若发展成艾滋病，由于健康状况的迅速恶化，患者不但要承受心理上的巨大压力，还要承受巨大的身体上的痛苦。艾滋病病毒感染者和艾滋病病人是疾病的受害者，应得到人道主义的同情和帮助。

2.艾滋病对家庭的影响

社会上对艾滋病病毒感染者的种种歧视态度会殃及家庭，他们的家庭成员也要背负起沉重的心理压力。由此容易产生家庭不和，甚至破裂。结果是艾滋病病毒感染者无处栖身，被推向社会，引起其他问题。因为大多数艾滋病病毒感染者处于青壮年，因此他们往往是家庭经济的主要来源。当他们不能再工作，又需要支付高额的医药费时，其家庭经济状况会很快恶化。

3.艾滋病对社会的影响

由于大多数艾滋病患者是青壮年，是社会的主要劳动力，他们的生病或死亡会直接造成社会上劳动力的短缺，因而影响经济的发展。此外，艾滋病的治疗和预防需要大笔的费用，还给社会带来沉重的经济负担。

（四）艾滋病的传播

艾滋病主要存在于人的体液中，如血液、精液、阴道分泌液、乳液、唾液、泪液、尿液、痰液和汗液中。但有传播意义的是血液、精液、阴道分泌液和乳液,其他体液因含艾滋病病毒的数量很低,不足以构成传播。艾滋病传播的途径主要有三种(图10-2)。

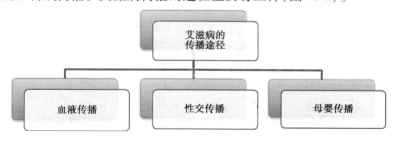

图 10-2　艾滋病的传播途径

1.血液传播

(1)静脉吸毒,共用针具。静脉吸毒者是感染艾滋病病毒的高危人群,在吸毒者群体中只要有一人感染艾滋病病毒,就会使共用针具的群体成员被感染。

(2)输血。输入被感染的血液,包括输全血、成分输血以及浓缩的凝血因子都会使受血者感染艾滋病病毒。

(3)针灸和文身。这些人只要接触到被艾滋病病毒感染者血液污染的器械,均有被感染的可能。

(4)器官移植,人工受精。使用艾滋病病毒感染者的组织资源,也可能引起受用者感染。

2.性交传播

性活动途径是全世界艾滋病病毒感染的主要传播方式。艾滋病病毒感染可由男女性行为之间双向传播,主要有以下几种:

(1)性伴侣不固定。与多个性伴侣(包括同性和异性)发生性行为,其感染的机会大于只有一个性伴侣。

(2)不使用安全套。在不确定性伴侣是否感染艾滋病的情况下,不使用安全套的性行为可能感染艾滋病病毒。

(3)与性病患者发生性行为。有性病的人常有外阴溃疡或阴道、肛门黏膜破损,艾滋病病毒极易从破损部位感染性伴侣。

(4)非传统性交。某些性交方式(如口交、肛交等)很容易造成这些部位黏膜损伤,使艾滋病病毒感染机会增大。

想一想:

为什么性病患者比没有性病的人更容易感染艾滋病?

3.母婴传播

受艾滋病病毒感染的母体在怀孕、分娩、母乳喂养过程中,可能使胎儿或婴儿感染病毒。这些感染者,一般存活时间不会超过5年。

在日常生活和工作中,与艾滋病病毒感染者礼节性接吻、握手、拥抱、共餐等,与艾滋病病毒感染者共用物品、厕所、游泳池等,艾滋病病毒感染者打喷嚏、咳嗽等行为,蚊虫叮咬,照料艾滋病病人等都不会被感染。

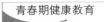
容易感染艾滋病病毒的行为,按行为危险程度从高到低依次为:接受输血100%感染→共用注射器→无保护肛门性交→无保护阴道性交→无保护口腔性交→深接吻(当口腔溃疡、牙龈出血时)。

二、艾滋病的预防与治疗

1.艾滋病的预防

为了有效遏制艾滋病的上升势头,世界各国采取了各种努力。我国艾滋病的流行已进入快速增长期,处在从高危人群向一般人群扩散的临界点。如不能及时、有效地控制,将给我国经济发展、社会稳定、国家安全和民族兴旺带来严重影响。

我国预防艾滋病的基本原则是:预防为主、防治结合、综合治理。2004年,我国全面实施"四免一关怀"政策,中央财政艾滋病防治专项经费不断增加,艾滋病防治的各项工作取得了显著进展,明显改善了艾滋病病毒感染者和艾滋病病人的生存状况,营造出关怀救助氛围。"四免一关怀"是当前和今后一个时期我国艾滋病防治最有力的政策措施。

【青春小贴士】

四免一关怀

"四免"是指,农村居民和城镇未参加基本医疗保险等医疗保障制度的经济困难人员中的艾滋病病人,可到当地卫生部门指定的传染病医院或设有传染病区(科)的综合医院服用免费的抗病毒药物,接受抗病毒治疗;所有自愿接受艾滋病咨询和病毒检测的人员,都可在各级疾病预防控制中心和各级卫生行政部门指定的医疗等机构,得到免费咨询和艾滋病病毒抗体初筛检测;对已感染艾滋病病毒的孕妇,由当地承担艾滋病抗病毒治疗任务的医院提供健康咨询、产前指导和分娩服务,及时免费提供母婴阻断药物和婴儿检测试剂;地方各级人民政府要通过多种途径筹集经费,开展艾滋病遗孤的心理康复,为其提供义务教育。

"一关怀"指的是国家对艾滋病病毒感染者和患者提供救治关怀,各级政府将经济困难的艾滋病患者及其家属,纳入政府补助范围,按有关社会救济政策的规定给予生活补助;扶助有生产能力的艾滋病病毒感染者和患者从事力所能及的生产活动,增加其收入。

艾滋病防治绝不只是卫生部门的责任,必须建立政府主导、多部门合作和全社会共同参与的艾滋病预防控制机制,形成有利于艾滋病防治的社会环境。非政府组织是艾滋病预防控制的重要组成部分,在重点人群宣教、高危人群干预、感染者和病人关怀等方面能够发挥重要作用。公民应积极参加预防控制艾滋病的宣传教育工作,学习和掌握预防艾滋病的基本知识,避免危险行为,加强自我保护,并把了解到的知识告诉他人。

(1)从思想上重视预防艾滋病。由于艾滋病病毒的传播途径明确,主要通过血液传播、性交传播以及母婴传播,通过其他途径感染艾滋病病毒的可能性比较小,因此,预防就能做到有的放矢,通过教育改变个人行为,养成防止染病的生活方式。洁身自爱、遵守性道德是预防经性接触感染艾滋病的根本措施。日常生活不会感染艾滋病,人们大可不必谈"艾"色变,人人自危;同时,全社会应同情、理解和关爱艾滋病病人。

(2)在实践中加强预防艾滋病。宣传教育是预防艾滋病最有效、最有力的措施。宣传教育的目的是使人们自觉摒弃不良行为,切断艾滋病的一切传播途径,避免一切可能感染艾滋病病毒的高危行为。高危行为是指无保护性交、性乱交、共用针具静脉吸毒、轻易输血或血液制品、艾滋病病毒阳性妇女不采用避孕措施等行为。比如,对感染艾滋病病毒的孕产妇及时采取抗病毒药物干预、减少产时损伤性操作、避免母乳喂养等预防措施,可大大降低胎儿、婴儿感染的可能性。有过高危性行为、共用注射器吸毒、卖血、怀疑接受过不安全输血或注射的人以及艾滋病高发地区的孕产妇,要主动到当地艾滋病自愿咨询检测(VCT)门诊(室)进行初筛检测。国家实施免费的艾滋病自愿咨询检测,咨询和检测是保密的。

为预防经性病感染艾滋病,专家总结并提出了"ABC"原则:

A 是英文 Abstinence 的第一个字母,即"禁欲"。也就是说如果不进行性活动,感染性病、艾滋病的概率会大大降低,甚至为零。当然,人们要完全禁欲,大多数成年人很难做到,因为性不仅具有增进健康、愉悦身心、发展爱情的作用,它还具有民族繁衍的任务。但对在校的青春期学生来说应该做到,最低要做到"节制",一定要避免过早发生性行为。

B 是英文 Befaithful 的第一个字母,即"忠诚"。换成现代语言就是要做到一夫一妻制或是有固定的性伴侣,不要和陌生人发生性关系,更不可从事卖淫、嫖娼等活动。

C 就是英文 Condom 的第一个字母,即"安全套"。如果无法做到"A、B"两点,这是最后一步了。安全套对于防治性病和艾滋病,是一个非常有效的方法。如果正确使用质量可靠的安全套,有效率几乎是 100%。这一原则不光适用于艾滋病,对预防其他性病同样有效。

(3)预防母婴感染艾滋病。感染艾滋病病毒或患艾滋病的妇女不要怀孕;有性病史的妇女怀孕前应做艾滋病病毒抗体检测;感染艾滋病病毒的产妇最好不要哺乳。

2.艾滋病的治疗

由于目前还没有彻底治疗艾滋病的特效药,且艾滋病病毒在潜伏期已大量复制,因此,专家提出在早期感染但毫无症状时即应开始治疗的新观念。目前医学上最有效的治疗方法俗称"鸡尾酒"式疗法,就是将 2~3 种抗艾滋病病毒药物联合应用,进行抗病毒治疗。遗憾的是,目前的药物只能减轻病人的症状,延长生命而已,并不能把体内的艾滋病病毒全部消灭。况且艾滋病病毒能对这些药物产生耐药性,对病人的副作用也很大,同时价格又极为昂贵。

我国政府最近报告的艾滋病病毒感染中,青少年特别是大学生群体正成为受艾滋病影响的重点人群。青少年活跃的性格和性知识的匮乏,容易使他们在性和毒品面前走上歧途。青少年和其他人一样,对艾滋病不具有任何免疫力。在现实生活中,青少年并不常见他们的同龄人死于艾滋病,因为艾滋病的潜伏期可达 7~10 年,所以一个青少年感染了艾滋病病毒后,通常要到二三十岁才发病和死亡。因此,这应引起青少年足够的警觉。在青少年中开展预防艾滋病等性病、拒绝毒品的教育,进行生活技能培训和青春期性教育,保护青少年免受艾滋病、性病和毒品的危害,是每一个家庭、每所学校、每个社区的共同责任。

总之,艾滋病离我们并不遥远,就在我们身边!

【拓展训练】

艾滋病知识小测验。正确的打"√",错误的打"×"。

(1)HIV 是由 AIDS 引起的。　　　　　　　　　　　　　　　　　(　　)

(2)AIDS 损害人体的免疫系统。　　　　　　　　　　　　　　　　(　　)

（3）如果你身体强壮、健康,就不会得 HIV(AIDS 或 STD)。　　　　（　　）

（4）妇女不容易得艾滋病。　　　　（　　）

（5）目前还没有治愈 AIDS 的方法。　　　　（　　）

（6）蚊子和其他昆虫会传播艾滋病病毒。　　　　（　　）

（7）一个 HIV 感染者可以不表现出症状。　　　　（　　）

（8）淋病是一种性病。　　　　（　　）

（9）AIDS 患者常死于严重疾病。　　　　（　　）

（10）没有方法可使你避免感染艾滋病病毒或性病。　　　　（　　）

参考资料

［1］王颖.从心出发,辨析青少年网络沉迷之因[J].光明日报,2021-11-02.

［2］张光闪.论大学生性伦理与高校性教育[J].经济研究导刊,2016(30).

［3］魏晓娟.青少年性健康教育的再思考[J].青少年学刊,2015(6).

［4］戚如强.瑞典未成年人保护的特色及启示[J].青年探索,2012(2).

［5］王曦影,王怡然.新世纪中国青少年性教育研究回顾与展望[J].青年研究,2012(2).

［6］赵阳,杨培禾.英国中小学的个人、社会与健康教育课程[J].中小学教育,2011(2).

［7］于叔杰.青春似火[M].重庆:重庆大学出版社,2006.

［8］丁辰莹.大学生性教育途径的探索研究[D].南京:南京理工大学,2010.

［9］胡学军,胡敏敏.青春期健康教育[M].北京:高等教育出版社,2007.

［10］陈昌琦.性科学教育读本[M].桂林:广西师范大学出版社,2002.

［11］金舒.父母送给青春期儿女的礼物[M].北京:中国物资出版社,2008.

［12］靳岳滨.飞跃青春期[M].武汉:武汉测绘科技大学出版社,1999.

［13］韩燕君.青春读本(下)[M].武汉:武汉出版社,2007.

［14］特鲁德·奥斯费德.所有女孩都应知道的[M].陈兰,译.上海:上海社会科学院出版社,2002.

［15］朱正威,赵占良.生物学(七年级下册)[M].北京:人民教育出版社,2001.

［16］朱清时.科学(七年级下册)[M].浙江:浙江教育出版社,2006.

［17］段相林,等.人体组织学与解剖学[M].北京:高等教育出版社,2006.

［18］乐杰.妇产科学[M].北京:人民卫生出版社,2008.

［19］王滨有,马保华.中学生性健康教育[M].北京:人民卫生出版社,2008.

［20］李增庆.青春期科学[M].上海:华中理工大学出版社,2004.

［21］李鹰.青少年性教育[M].济南:山东人民出版社,2006.

［22］彭晓辉.性科学概论[M].北京:科学出版社,2002.

［23］董蕙娟.青少年性生理与性心理教育[M].北京:群言出版社,2002.

青春期

健康教育

第三版

更多服务

ISBN 978-7-5689-0553-4

9 787568 905534

定价：35.00元